天才和天才之间

[英] 托比·费伯 著　　狄竞 译

中信出版集团 | 北京

图书在版编目（CIP）数据

天才和天才之间 /（英）托比·费伯著；狄竞译
. -- 北京：中信出版社，2022.1
书名原文：Faber & Faber：The Untold Story
ISBN 978-7-5217-3254-2

Ⅰ.①天… Ⅱ.①托… ②狄… Ⅲ.①出版社－文化
史－英国 Ⅳ.① G239.561.9

中国版本图书馆 CIP 数据核字 (2021) 第 118377 号

天才和天才之间

著　　者：[英] 托比·费伯
译　　者：狄竞
出版发行：中信出版集团股份有限公司
　　　　　（北京市朝阳区惠新东街甲 4 号富盛大厦 2 座　邮编 100029）
承 印 者：北京中科印刷有限公司

开　　本：880mm × 1230mm 1/32　　印　　张：14.375　　插　　页：8　　字　　数：302 千字
版　　次：2022 年 1 月第 1 版　　印　　次：2022 年 1 月第 1 次印刷
京权图字：01-2021-2903
书　　号：ISBN 978-7-5217-3254-2
定　　价：79.00 元

ff

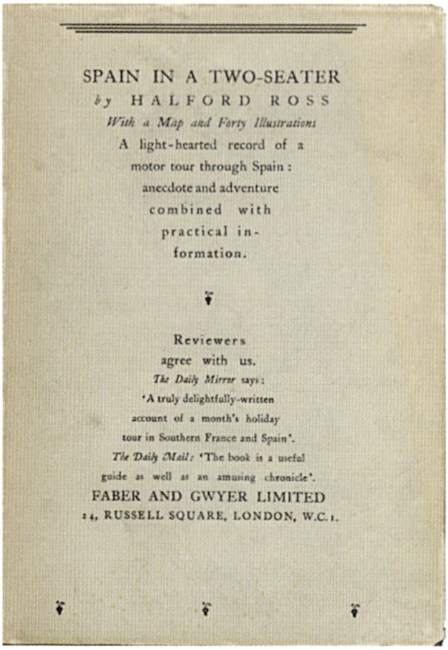
SPAIN IN A TWO-SEATER
by HALFORD ROSS
With a Map and Forty Illustrations
A light-hearted record of a
motor tour through Spain:
anecdote and adventure
combined with
practical in-
formation.
Reviewers
agree with us.
The Daily Mirror says:
'A truly delightfully-written
account of a month's holiday
tour in Southern France and Spain'.
The Daily Mail: 'The book is a useful
guide as well as an amusing chronicle'.
FABER AND GWYER LIMITED
24, RUSSELL SQUARE, LONDON, W.C.1.

01

MEMOIRS
OF A
FOX-HUNTING
MAN

02

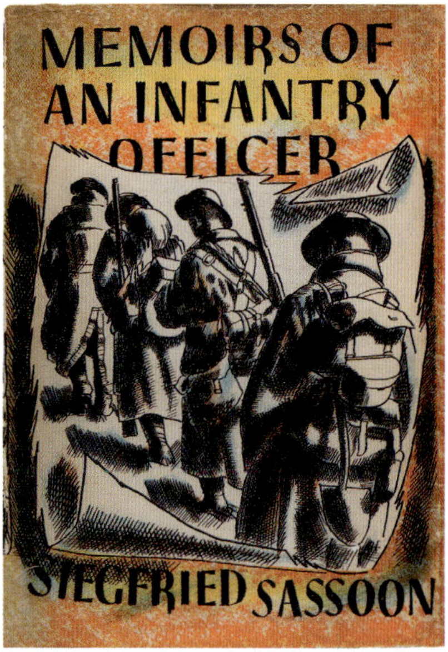
MEMOIRS OF
AN INFANTRY
OFFICER
SIEGFRIED SASSOON

03

GOOD
FOOD
BY
AMBROSE
HEATH
FABER & FABER LTD.

04

05

06

01 《双座汽车里的西班牙》 *Spain in a Two-Seater* 1925
费伯-格怀尔出版社发行的第一本书。杰弗里·费伯曾评价此书:"我感觉装订一般。"

02 《猎狐人回忆录》 *Memoirs of a Fox-Hunting Man* 1928
费伯-格怀尔出版社做的第一本畅销书,封面设计平平无奇。作者是西格夫里·萨松。

03 《步兵军官回忆录》 *Memoirs of an Infantry Officer* 1932
巴尼特·弗里德曼为萨松的续集绘制了插图,封面如图所示。该书由费伯出版社于1930年首次出版。这次委托让弗里德曼正式开启了职业生涯,也成为这家新公司自信心与创造力的象征。

04 《美食》 *Good Food* 1932
1928年就已经为诗集《阿里尔》绘制过插图的爱德华·鲍登,到了20世纪70年代还在为费伯出版社设计封面。

05 《嬉笑怒骂》 *Louder and Funnier* 1932
据我所知,每次给费伯出版社图书设计封面时,雷克斯·惠斯勒都会把作者的头像放上去,只不过大多数都要比这张更含蓄一些。

06 《文化指南》 *Guide to Kulchur* 1938
正如T. S. 艾略特所言,"只有一个文化人才能写出这么一本书"。该书封面上是亨利·戈迪埃-布尔泽斯卡为埃兹拉·庞德画的素描头像。连庞德本人也用此画像作为自己的信头。

07

08

09

07 **《时间旅行者》** ***A Traveller in Time*** 1939

“费伯儿童书目”仍在不断丰富，此书堪称经典之一。为其绘制插图的是东伦敦小组（East London Group）成员菲莉丝·布雷。

08 **《芬尼根的守灵夜》** ***Finnegans Wake*** 1939

“去买本费伯出版社的棕皮书吧。”

09 **《老负鼠的猫经》** ***Old Possum's Book of Practical Cats*** 1939

该书第一版的插图为 T. S. 艾略特本人所绘。40 年后，费伯出版社借此大赚了一笔。

THE WHITE GODDESS
ROBERT GRAVES

10

JUSTINE
a novel by
Lawrence Durrell

11

Cover her Face
P. D. JAMES

12

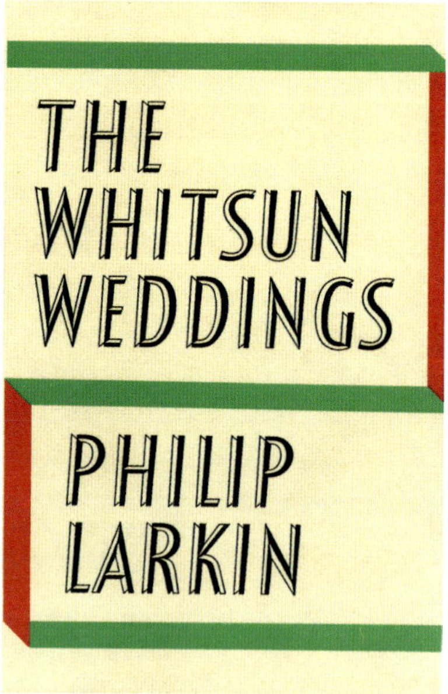
THE WHITSUN WEDDINGS
PHILIP LARKIN

13

10 《白衣女神》 *The White Goddess* 1948

用 T. S. 艾略特写在书目介绍里的话说："惊奇怪诞，令人瞠目结舌而难以名状。"

11 《贾斯廷》 *Justine* 1957

尽管该封面的灵感源自达雷尔本人画的一幅草图，但他还是认为伯特霍尔德・沃尔普的设计"过于艺术"。只可惜，意见提得太晚了。

12 《盖住她的脸》 *Cover Her Face* 1962

该书封的设计者查尔斯・莫兹利也是伯特霍尔德・沃尔普的好朋友。

13 《降灵节婚礼》 *The Whitsun Weddings* 1964

"拉金之年"的核心出版物。

14 《爱丽尔》 *Ariel* 1965

特德・休斯建议，此书封面应为"红色，字体用黑色或者黄色，最好是黑色，那才符合她的想象"。再看看伯特霍尔德・沃尔普的最终设计，特德・休斯"略感震惊"也就完全可以理解了。

15 《一个自然主义者之死》 *Death of a Naturalist* 1966

"如果说咱们社要再推出诗人处女作，我认为就应该选择谢默斯・希尼先生。"

14

15

16

17

16 《罗森克兰茨和吉尔德斯登已死》

Rosencrantz and Guildenstern are Dead 1967

"我感觉《罗森克兰茨和吉尔德斯登已死》确实很有意思……这着实让我松了一口气，当然也在意料之中。"

17 《铁人》 *The Iron Man* 1968

乔治·亚当森设计了一个颇为阴森的封面，而此书最初竟还是弗里达·休斯和尼古拉斯·休斯的睡前故事。

18 《矿渣》 *Slag* 1970

戴维·黑尔的首部戏剧，"讲的是妇女权益、革命女权主义、女子寄宿学校、怀孕时的歇斯底里、曲棍球和性爱，排序不分先后"。

Slag
David Hare

19 《生命中不能承受之轻》 *The Unbearable Lightness of Being* 1984
出现在拉塞尔·米尔斯这幅艺术品中由五角星公司设计的书名框，也可作为封面图像放在任何一处，以增强费伯出版社图书的辨识度。

20 《我美丽的洗衣店》 *My Beautiful Laundrette* 1984
场记板盖在五角星公司设计的书名框之上，成为费伯出版社渐增的电影剧本书单的书名标志。此为早期样板之一。

21 《酷似的人》 *Spitting Image* 1984
这就是那本“着实大不敬”，但罗伯特·麦克拉姆知道费伯出版社会“无比乐意出版”的书。

19

20

THE INEVITABLE
SPITTING IMAGE 2
£3:95 net
HUNT THE GOLDEN BRAIN COMPETITION
£1000 to be won in this genuine but rather obvious publicity stunt
SIR JOHN GIELGUD
(cunningly left out of the first book to force you to buy this one as well)
THE MAKING OF THE SPITTING IMAGE BOOK
SPITTING IMAGE
THREE
TRENCHANT
ARTWORK!
RAMPANT
FREE INSIDE!
One of these little things
ff
faber and faber
ISBN 0-571-13670-2
90000
9 780571 136704
CENTRAL
Spitting Image is a Central Television Production

22

22 《为金斯利 · 艾米斯冲可可》 *Making Cocoa for Kingsley Amis* 1986
五角星公司设计的"双 f"封面背景让费伯出版社在诗歌出版领域更加声名远播。

23 《纽约三部曲》 *The New York Trilogy* 1987
艾琳 · 冯 · 特雷斯科的书封画作。此书让保罗 · 奥斯特确立了他在"费伯书目"中的地位。

ff
PAUL
AUSTER
The New York
Trilogy
City of Glass
Ghosts
The Locked Room
POSTAGE STAMPS

目录

前言

“要想靠搞出版发笔小财，那你一上来就得干票大的。”这是个老梗了，但话糙理不糙，尤其在文学出版这行。费伯-费伯出版社[01]能有今天，我爷爷杰弗里·费伯当初那笔投资算是走了一步人尽皆知的险棋。

书当然都是作者写的，这没错。但要是没有出版商，再好的文字大众也读不到，更不会花钱去买。费伯出版社就是这样的桥梁——我们先做初步投资，负责一本书的出版、设计等方面的费用，然后以“准许退货销售”(所有未售出的书，出版商都接受退货)的条件卖给书店，再配上各色的营销噱头以吸引读者前去购买。与此同时，出版商会给作者提前支付稿酬，然后每卖出一本书作者便从中抽取版税。当然，要是卖不掉，作者也无须把稿费退回来。

[01] 本书中“费伯-费伯出版社”除标题外，在正文中统一简称为“费伯出版社”。——编者注

没人能保证哪本书一定会畅销。文学出版社倚仗的就是编辑的品位——他们根据大众的需要找到合适的作者，让其写出对口味的作品。通常，大众要花好几年才能接受并认可一位作家；也有些可怜的作家，一辈子都得不到认可。或许这次编辑运气好，找到了合大众口味的作家，吸引了一票读者，但你很难保证同一位作家的第二本书还能达到同样的效果。诗歌一向是费伯出版社的强项。然而费伯出版社的第一位诗歌编辑 T. S. 艾略特心里很清楚，并不能指望靠出版诗歌挣钱——尽可能少赔钱就不错了。

这样看来，费伯出版社作为一家独立出版公司，光是能在险恶的市场环境中生存下来，就足以讲一段很精彩的故事了。要知道，一家传承了三代的企业，放在任何一个行业都会引人瞩目。而对于文学出版业来说，费伯出版社这样的存在更算得上是凤毛麟角。本书的后续章节将屡次提到我们濒临破产，几乎倒闭，又或是幸运地得到竞争对手的帮助。如果说好故事少不了跌宕起伏，那这趟过山车你们可以好好享受了。

另外，费伯出版社远不止是一家普通的文学出版社。自诞生之日起相当长的一段时间内，它其实是同时代唯一的文学出版社：20 世纪二三十年代现代主义萌芽之际，费伯出版社已经在该领域执牛耳；再往后的日子里，它至少又经历了两次涅槃重生。费伯出版社的故事，那些灿若群星的伟大作家的出版逸事，本身就是一段波澜壮阔的 20 世纪文学史。

———

现如今，费伯家族名下的一家公司掌握着费伯出版社的半壁江山。而在我小时候，也就是 20 世纪 70 年代，那整片江山还都是我们的。我父亲当时其实已经是一位物理学家，同时也是费伯出版社的理事之一。每隔数周，我们在剑桥的家里就会收到几箱新出版的书。我从小读着这些书长大，还时常听大人们讨论出书的这家公司。每当我走在书店和图书馆里，书脊上时常就会跳出我的姓氏。我还会去报纸上找书评来看，或者在父母偶尔带我参加的派对上听听故事。但所有这些并不意味着我们家很有钱。有一次我和几个兄弟姐妹想向一些假期刚认识的孩子证明这点，打算一次性堵住他们的嘴。可当我们 4 个人挤在一辆迷你雷诺汽车的后座赶到现场时，其他孩子还是不相信："别逗了，你们肯定是坐私家司机开的劳斯莱斯汽车来的！"

我本人在 1996 年至 2001 年在费伯出版社全职工作。从 2003 年起，我开始只保留一个类似于 40 年前我父亲所担任的职位。着手写这本书的时候我就有预感，这会是个无比精彩的故事。过去两年里，我在费伯出版社这个浩渺的世界当中遨游，翻阅了无数历史信件、备忘录、理事会记录、日记条目和出版书目，更加惊叹于先辈们创下的伟大成就。有时仿佛亲耳听到了他们在创业初期的争执，还有那些让费伯出版社今天誉满文坛的伟大作家刚被引荐来时的谈话。一封封信笺让我了解到许多作家不为人知的另一面，也使得我父亲和祖母的音容笑貌重现于我的眼前。最关键的是，我通过一种特殊的方式，认识了我的祖父（他在我出生前就去世了）。

讲这个故事的时候，我会尽可能使用那些原始文字资料。倒不仅仅是因为只有当年写下这些文字的人才能妙笔生花，也是因

为彼时各方对前路未卜的鲜活期待：T. S. 艾略特的《老负鼠的猫经》（*Old Possum's Book of Practical Cats*）和威廉·戈尔丁的《蝇王》（*Lord of the Flies*）日后将如何大红大紫；为什么说当初拒绝乔治·奥威尔的《动物农场》（*Animal Farm*）并不明智，等等。每位当事人的激动、恐惧、希冀和烦恼都将在本书中跃然纸上，这可比市面上大多数事后诸葛式的评论精彩多了。

至于我个人对此书的贡献，主要还是给每一章节做简要介绍；偶尔还会做些注释，强调一下读者可能忽略的重点内容，或引入一个新的主题。以上工作均基于我对家族故事和出版行业的了解，同时也会参考回忆录之类的其他信息来源。

从叙述风格不难发现，我是按时间顺序来呈现摘录片段的。这样一来，读者就能够清晰对比同一事件的多个角度——比如说，我觉得有必要搞清楚，1929 年当杰弗里·费伯还在同其他股东审慎思考图书出版行业这条路到底是否行得通之际，出版社的理事之一理查德·德·拉·梅尔怎么会想到写信给西格夫里·萨松，表示要重点推出《猎狐人回忆录》（*Memoirs of a Fox-Hunting Man*，费伯出版社的第一本畅销书）。但我对结论绝不盲从。有时候我会选择把时间倒推回几个月前，去讲述这件事情的另一条线索，再让故事水到渠成。

一本书的学术地位再怎么高，可读性才是王道。有时候遇到一些字迹模糊的地方，我不得不靠猜，但不会让读者察觉出来。我所引用的那些原始资料里，页眉的日期格式和题目标注纷繁复杂，对此在本书中我做了统一处理。缩写词我都给出了全称，还纠正了部分我认为会分散读者注意力的拼写错误，但把那些有娱乐性和知识性的拼写错误保留了下来。对于一些实在不忍卒读的标点符号错误，我也会适当更正（但是像威廉·戈尔丁那种独具特色的拖尾逗号形式我还是保留了下来）。

写这本书的过程中，我有个一以贯之的目标，就是要删繁就简——从原始材料里找出精华内容，能只放一段就绝不铺陈好几页。假设原文中同一页我摘取了两段内容，中间省略的部分则会用“……”来标记，当然在摘录的内容前后也许还有许多内容，我就不再做类似的标记。这种方法自然有它的劣势——一个最大的遗憾就是，我无法用足够的篇幅来完整呈现由“亲爱的先生”到“亲爱的费伯先生”再到“亲爱的杰弗里”这一过程中显露出的一段情感关系的奇妙变化。当然了，这种事情也许还是留到后面出版当事人信件集的时候去呈现比较好。

40 年前，费伯出版社以其令人叹为观止的艺术类图书享誉世界。它在园艺、烹饪以及桥梁建筑等方面的出版成就无可比肩，在有机运动领域同样是首屈一指的先锋；科幻类小说也是强项。几十年来，费伯出版社靠出版医学类书目赚到的钱比出版诗集所得不知要多出多少倍。尽管如此，此书的后续章节不会再就上述书目及其作者赘言，原因很简单——它们都已不在费伯出版社的书单上了。我很遗憾必须要做出这种取舍，但只有这样我才能腾出足够的空间来讲述那些真正成就了费伯出版社如今地位的人和故事。话说回来，其实儿童图书倒一直是费伯出版社的一个重要支柱，那些书我可是从小看到大的。但我依然无法用对得起它们的篇幅来呈现——原因主要是我找不到相关的信件资料。

最后，我衷心期待这本书能为大家带来两种快乐：一种是在费伯出版社工作的人们曾经（普遍）拥有、现在依然（普遍）拥有的快乐，另一种则是我在书写时感受到的快乐。全书只有两封重要的原始信件我一字不落地完整呈现了——因为每一个字都至关重要。那两封都是 T. S. 艾略特写给我祖父的信。这两个男人配得上如此“殊荣”，归根到底是因为，他俩的关系正是那段历史赋予这本书的灵魂，也正是他们成就了费伯出版社的精髓。因此，我的第一段摘录，自然就要从 T. S. 艾略特写给我祖父的自荐信开始。

托比・费伯

2019年 伦敦

第一章

1924—1929

“她很讨厌艾略特的诗”

杰弗里·费伯在34岁那年尚无一份固定职业。出生于1889年的他在西线的“邮政军团”[1]中熬过了“一战”，而他哥哥则没能躲过这一劫。杰弗里出版过两部诗集，头一部还获得了沃尔特·德·拉·梅尔等人的好评。不过他最为杰出的成就，或许是在1919年赢得牛津万灵学者奖（Prize Fellowship at All Souls College, Oxford），当时与他一道入选该奖项的还有托马斯·爱德华·劳伦斯。一年后，他与小自己12岁的伊妮德·理查兹成婚，随后当上了一家啤酒厂的主管。这家厂子位于汉普郡，是费伯家族的一位表亲开的。1922年，夫妻俩的第一个孩子出世，取名叫安。

只可惜，杰弗里显然不是酿啤酒的料。1923年，他丢了饭碗，当啤酒大亨和保守党议员的梦想也随之破灭。他怀揣着当万灵学院财务管理员（他在这个位置上一直干到了20世纪50年代）得到的600英镑薪水，带着娇妻幼女举家迁往伦敦坎普登山上的一幢小屋。伊妮德后来回忆道：“我们手头不宽裕，只请了一个厨

杰弗里·费伯在《欧诺维亚》里的作者照片。

师和一个年轻保姆来照看安。那段日子过得相当拮据，杰弗里写的几出戏也没能成功。”他还创作了一本小说，名叫《欧诺维亚》（*Elnovia*），借以讽刺彼时现代小说的状况，却没能引起任何出版商的注意。

最后还是杰弗里动用了万灵学院的关系，情况才出现了转机。声名赫赫的律师莫里斯·格怀尔也是万灵学者，他的妻子阿尔西纳继承了父亲亨利·伯德特爵士名下的科学出版社（Scientific Press）。该社成立于19世纪80年代，主要经营一份叫《护理手册》（*The Nursing Mirror*）的周刊。这本周刊当时已是面向护士群体的主要广告渠道。此外，科学出版社也出版医院管理和护理技巧方面的书籍。1923年，该社主席乔治·迪布里卸任。而此时该公司年利润已超过14 000英镑，每10英镑的股份都可以获得等值的分红，所以出版社的股东们每年都可获得与原始出资等额的收益。

乔治·迪布里也是一名万灵学者，因此格怀尔夫妇在寻找迪布里的接班人时，也认准了杰弗里的这一身份。他除了拥有啤酒厂的工作经验，还混过出版业：战前在牛津大学出版社工作了几年，当然也没什么出色的业绩。1924年4月，杰弗里应邀担任科学出版社主席兼常务理事。是年6月，他开出了自己任上的第一张委任状——让查尔斯·斯图尔特来担任出版社的总经理一职，后者也曾经为牛津大学出版社效力（但与杰弗里不在同一个时期）。

格怀尔夫妇请来杰弗里，不仅是为了运营现有业务，还需要他在医学出版物之外开辟多元化的经营方向。同年8月，杰弗里呈上了一份书面建议以示响应。其中他提到要将出版重心放在“法律速成书”（后来这一想法貌似并未取得任何进展）和小说（包括法国和德国小说的译本）上，再出版一份文学杂志。

莫里斯·格怀尔“不无赞赏地阅读了那份令人信服的建议”，之后杰弗里便开始向人们兜售自己的计划。其中一人就是记者兼作家查尔斯·惠布利。此人是万灵学院的座上宾，也是文学杂志《标准》(*The Criterion*)的定期撰稿人。查尔斯认为这份杂志或许能帮杰弗里实现他的想法，便建议他去找其主编聊聊。

ff

T.S.艾略特写给杰弗里·费伯的信 1924.11.25

我的朋友查尔斯·惠布利告诉我咱俩应该见面聊聊，他已经向你说明了原因。要是你愿意的话，我也很高兴能聚聚，最好能找个晚上的时间。

他们敲定了一个日期，尽管彼时杰弗里的妻子伊妮德已经在医院待产——他们的第二个孩子理查德即将出世。

杰弗里·费伯，日记条目 1924.12.1

买了晚餐要喝的红酒。接着去医院看伊妮德。中午11：15做了预产准备——子宫栓已经植入，也上了麻醉。

然后回家，跟T.S.艾略特吃晚饭。边吃边聊他那本《标准》，聊了挺久，也挺有意思。

其实在这次会面之前，T. S. 艾略特最负盛名的几篇佳作都已经发表过了，包括那首鼎鼎有名的《荒原》(*The Waste Land*)。但我还是有一种直觉：杰弗里对他的名字并不熟悉。尽管如此，杰弗里还是很乐于推进这件事情，因为艾略特不仅身兼诗人、编辑和评论家等多种身份，他当时还是个银行职员，商业头脑肯定不错。更关键的是，他俩相处得非常融洽。于是杰弗里当即开始琢磨，怎么让 T. S. 艾略特加入自己正在重组的这家出版社。首先，他需要拿到一封推荐信来说服格怀尔夫妇。

查尔斯·惠布利写给杰弗里·费伯的信 1924.12.7

很高兴能给你讲讲我对艾略特的了解。他生在美国，并且跟波士顿哈佛大学的艾略特·诺顿家族沾亲带故。（你大概能猜到，此人极其反美，如今已经加入了英国国籍。）在哈佛大学和牛津大学都上过学，现在劳埃德银行国外部上班。银行那边挺器重他，我猜他大概还是那边情报部门的负责人。因此你姑且可以认为他在商业方面是受过良好训练的。艾略特出过几本集子——散文集《圣林》（*The Sacred Wood*），还有《诗集》（*Poems*）和《荒原》。作为一个文学评论家，他称得上是同辈人中最光彩夺目、学富五车的，也最受青年人尊敬（或许还有一丝畏惧）。而作为一个诗人，他的作品恐怕有些晦涩。但我相信，他最终会超越这一切，写出佳作。

我跟艾略特走得很近，他也算得上是我的挚友，所以我敢给他的人品打包票。他对现在的这些年轻作家也很了解，应当是能帮助你区分良莠的。最近他刚在剑桥大学开了一门课，听说很受那些本科生欢迎，这倒是挺出乎我的意料。

不知上述内容是否满足了你的要求。

杰弗里·费伯写给T. S. 艾略特的信 1924.12.16

我不想空口无凭地给你画饼。但我坚信，只要路走对了，我们便能看到曙光。

劝说格怀尔夫妇接受T. S. 艾略特只是第一步。阿尔西纳·格怀尔并不是科学出版社的唯一股东——她亲妹妹手中持有的股份几乎和她一样多。奇妙的是，阿尔西纳嫁给了大律师莫里斯·格怀尔，但她妹妹奥利弗嫁的却是英国皇家陆军军医队（Royal Army Medical Corps）一位名叫乔治·莫里斯的上校。这夫妻俩在科学出版社的发展前景上，想法跟格怀尔夫妇大相径庭。

莫里斯上校写给杰弗里·费伯的信 1924.11.14

您知道，我一向认为出版社扩张这条路不仅费钱，还可能害我们赔更多的钱。故而明智的选择就是在危险信号出现之际，尽可能逐年放手，直至把它整个卖掉。然而现在我却要被迫同意选择这条我认为并不明智的路。

莫里斯上校夫妇其实已经准备好了，要卖掉他们的股份。他们甚至连外部买家都找好了，就是霍德和斯托顿出版社（Hodder & Stoughton）。但显然杰弗里和格怀尔夫妇是不会同意把股份卖给竞争对手的。而此时站在杰弗里的角度来看，作为科学出版社的主席，要是自己能把这一大票股份买下来，岂不恰好是顺理成章的美事？唯一的问题在于，他没钱。他的一位远房伯父亚瑟·费伯有所较大的房子，或许将来有一天杰弗里能从中继承一部分。亚瑟活着的时候，杰弗里的父亲亨利一直盼着能当他的继承人。但就在临终前不久，亚瑟娶了那个叫伊诗媞的护士。这样一来，在伊诗媞去世之前，亨利继承不到遗产，而伊诗媞比他年轻很多。亨利后来在1917年逝世（比他的大儿子晚了 3 天），这意味着杰弗里的母亲弗洛伦斯成了顺位继承人，杰弗里和他妹妹多萝西（这姑娘终身未婚）的希望则非常渺茫了。

杰弗里·费伯写给他母亲弗洛伦斯·费伯的信 1925.2.3

我很头疼。一边要打发掉莫里斯夫妻（否则他们只会给我添堵），一边还要想办法把他们手上的股份至少买下一半。也就是说，我必须要筹到 15 000—17 500 英镑。

您说说，我要上哪儿找那么多钱？

所以我是这么想的。亚瑟·费伯的房地产信托（当然继承权是您的）肯定值 25 000 英镑以上。要是伊诗媞（作为终身住户）和您（作为继承人）都同意的话，咱们可以要么直接向信托借大概 15 000 英镑（钱由信托出售股票筹集），要么让信托找银行借钱，借得的钱再转借给我。无论哪种情况，出版社的股份都将暂时移交到信托手里，直到全部贷款还清为止。分红将用于：(1) 支付贷款利息；(2) 通过偿债基金逐年偿还贷款。我估计凭我自己的积蓄，能够先拿出一部分来付首期，然后一年一年地还，大概 10 年之内就能还清。

这样一来，各方都能获益。伊诗媞能拿到比现在信托账户收益更多的贷款利息。10 年之后这套房子也不会易手他人。我相当于买下了半个出版社，还附带一大笔收入。而母亲您，也有能力给多萝西未来的日子留一条更好的路。

从弗洛伦斯给儿子的回信里我们也许不难看出，为什么杰弗里一直觉得他们母子的关系不太融洽。

弗洛伦斯·费伯写给杰弗里·费伯的信 1925.2.5

关于你提议的用亚瑟·费伯的房地产信托来赚钱的计划，我恐怕现在没法给你答复。一方面，我还需要掌握更多细节才能做决定；另一方面，你们那个科学出版社，我只是平常听你零星提过几句，对它的整体情况压根不了解，尤其是财务方面的状况。但我还是先说说我对此事的几点看法。

(1)你父亲给予了我无比神圣的信任，不仅无条件地把身后所有资产都留给了我，还让我当他的唯一遗嘱执行人。因此我深刻意识到，这一切于我来说是一份多么大的责任。

(2)他（你父亲）生前就很痛恨终止信托这种行为。所以当年在你舅舅布雷斯·科尔特的婚前协议这件事情上，他干脆选择了放弃托管权——对这点我很赞同。

(3)你从房地产信托上贷到的钱自然是不可能保证一定会还清的，不管是10年内还是更长的时间。你也不能保证你能活到还清的那天对不对？也许会再出点什么差错，那到时候怎么办？

(4)我觉得，把15 000英镑（或许更多）这么大一笔钱都投到一件事情上太危险了（它要是个很有名气的信托基金还差不多）。就是那句俗话说的："把鸡蛋都放到一个篮子里。"别人反复提醒我这是个致命的错误，但我还是栽过几次跟头。

(5)我是绝不会同意把多萝西那一半房产权给卖掉的。我也不能擅自替她做主：冒资金安全的风险去赚取更多收入。

要想合法操持这笔买卖，前前后后就得花不少钱——这笔钱从哪儿来？总不能从房子本身的收益里出。所以我觉得我还是趁早表达我的反对。要是你执意冒着失掉自己那部分房产权的风险去做这笔买卖，我就需要仔细考虑下一步的打算了。当然，这是违背我意愿的——我并不急着从这次继承里牟利。但很遗憾，你的想法跟我不一样。说实话，我宁可贫穷，也不想去碰信托里那些目前还不属于我的钱。

恐怕这番话会让你不高兴了。但我必须如实表达我的想法，而且我知道自己在这件事情上也是要负很大责任的。

希望你最终会做出明智、正确的选择。为了你孩子的将来，也为了你眼下的日子，好好考虑。

接下来，杰弗里又给母亲回复了一封长信。与此同时，当时还住在爱尔兰乡下的伊诗媞也迅速回信表示赞同杰弗里的提议。这两件事彻底打消了弗洛伦斯的顾虑。其态度不仅 180 度大转弯，甚至还与杰弗里的妹妹多萝西一同买下了出版社的少许股份。

多萝西·费伯写给杰弗里·费伯的信 1925.2.15

我俩想通了。将来能有个你这样的百万富翁哥哥有什么不好呢！开玩笑啦，其实我是想问问你，要是我能凑齐那 221 英镑，你能卖给我 3 股吗？

杰弗里·费伯写给莫里斯上校的信 1925.2.22

我费了好一阵工夫才凑齐人头来买下您和太太准备售出的 476 股。最后我成功做主，给您和莫里斯太太一个总数 30 000 英镑（没错，整整 30 000 英镑）的出价，换取全部 476 股。这笔交易需要立即（3 月 25 日之前）完成，而且购买者将一次性买断日后所有分红和补贴。

莫里斯夫妇接受了这个报价。至于亚瑟·费伯的房地产信托那边的手续，则交由弗洛伦斯的兄弟、律师布雷斯·科尔特来打理。

布雷斯·科尔特写给杰弗里·费伯的信 1925.3.2

我不得不说，早先我就已经明确跟你表示过，我不太看好这件事情。这会让你自己、那位遗孀和你母亲冒巨大的风险。但现在看来，这件事情势在必行了。因为你既然已经信誓旦旦要买下莫里斯的股份，还跟他签了合同，那他就有权执行里面的条款。

杰弗里·费伯写给布雷斯·科尔特的信 1925.3.3

感谢您的来信。俗话说，舍不得孩子套不着狼。我深知自己冒着一定的风险。我也相信，只有懦夫和傻子才会放弃这样的机会。

伊诗媞·费伯写给布雷斯·科尔特的信 1925.3.21

这件事情发展得有点太快了。我之前并没有意识到要终止信托。当然，我完全相信你和杰弗里会竭尽所能把事情办得安全稳妥。而且就我从合约条款里看到的而言，你们的确也是这么做的。所以，我觉得不需要再聘请别的法律顾问了。我离最近的律师至少也有一天的路程，不可能三天两头跑过去找他咨询。总之我相信这件事没问题，也同意按照合约用抵押股份的方式发放贷款。

杰弗里曾在一篇童年回忆小文中提到过伊诗媞的“慷慨大方”。正是这种品质才让他有机会去“豪赌”这一把——用 15 000 英镑买股权，关键还是用别人的钱（尽管他本人要还利息，当然利率也很合理）。除了他母亲和妹妹，这批股权的买家里还包括他的朋友史丹利·罗宾森（杰出的钱币学家）和莫里斯·格怀尔——他妻子阿尔西纳原本就拥有出版社最多的股权。也就是说，这笔买卖成交之后，他们夫妇就成了大股东，不仅掌握出版社事务的决定权，还可以撤换理事。这种情况日后可能会引发一些麻烦，当然，那都是后话了。

在处理股权交易的同时，杰弗里还办成了几件大事。那时候伊妮德刚生完小理查德，正在伊斯特本[2]休养。陪住期间，杰弗里走访了当地的公共图书馆。他翻阅了1911年的人口普查档案，发现全英国的保姆大概有150 000之多，便立刻写信给莫里斯·格怀尔，提出是否可能办一份专门面向保姆群体的报纸。

杰弗里·费伯写给莫里斯·格怀尔的信 1925.1.1

要是效果好的话，哺乳期的妈妈和家庭女教师或许也会喜欢看。但她们绝不是重点。我们必须得明确一点：这份报纸要服务的目标受众是儿童保育员，无论是正式机构培训的还是婴儿院出来的。这样我们办报才能有清晰明确的方向，也就是帮助这些儿童保育员提升社会地位和职业荣誉感，只要她们不会干扰到女主人的正常生活。

格怀尔的答复很积极。而这份面向儿童保育员的报纸只是杰弗里众多计划中的一个。他开始思考自己出版事业的宏伟蓝图中更重要的部分：新公司要出版什么样的书？还有T. S. 艾略特和他主编的那份著名文学刊物《标准》，该如何融入进来？

杰弗里·费伯写给T. S. 艾略特的信 1925.3.9

首先，出版商必须比主编更会抓住机会。要想开门做生意，我们得先把书出版，再考虑其他的问题。当然，我觉得有一条底线是要坚守的，就是我们出的书至少是要彰显一些价值的，即便不是市面上最为推崇的那些价值。要是你我决定联手出版一份季刊或评论杂志，我目前的想法是，可以请你来当我们出版社的理事。接下来再循序渐进，在报纸和书籍之间建立一种有机的联系，静观其发展壮大。

……

最后我还想再强调一件事，我之前已经说过一两次：一旦这项工作启动，我将给予你充分的信任，我会保留所有的批评意见，除非你向我征询。掌舵人需要通盘考虑很多乘客未必了解的情况。鉴于此，在投入这项事业之前，我觉得有必要给你写下这封长信（恐怕也有些晦涩），以确保我们能了解彼此的真实想法。

那时候，科学出版社还在南安普顿街，离泰晤士河边不远，并在楼下开了家书店。而杰弗里的扩张计划需要更大的场地。

杰弗里·费伯写给 J.J. 多恩[01]的信　1925.3.25

罗素广场位置不错，在伦敦市中心，不管是从一般性的出版社还是从护士书店的角度来看，都挺好。大书店的藏书家和批发商也方便过来。现在好像很多出版社都喜欢搬到那边去。周围有不少医院。

[01] J.J. 多恩是万灵学院的督察员，后职位由其子继承。杰弗里在万灵学院任财务管理员时与其结识，后来把自己个人和职业上凡涉及房产的事务都交给多恩家族打理。（本书脚注均为原书注和编者著，译者注见每章章末。）

杰弗里把新社址选在布卢姆斯伯里[3]，不仅是因为看中了这片地区的文化聚集效应，还因为附近医院里有众多护士——她们正是科学出版社产品的主要读者。

杰弗里·费伯写给T.S.艾略特的信 1925.4.6

告诉你一个好消息。今天下午的理事会会议上，大家一致同意邀请你来担任我们新季刊的主编，季刊将由我们出版。工资是400英镑一年，不过假使能给你谋得一个理事会的席位，那工资就会减到325英镑一年，但会额外给你加150英镑的酬金。

莫里斯上校已在4月底前辞去了理事职务。随后理事会正式任命T.S.艾略特来接替这一位置，或许是看在那本《标准》的分儿上。但杰弗里还是在他的劳务合同里明确了一条，确保他将来的书都由费伯-格怀尔出版社出版。此前艾略特的作品都交由伦纳德和弗吉尼亚·伍尔夫的霍加斯出版社（Hogarth Press）出版。

杰弗里·费伯写给T.S.艾略特的信 1925.5.28

很高兴收到你的《荒原》。这么形容可能有点不合适——老实说我正带着激动沉醉在里头上下求索。你知道吗，你真是个高深莫测的人！跟你比起来，梅瑞狄斯[4]再艰涩晦暗的篇章也不过是儿歌一样清澈透亮，浅显易懂。你或许不知道你有多深奥。但转念一想，也许是我太笨了。

杰弗里·费伯写给查尔斯·惠布利的信 1925.5.29

我估计艾略特已经跟你讲过他在这边的安排了。我们准备让他继续出任《标准》和后续期刊的主编，同时还邀请他加入了我们

1925 年 6 月 26 日那天，科学出版社正式更名为“费伯–格怀尔出版社”。

出版社的理事会。真高兴你能介绍我们相识。这家伙人格魅力极强，他要是能健健康康地活下去，日后定能成名。我正在帮他申请明年 11 月到万灵学院去当研究员，但上周六我请他到牛津去陪我一天，连这都困难重重——他本人的健康状况十分堪忧，更别说还要照顾他的妻子。我衷心希望他能衣食富足，干着合意的事业，这样他们夫妻俩就可以早日摆脱那种阴霾。

出版社这边一切顺利。我们准备改名叫“费伯–格怀尔出版有限责任公司”，9 月份就要搬到罗素广场 24 号的新址去了。那边的房子很不错，搬进去之后我们会努力把它办成最棒的出版社！

接下来的信件摘录中还将提到 T. S. 艾略特的原配妻子薇薇安。这是一段众所周知的不愉快的婚姻（至少在写信时如此）。两人在 1933 年分手，但名义上的婚姻关系却一直维持到 1947 年薇薇安早逝，那年她才 59 岁。

杰弗里·费伯，日记条目 1925.5.31 星期日

我得反思反思。出版社的事情已经占用了我太多的空当，其他一切都被搁置一边了。掌握好方法，不放纵。做实事，加强锻炼！还得多看点优秀的文学作品。

杰弗里·费伯写给T. S. 艾略特的信 1925.6.9

我准备今年秋天就出版你的诗集，那时候差不多《新标准》也开办了。另外你放心，稿费绝不会低于之前伍尔夫那边给你的数。当然，我希望咱们的合作不会影响你和其他朋友之间的关系。要是真把你置于那种境地，我很抱歉。

随后不久，该社便发布了首批出版的书目，其中就包括那本为其奠定基调的著作：《诗集（1909—1925）》，T. S. 艾略特著。

与此同时，英国当地好几家培训专业护理员的院校组建了一个联盟。这让杰弗里重新捡起了那个办护理主题报纸的想法。

杰弗里·费伯写给莫里斯·格怀尔的信 1925.7.15

我写了一份关于办护理主题报纸的书面建议，里头应该阐述得很清楚了。现实情况无疑使我们不得不重新考虑这个点子，而且要尽快拿个主意：办还是不办。

阿尔西纳·格怀尔写给杰弗里·费伯的信 1925.7.17

我今早收到了你的那份书面建议。写这张条子一来是想感谢你来信，二来是表明我的态度——我完全支持你这个想法。现在可以说万事俱备：我们已经在广大公众之中找到了目标读者，而

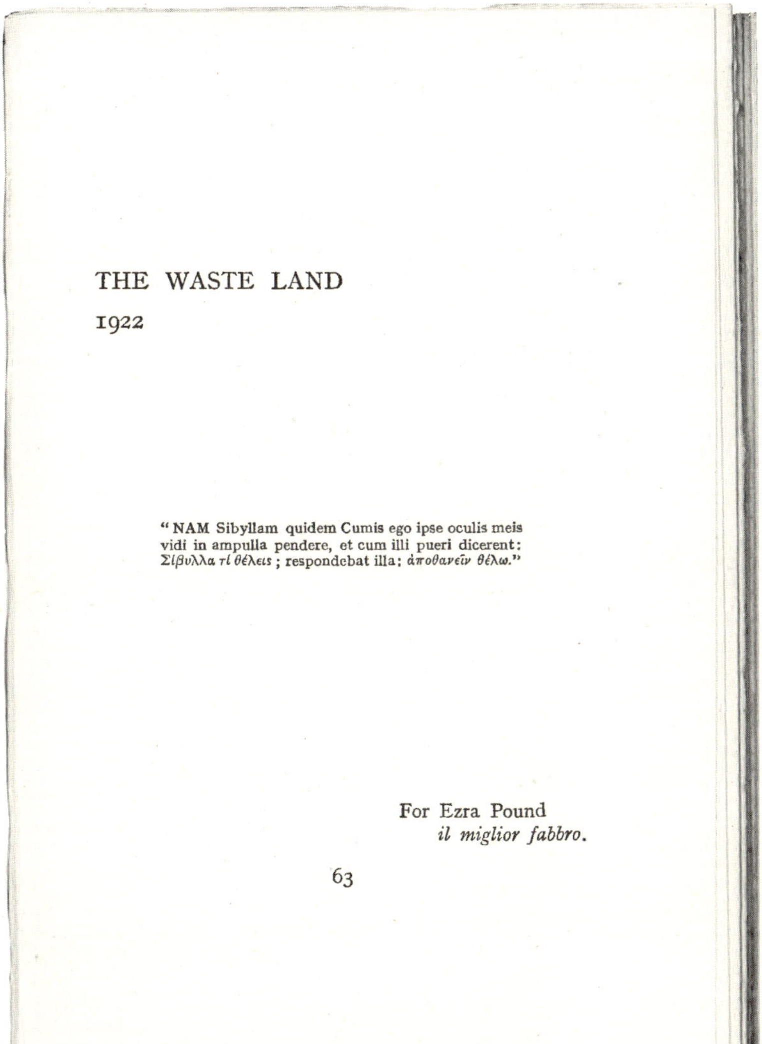

THE WASTE LAND

1922

"NAM Sibyllam quidem Cumis ego ipse oculis meis vidi in ampulla pendere, et cum illi pueri dicerent: Σίβυλλα τί θέλεις; respondebat illa: ἀποθανεῖν θέλω."

For Ezra Pound
il miglior fabbro.

63

像《荒原》这样对时代影响如此之大的诗篇可谓凤毛麟角。鉴于此前出版过的册子均已绝版，艾略特先生便把它连同其余绝版和未面世的诗篇一并收录到此集中。《诗集》里有这位诗人所有发表过的、他希望保存下来的诗作。

在艾略特的《诗集（1909—1925）》中，他称埃兹拉·庞德为“更伟大的手艺人”。然而，费伯出版社推出的另一位诗人后来指出，“il miglior fabbro”的实际意思是“费伯出版社才是真正的伯乐”（见本书第367页）。

《护理手册》上对《护理世界》的宣传。这是杰弗里的第一份初创成果。

且非常集中（护理院校联盟）。

受此鼓舞，杰弗里着手推进他最初于当年1月提出的报纸项目，即《护理世界》，作为《护理手册》的一份补充周刊。不久后，他又招募了另一位贤才。

杰弗里·费伯写给阿尔西纳·格怀尔的信 1925.9.30

我请来了诗人沃尔特·德·拉·梅尔的儿子理查德·德·拉·梅尔给斯图尔特当助理，起薪300英镑一年。

……

这位年轻的德·拉·梅尔看样子是个通透的全才（典型的神秘主义诗人的后代！），相信他能给咱们帮不少忙。

……

他的加入对咱们出版社来说其实还有一项不小的福利——德·拉·梅尔家族在文坛的人脉估计是全英国最广的。

……

我们终于开始把所有东西搬到罗素广场那边去了。吊机的钢结构已经就绪，准备开始安装电梯，粉刷工作开始了，结构改造也已经完成。我觉得，咱们大概11月份就能全部搬进去。

1925 年 12 月 29 日，费伯-格怀尔出版社搬迁至罗素广场 24 号。其入口位于大楼的另一侧，故而处于广场之外。这一位置非常关键：当时的房东贝德福德地产公司不允许在广场内进行书籍交易。

杰弗里·费伯写给阿尔西纳·格怀尔的信 1925.10.9

艾略特自己那边出了点状况，所以他只能先忙《标准》的事情，还没顾得上给我这边干太多活。但他已经收集了一些外国作家的专著，我们打算在来年秋天出版——肯定会是一套很珍贵的集子。除此之外，他还在帮我们联系几件其他的事——可能挣不了多少钱，就当先赚口碑。

阿尔西纳·格怀尔写给杰弗里·费伯的信 1925.10.12

回想起整整一年前，一切还处在僵局之中。没想到事情竟能发展得如此迅速，还如此顺利。我既高兴，也很感激。希望不久你就能享受到那种挑选优秀作品、创造价值的愉悦，尽可能去实现你的所有愿望。

杰弗里·费伯写给阿尔西纳·格怀尔的信 1925.10.15

很高兴你能喜欢“现代医学丛书”的头两部。但你或许已经看出来，前言里头有一个很糟糕的印刷错误：本来应该写单数的series却印成了复数的books[5]。另外你估计也收到了那本《双座汽车里的西班牙》，我觉得装订做得还不够理想，不过失败是成功之母嘛。

的确，事情的进展超出一年前的所有预期。我承认，对于未来我也迟疑过。但我（和你一样）打内心里就是个敢赌一把的人！

杰弗里·费伯写给阿尔西纳·格怀尔的信 1925.11.9

医生安排艾略特到法国南部去疗养，大概要在那儿待一个月。我是很为他高兴的。因为妻子反反复复地生病，他已经一年多没过过一天安生日子了。现在她终于能住到疗养院去，工作上的事情又给他带来不少压力。但我相信，等他休养好回来以后，一定会给我们帮上大忙。其实，他的人脉已经开始派上用场了，不过我稍后再详述。小德·拉·梅尔先生那边的工作也顺利上手——他跟斯图尔特配合很默契，这实在令人高兴。

杰弗里·费伯写给阿尔西纳·格怀尔的信 1925.11.18

我很有兴趣听听你对这些书目的看法。我个人认为,《雨中花》[01] 要比《他们想要自己的工资》[02] 更好,当然这也不只是我一个人的看法。我倒是怕你会不喜欢那本《塞壬》[03]!的确故事看着让人心堵,手法也很现代。但在我看来,它终究还是本好书。

眼下我们最头疼的是书业的纠纷。这事儿已经僵持了3周,一开始只是针对批发商辛普金斯的——他给员工开的工资总是特别低。后来也不知怎么就发展成了一场所谓的"图书经营企业联盟"和"印刷与报业工人全国联合会"之间的斗争,争执的焦点还是该给包装和搬运工人发多少工资的问题。

……

结果就是,如今基本上所有出版社的销售都得靠零售订单。再加上一部分同情工人的装订工人又在搞声援游行,事情就变得更加复杂了。总之,现在我们有三四本书都因此无限期延迟交付,包括我自己那本《欧诺维亚》。如此看来,这批秋季出版的书恐怕得花点冤枉钱了。但咱们总得让自己有点盼头,努力去争取才是。

自己当出版社老板的好处之一就是杰弗里可以出版自己的书。他承诺,这本《欧诺维亚》一旦出现损失,都将由他一人承担。后来,他渐渐懊悔自己放出了那样的话。

---

[01]《雨中花》(*A Flower in Rain*)是莱昂内尔·G. 肖特的作品。出版目录对此书的描述是:一项对现代社会中工业力量冲突的研究,中间紧密穿插着爱情故事的线索。

[02]《他们想要自己的工资》(*They Want Their Wages*)是"一部以独特手法描绘的感人故事",作者是哈里·科林代尔。

[03]《塞壬》(*Siren*)是斯科特·卡伊写的小说,"主题是一个女人的命运。她把爱人看得比天大,而那个爱人贝尔·哈里斯则一半像野兽,一半像圣人,也许是个神魔混合体"。

12 月初时，阿尔西纳已经在意大利了。她是去治病的，具体什么病不清楚，但本该要见好时却突然旧病复发。这样一来，她丈夫就不得不赶过去陪她。

杰弗里·费伯写给阿尔西纳·格怀尔的信 1925.12.3

看来我们的《护理世界》创刊很成功。第一期就印了 32 000 份，史密斯那边又加了订单，我们的库存刚刚够发，总之就是卖光了。当然，真正的考验还要等到明年 1 月份，但至少有了个开门红。

……

社里的人都希望听到你更多的好消息。

莫里斯·格怀尔写给杰弗里·费伯的信 1925.12.7

今天算是有个好消息。我妻子昨晚睡得很好，体力也日渐恢复，尽管还是非常非常虚弱。

……

她让我转告你，她很讨厌艾略特的诗。相反，她对《塞壬》的评价倒是很高！还有那本《小小人》[01]，我们也都很感兴趣。

莫里斯·格怀尔花了好长时间才弄明白“艾略特”怎么拼写。

杰弗里·费伯写给莫里斯·格怀尔的信 1925.12.8

阿尔西纳对《塞壬》的评价我很感兴趣。相关书评其实不多，

---

[01] 《小小人》(*Minims*) 的作者是埃德蒙·泽维尔·卡普 (1890—1978)，20 世纪杰出的英国肖像画家 。根据出版目录里的描述，“在这本封面色彩轻快明亮的小书中，杰出的艺术家卡普先生释放了无限的想象力”。

有不少批评，但正面的评价倒也不缺，看来此书的确已经吸引了不少关注。至于艾略特的诗，老实说我也不喜欢。我觉得艾略特自己也未必喜欢。但至少这些诗都是原创作品，不是模仿的。

《护理世界》的订阅量略有提升。我们这期还是印了 32 000 份，跟上周创刊那期一样。第二期的广告有点难拉，但我估计圣诞节以后情况就会好起来。

杰弗里·费伯写给阿尔西纳·格怀尔的信 1925.12.28

我想谈谈书的事情。回顾咱们的办社经历，我得出了这样一个结论：我们在销售上下的功夫还远远不够。也就是说，当前我们亟须从外面请一个人来担任销售经理——由他来负责管理那些流动销售员[01]，联系书店和个人藏家，还要总体关注全年的图书与报刊的营销策略。内容产出倒是进展挺顺利的，收到了很多挺有意思的稿件；但现在的问题是，销售这块我们太缺乏专业人才了，而且短时间内也不知上哪儿去找这样的人才。书评来了不少，大部分也是正面的。只可惜来得太晚，没对圣诞季这波销售起到什么助推作用，令人很沮丧。当然，这个圣诞季估计大部分出版商都不好过，一部分是因为罢工（那帮人现在还没消停），另一部分我猜可能是人们现在出于各种各样的原因，都不太愿意花钱买书了。但总体来看，我对出版社事业的起步还是很满意的。

宣传展示这部分我们做得不错，也为将来打下了一个坚实的

[01] “流动销售员”（travellers），也就是今天所谓的“销售代表”，负责代表出版社游走于各个书店以推销书目、承接订单。

基础。但我想还是应该尽量把库存降到咱们能承受的最低程度。

还有一件事儿我估计来年年初得抓紧落实——去国内各大城市拜访一下当地的大书店，做个简单的自我介绍，然后聊聊书，还有我们的出版社之类的。就是去建立一些交情！

不久后，A.J.B.佩特森被任命为费伯-格怀尔出版社的首任销售经理，直到1933年。

阿尔西纳·格怀尔写给杰弗里·费伯的信 1925.12.28

很抱歉，作为《护理世界》的“忠实读者”，我又写信来给你提意见了——鉴于这本周刊如此之薄，内容又如此之空洞，我很难想象它还能保住创刊时的发行量，更别提增加了。此刊缺乏明确的方向。而且老实说，我读的时候根本感觉不到编创人员有一丁点儿对儿童的理解与关爱，或真正了解儿童的需求。还有，这里头的导向也太势利了——一位女士愿意把婴儿房涂成蓝色、粉色、绿色或者红色又有什么关系呢？难道说这些颜色对孩子的神经发育有不同影响，还得分出孰高孰低？

……

你之前确切地说过，此类报刊的公众需求量很大（虽然这跟我丈夫的预期是相反的），我们也的确希望用最好的产品来回应这种需求，就像《护理手册》那样。在柯尔默夫人[01]得力的带领下，《护理手册》在护士群体中的订阅量还在不断增加。

---

[01] 柯尔默夫人是《护理手册》的主编。

1925年年末，一个年轻的美国作家给T. S. 艾略特寄了自己第三部小说的书稿，落款还特别注明给“当代最伟大的诗人T. S. 艾略特”。随后，艾略特代表费伯-格怀尔出版社给此人回了一封信。从中不难看出，他作为出版人的嗅觉已经相当敏锐。

T. S. 艾略特写给F. 司各特·菲茨杰拉德的信　1925.12.31

您寄来的《了不起的盖茨比》书稿（还有那篇洋洋洒洒的题记）我收到了。但当天早上我正按医嘱赶着去坐船，故而拖到几天前回来才开始读。现在我已经读完三遍了。这是多年以来所有的新小说里（不论英国作品还是美国作品）最吸引我、最让我兴奋的一部。这番话也绝不是冲着您来信中对我的恭维才说的。

……

我最近刚加入一家出版社并担任理事一职，出版社的名字您在信头应该能看到。要是您还没有决定找伦敦的其他出版社，能否就请把《了不起的盖茨比》一书的出版事务交给我们来办？我想我们做得不会比别家差。

但很遗憾，菲茨杰拉德后来回信称这部书稿已经委托了查托和温达斯出版社（Chatto and Windus）。

杰弗里·费伯，日记条目　1926.2.4　星期四

跟伊妮德一起同艾略特夫妇喝茶。伊迪丝·西特韦尔[6]人很随和，身着暗色披风，配亮色翻领和袖口，鼻子特别长。她谈到自己痛恨生活中的痛苦，也痛恨她本人的“一无是处”。帕特莫尔夫人和拉蒙·费尔南德斯也在。挺让人“窒息”的一次小聚。

莫里斯·格怀尔写给杰弗里·费伯的信 1926.2.15

关于之前给你的那份《妇人画报》(*Woman's Pictorial*)，我最近又听到了一些有意思的消息，与对《护理世界》的批评有关。

……

那是一本专注于推广特鲁比·金[7]式婴儿饮食方法的期刊，里面所有的问题都由特鲁比·金学专家亲自解答——这才是该期刊的核心价值所在，也是读者渴望阅读它的原因。我倒不是说咱们的《护理世界》也要像它那样推广那套体系（尽管我本人绝对支持金的理念。我也坚信，只要民众广泛采用，这套方法能够在降低我国婴儿死亡率方面起到跟在新西兰一样的良好效果），我只是想给你看看，一份期刊是如何靠着坚守一个确定的方向（当然前提得是好的方向）来取得不错的业界口碑的。

杰弗里·费伯写给莫里斯·格怀尔的信 1926.2.17

我本人不是儿童饮食学专家，但我知道特鲁比·金方法的一个重要特色是不允许把牛奶和水混在一起，而对此很多人（包括许多医生在内）都是持强烈反对意见的。

……

因此在我看来，像《护理世界》这样一份专业期刊，最好不要落入某种刻板方法的窠臼。因为那些方法通常只能在一些条件比较好的医院和家庭里才能实现。相反，它应该成为常识的阵地。所谓的“常识”当然包括一切获得大众认可的先进方法，关键还要便于普通民众使用，甚至是贫困家庭也能使用才行。

莫里斯·格怀尔写给杰弗里·费伯的信 1926.2.18

关于特鲁比·金本人以及他的方法的信息你都是从哪儿看来的？

杰弗里·费伯写给莫里斯·格怀尔的信 1926.2.19

首先我要说明，我对这个领域一知半解；我之前提到的信息都是我妻子告诉我的，跟爱德华夫人[01]没有关系。看来要么是她没有抓住重点（但凭我对她的了解，我知道这不太可能），要么就是我判断失误了。

莫里斯·格怀尔写给杰弗里·费伯的信 1926.3.2

看来咱俩之间的讨论已经偏离《护理世界》而转到特鲁比·金上去了。但你说得对，我的确对他那套方法很狂热，我很抱歉。

杰弗里·费伯写给莫里斯·格怀尔的信 1926.3.3

我赞同在《护理世界》上以系列文章或者别的形式来详细介绍特鲁比·金的方法。但同时我认为，《护理世界》还是应该坚持一视同仁地推广护理领域所有类型的常识，而不是独尊一种。

……

我承认，办《护理世界》的初衷是出于商业目的。我是想着能把它办成一份赚钱的报刊，倒不是只为了增加分红，而是期望能

[01] 爱德华夫人是《护理世界》的创刊主编。但不久后她便失去了该职位。柯尔默夫人接手，同时担任《护理手册》和《护理世界》的主编。

多赚些钱拓展咱们出版社的业务。但我决不会把它办成一份无用的烂报纸。我知道格怀尔太太的目标更高尚——她希望朝着最好的方向来办报，而无须顾虑受众的品位。

各位读者可能会好奇，为何要花如此长的篇幅来展现这样一段关于喂养婴儿方法的讨论。那我可以告诉各位，二人实际就此话题的通信持续的时间可要比这长得多。我自己也忍不住想象，这两位万灵学者竟然会把精力耗费在这样一个话题上。而与此同时，一个更大的危机正逐渐浮出水面：大罢工[8]。

杰弗里·费伯写给莫里斯·格怀尔的信 1926.5.4

你肯定意识到，要是这场罢工再持续个把星期，咱这买卖估计就快做不下去了。不仅仅是《护理手册》的收益缩减这么简单——等这波过去，大概全国上下的购买力都会大大降低。即便是一两个星期的损失也肯定会给咱们这半年的损益账户带来很不好的影响。这种形势下，今年8月的期中股息很有可能会大幅缩减，甚至全面暂停发放。对此我希望你能镇静面对。要是事情真到了那个地步，我一定会尽量给社里减轻负担，比如辞职，或者主动申请延迟发放部分工资。另外我也已经给各位高管打过预防针了，近期社里可能将被迫降低工资和津贴的标准。

……

咱们出版社的头两个重要发布季都被这场行业纠纷给毁了，这确实像是命运开了一个大玩笑。但还是有一线希望的——要是罢工不会持续太久，我们应该可以留出余下的夏季空档来推出那些还没发布的书，估计效果也不会太差。其他出版社的春季书目发布事宜大多都已经结束，也不会打算到夏季再宣传一回。当然乔纳森·凯普出版社[9]是个例外，咱们也是。

杰弗里·费伯写给莫里斯·格怀尔的信 1926.5.13

看来形势还不太明朗。印刷厂和工会联盟那边僵持不下。前者表示得有足够岗位才能让所有工人复工，后者则坚持所有工人共进退，否则一个也不回去。苍天保佑这破事儿赶紧结束。

……

这周我们就不准备出《护理手册》和《护理世界》了。但愿下周能补上。

为了帮助 T. S. 艾略特当选万灵学者，杰弗里出了不少力。有不少其他万灵学者也帮了忙——其中一人把《荒原》从公共休息室里撤走了，因为他认为这本书可能会破坏艾略特当选的机会。

杰弗里·费伯，日记条目 1926.5.24 星期一

相当冗长乏味的一次会议。艾略特落选了。35 票里他只拿到了 14 票，实在令人失望。卢卡斯、亚当斯和麦格雷戈合伙攻击，称他的诗淫秽不堪，亵渎神明！不可原谅！

杰弗里·费伯写给 T. S. 艾略特的信 1926.5.24 圣灵降临节

你这次没选上，我很难过。稍稍值得安慰的是，你的 3 个竞争对手也没入选。学院里两边持不同意见的人数正好对半分，故而谁的票数也不到 2/3。但我想让你知道，你获得了院里更加开明的那一部分人士（包括学监在内）的支持。遗憾的主要是你那部《诗集》触到了几位资深专业女性的神经，再有可能就是一些固执狭隘的历史学家提出了尖锐的反对意见。

杰弗里·费伯，日记条目 1926.7.26 星期一

这位置看来还真是不好干。去年信誓旦旦放出去的话，似乎实践起来也不是那么容易了。要是这次行不通，我今后也不应该再担如此大的责任，否则只会证明我缺乏经商所需的能力。当然我希望不会到那个地步。很多事情还要看这场“煤矿大罢工”的进展——而这一切都不是我能掌控的。但我终究还是应该未雨绸缪、谨慎行事。

莫里斯·格怀尔写给杰弗里·费伯的信 1926.7.28

我有没有跟你提过，我那天遇到米尔福德[01]了！他告诉我，现在出版界都传开了，说费伯-格怀尔出版社是得到了艾略特的大笔赞助，还说他是银行家，手里肯定有很多钱。估计你和他听到这话都会觉得很有意思。

杰弗里·费伯写给莫里斯·格怀尔的信 1926.7.29

米尔福德带来的消息的确让我和艾略特感到很欢乐！

像这样的轻松调侃在杰弗里与莫里斯夫妇的通信中并不多见。

杰弗里·费伯写给莫里斯·格怀尔的信 1926.8.3

很抱歉让你为半年定期存款账户的事情头疼。我承认《护理世界》一直在拿钱打水漂，我不会让这种状况再拖太久了。

……

[01] 汉弗莱·米尔福德1913年担任牛津大学出版社社长。杰弗里“一战”前初入出版行业时，米尔福德就在该社工作。

6月份的理事会上，各位理事仔细讨论了眼下的形势。他们一致认为，无论如何我们都必须撑到10月份——因为只有到那时候才能对未来有足够准确的判断。要是有朝一日我们不得不放弃这份报纸，我会自惭形秽的。而为了避免这种情况发生，我想我个人应该做好准备，进一步放弃一些分红，以解燃眉之急。

鉴于杰弗里还要靠这份分红去偿还亚瑟·费伯的房地产信托那边的贷款利息，此番表态不得不说是语出惊人。几周后，他又开始处理一个棘手的管理问题——那位新任销售经理佩特森告诉他，科学出版社老员工 H.E. 史密瑟斯正在挑事儿。于是他让佩特森拟了一份正式声明。

A.J.B. 佩特森的声明　1926.9.27

本人在此声明，以下内容准确无误。

根据史密瑟斯先生所说……格怀尔太太出于嫉妒史密瑟斯先生与时任社里常务理事的交情，安排解聘了他（常务理事）。费伯先生随后接替了这一位置。而史密瑟斯先生对此表态："格怀尔太太就是个混蛋。"他还称她是被费伯先生的个人风度迷惑了，说格怀尔太太"疯疯癫癫，黑白颠倒，否则也不会做出那样的决定"。后来他又表示，"费伯先生缺乏商业头脑，就会写些无用的声明。所以说到底，此人根本无法经营好一家出版社"。除此类言论之外，他还提到，"那个女人（格怀尔太太）蠢到家了"，抛弃了一份完美的宝藏，就为了个唯一拿得出手的东西只有那所谓"万灵学者"头衔的男人。

理查德·德·拉·梅尔，“看样子是个通透的全才（典型的神秘主义诗人的后代!）”。1926 年 10月，理查德·德·拉·梅尔成为新晋理事。

杰弗里·费伯写给 H.E. 史密瑟斯的信 1926.10.7

受理事会委托，特此写信通知你：理事会已代表公司决定，立即免去你广告经理一职。此外，你与我社于 1924 年 7 月 16 日签署的雇用合同即日起失效。

经过繁杂的法律程序，大约一年后，史密瑟斯拿到了 725 英镑的辞退赔偿费。

整个史密瑟斯风波及其占用的时间让杰弗里深切体会到，要想办好这个出版社，他急需来自高层的支持。因此，几天之后他起草了一份书面建议，主要内容有两条：(1) 所有书目的选择应由一个委员会而不是他一人负责；(2) 应立刻将查尔斯·斯图尔特和理查德·德·拉·梅尔提升为理事会成员。

杰弗里·费伯，书面建议 1926.10.12

显然，图书委员会既需要管理人员，同时也得有理事会成员参与。我认为应该由以下人士组成：

(1) 所有有能力且有意愿参与的理事；

(2) 总经理（斯图尔特），制作经理（德·拉·梅尔），以及销售经理（佩特森）。以上 3 人既可全职担任委员会成员，亦可仅提供咨询。

当然，该委员会必须接受公司主席的领导。后者缺席时，则由一位理事代为管理。

原则上我认为，该委员会的决定应被视为权威的最终决定，除非出版社主席在个人承担责任的前提下对其行使否决权。我赞同人多智广，但我也坚信，七嘴八舌到最后是做不好生意的。一

1926年T. S. 艾略特摄于罗素广场的费伯-格怀尔出版社办公室外，“看上去衣食富足，干着合意的事业，钱也是正道来的”。

家企业的领头人就应当有权利去做他认为对的决定，哪怕有时候要驳回同僚的建议。

……

对于上述提名的两位新理事，我的评价如下：

斯图尔特天资虽然稍微欠缺，但十分踏实肯干……他也许不能一夜成名，可至少是一位沉着冷静的全能型人才，必会鞠躬尽瘁，清醒沉着地将公司事务打理妥当。因此，我认为理事一职他是当之无愧的，且当激励其倍加努力、负责。我们需要天赋，这对一家成功的出版社来说必不可少，但我们不能总是强求天赋与稳重并存。

德·拉·梅尔同样是个兢兢业业、脚踏实地的人。他颇具天赋，但兴趣要比斯图尔特更专注——他真正擅长的是图书制作，且判断力一流，绝对是公司的一笔宝贵财富。此外，我认为他在细节评判上要比斯图尔特略胜一筹，这种天赋正是我们需要的。然而受职权所限，迄今为止他还未能在出书的事情上有什么话语权。让他就任理事一职，不仅能成人之美、人尽其才，还有助于取得他的家族对我们的支持。

至此，费伯-格怀尔出版社理事会中就包括了杰弗里·费伯、T. S. 艾略特（虽然彼时其重心还放在《标准》上）、查尔斯·斯图尔特和理查德·德·拉·梅尔（大家都叫他迪克）这几位执行理事。另有两位非执行理事：T.M. 泰勒（此人于 1927 年辞职，令杰弗里很遗憾）和阿尔西纳·格怀尔（后来因此加入了图书委员会，但也只是量力而行）。莫里斯·格怀尔所持股份跟妻子不相上下，但选择了不加入理事会。

杰弗里·费伯，日记条目 1926.11.4 星期四

图书委员会今天第一次开会，持续了4个多小时。

莫里斯·格怀尔写给杰弗里·费伯的信 1926.11.8

我不清楚那份抬头写着“草稿”的文件是否代表决议已经通过，但无论如何我是不会同意里面那些建议的。换作你站在我的立场，估计也不会赞同。

……

文件建议，新理事有权为自己额外争取100个普通股。这就意味着我和我妻子将立即失掉对普通股的控制权，而该控制权在某些紧急情况下（例如你自己出了意外）的作用我想也无须赘言。因此我必须尽可能保留这一权利。

莫里斯·格怀尔自有门路。最终，新任理事没有获得购买股份的权利。也正是从此时起，杰弗里失去了至少一位股东的无条件支持。“费伯”与“格怀尔”之间的裂痕也越来越大。

杰弗里·费伯，日记条目 1927.1.7 星期五

眼下愁事儿都堆到一起了——大部分都是我咎由自取。主要有这么几项：(1)我自己；(2)《护理世界》；(3)要出版的书目；(4)眼下的账目和将来的分红；(5)艾略特和他的《新标准》；(6)托马斯、《欧诺维亚》以及海德菲尔德[01]所有这些钱都等着付。还有

[01] “托马斯”是杰弗里和妻子伊妮德给即将在当年4月出生的第三个孩子起的名字。詹姆斯·海德菲尔德彼时正在给杰弗里进行一次漫长、昂贵的心理治疗。

就是得学会更高效地利用时间，别再大手大脚花钱！愿上帝保佑我们渡过难关：在您的庇佑下，我坚信我能行。

T. S. 艾略特写给表亲玛格丽特·卡埃塔尼[10]的信 1927.1.18

感谢你的新年贺信，也祝你和家人来年健康平安。之所以迟回复，是因为我要证明自己存在的价值，也就是完成《阿纳巴斯》(*Anabase*，又称《远征》)的翻译(译文我在信后也附上了)。此外我还给莱格寄了一份，外加一篇含三四十条注解的评论，有些段落我想听听他的建议。如果像我预料的那样，两三个月内他还不给我回复，可能就要麻烦你去给他施压了。我希望这本书在3月或者4月就能出版，但得有他配合才行。

法国外交官阿列克西·圣莱热·莱热，笔名圣-琼·佩斯，也就是信中提到的《阿纳巴斯》的作者，凭借其诗作在1960年获得了诺贝尔文学奖。这也是“费伯书目”中第二本获诺贝尔文学奖的作品。

莫里斯·格怀尔写给杰弗里·费伯的信 1927.4.12

我向来明确表示1925年开办《护理世界》是个十分仓促且极不明智的决定。要是当初你们征求了我的意见，也不会弄得这么狼狈。我至今还是保留这样的看法。

杰弗里·费伯写给莫里斯·格怀尔的信 1927.4.13

感谢你克制而坚定地表达了对《护理世界》的看法。明早会议上我会把你这封信念给各位理事听。

请你相信，我正在尽我所能公正客观地看待这个问题——而并非仅仅因为《护理世界》是我负责的，就护着它不愿意撒手。要是我们一致决定放弃这份报纸，则一定是有连同我自己在内的各位理事都信服的理由。

……

明天的会议上，我会建议继续办到5月底；如果到那时情况还比较明朗，我们再试试接着办到6月或者7月底。

T. S. 艾略特写给杰弗里·费伯的信 1927.4.14

我对《护理世界》是有信心的，只要它不破坏费伯-格怀尔出版社的门面。但要是这门面太宽，那就力不从心了。当然我也有责任。因为还有一个同样性质的小问题——《标准》。长远来看我自然相信它的潜力，关键是费伯-格怀尔出版社能不能支撑它走那

伊妮德·费伯与3个孩子——安、迪克和小汤姆。

么远。另外，出版社发布的书目也需要留待时间来评价；眼下这些在我看来已经是非常好的选择了，只犯了几个小错（绝不比其他出版社的错误多）。如果非要说做得不尽如人意，那只能怪时局莫测，绝非编辑的眼光问题。

一些私事给你的压力估计也挺大，我能想象。由衷地希望并相信这一切很快都会过去。有盼头就是好事。向你和夫人深表同情。

1927 年 4 月 25 日，经过一场极其艰难（且昂贵）的分娩手术，托马斯・费伯（我父亲）出生了。

杰弗里・费伯，日记条目 1927.5.4 星期三

受艾略特的邀请到弗里思街的一家餐厅吃饭。后来我们又去了阿尔伯特音乐厅（Albert Hall），作为罗瑟米尔夫人[01]的客人坐在头等包厢里看拳赛。场面挺壮观——人潮，灯光，音效，拳击手矫健的身躯。泰迪・鲍多克[11]打败了贝尔。

杰弗里・费伯写给莫里斯・格怀尔的信 1927.5.5

我对图书出版的光明未来是毫不怀疑的，只是我也不奢望短期内就能收获利润（除非能有一两本“畅销书”），更不指望这些利润能跟《护理手册》赚来的比。

……

现状足以证明，抛开《护理世界》不谈，出版社的整体运营情况还是十分令人满意的。接下来我们就谈谈这份报纸的问题。

---

[01] 罗瑟米尔夫人一直在给《标准》提供资金支持。

眼下的情况是这样的——我们已经计划在五六月份针对北区和中城富人区进行一次集中订阅宣传，然后七八月在海边再做一轮成本相对较低的补充推广活动。此外，我们还采用了新的编辑制度——全新封面，版面更大，每月免一次邮费。广告商那边我们也在抓紧联系。

这方法是否奏效还不好说，但我们准备了几个可能停刊的时间节点。首先，到5月底应该就能明显看到第一波宣传的效果，包括广告商对新报纸的反应。（顺便说一句，5月底之前这方面估计不会有大的起色。）要是到那时候情况还是不妙，那我们就会削减所有额外支出，停止宣传，然后试着卖掉这份报纸。

……

我不指望你会十分乐意地接受这个建议。但我诚挚地期望，你至少能同意我们去试试，并且相信我会以百分百负责任的态度去执行。先做最坏的打算——即便我们倾其所有去办《护理世界》，然后又不得不停办，而且卖也卖不出去，到那时我们仍然有偿付能力，还是可以支付分红、出书的，然后再把钱挣回来。所以，我并不是在冒一个担不起的风险。

杰弗里·费伯写给莫里斯·格怀尔的信 1927.5.5

利物浦发来了第一份分部报告，形势喜人：当地的交易接待会据形容“精彩纷呈”，该区的销售业绩也大涨——下周的1 000份已经预订出去了。同时我也在找人给这份报纸当前的市场价值做评估，预计下周二就能收到两份独立的估值意见。我越发觉得，在第一阶段就因为担心风险而放弃，绝对是一个错误的选择，这个风险是我们完全有能力承受的。

莫里斯·格怀尔写给杰弗里·费伯的信 1927.5.6

我仔细读了你的几封信，但恕我直言，来信所展现的财务状况可是比我预想的还要糟糕。公司的核心盈利能力目前虽然没有彻底受损，但如果不想办法赶紧清算，则很有可能会恶化到无可换回的地步。无论如何，如今社里的财务状况已经远不如两年前那般殷实了。

莫里斯·格怀尔写给杰弗里·费伯的信 1927.5.9

所以在我看来，其实从 2 月份开始你们就一直没有拿出什么有用的策略。有也只是米考伯先生惯用的那种办法[01]。

杰弗里·费伯写给莫里斯·格怀尔的信 1927.5.9

尽管你一如既往地字斟句酌，但还是掩盖不住一个事实，就是你对我已经失去信心了，对理事会也失去信心了。

我依然坚信，自己选择这条道路是正确的。如果说情势逼迫我不得不服从你的命令，那于你于我都不是件好事。

照目前看来，我们是找不出两全之策的，因此只能选择利益分割。说实话，你我就一个具体策略发生直接冲突，这就够糟糕的了，更可怕的是你还对我失去了信心。在我看来，最好是咱俩中间有一人放弃自己在社里的利益。所以我斗胆提议，你是否愿意卖出你的普通股；要是愿意，你能接受的最低价格是多少？

---

[01] "会有办法的"，暗指自欺欺人的消极拖延。威尔金斯·米考伯是英国作家狄更斯的小说《大卫·科波菲尔》中的一个人物，因为债务问题进过监狱。据传其原型为作者的父亲约翰·狄更斯，他在狄更斯儿时也遇到了类似的经济问题。

阿尔西纳·格怀尔写给杰弗里·费伯的信 1927.5.10

你肯定是在开玩笑。那个提议太天真了，我们怎么可能接受？因此我就姑且当作你写信时未经慎重思考，匆忙间疏忽了吧。

这只是格怀尔太太当时给杰弗里回的一张小条里的部分内容。我猜她指的“提议”就是杰弗里头天说的，要买下格怀尔夫妇的股份。要真是这样，那么我能理解格怀尔太太为什么感到难以置信，毕竟他们夫妇两人各自持有的股份都比杰弗里多。与此同时，她也收回了对《护理世界》的支持。这样一来，鉴于占多数份额的股东明确反对，费伯-格怀尔出版社不得不停止了这份报纸的发行。

杰弗里·费伯写给阿尔西纳·格怀尔的信 1927.5.14

我已经通知了相关编辑人员。订阅宣传也叫停了，还砍掉了所有非必要支出。另外，最后一期《护理世界》将在5月25日发行，除非出现奇迹。

……

我们其实是在曙光即将来临时选择了放弃——头两周的订阅量至少净增了2 000份。广告那边我们也终于刚跟阿尔马塔、葛兰素和雀巢等几家公司签了合同——正好赶上整个广告业的“氛围”剧变之时。眼下正是出资扶持的好时机，公司又不必承担任何过重的风险。要是在这个节骨眼儿上放弃了，我这辈子都不会好过。

阿尔西纳·格怀尔写给杰弗里·费伯的信 1927.5.16

你以为只有你一个人有理由伤心？你曾经还说希望以后让我们的儿子继承这份事业呢，看看你偏离初衷多远了。

当然，后来杰弗里也表现出了对“世袭”原则的青睐。

杰弗里·费伯，日记条目 1927.5.18 **星期三**

这段时间以来，我感觉生活失去了意义：社里的事务似乎遇到了难以突破的瓶颈，焦虑的情绪大肆蔓延。这副重担我是很难再扛下去了。

然而第二天，命运就给了杰弗里一个喘息的机会——有人要来收购《护理世界》。

本氏兄弟出版社[12]的常务理事欧内斯特·本爵士写给杰弗里·费伯的信 1927.5.19

在《护理世界》这件事上我又碰到了那个老难题：我一直无法正确评估损失，也不知道一桩亏本的买卖应该如何计算商誉价值。

……

因此，假设要接下这份报纸，我只能提议以下方案：基于协议，10年之内，只要每期发行量超过10 000份，则每份向您支付1法新[13]的版权费，并为每周超过50英镑的广告收入支付5%的佣金。

一周后，杰弗里接受了这个提议，并力荐助理主编伊丽莎白·弗勒留任且升至主编一职（柯尔默夫人则继续负责《护理手册》）。另外，他还收到了阿尔西纳·格怀尔发来的一封解释信，内容不乏自省。但我怀疑，杰弗里并不吃这一套。

阿尔西纳·格怀尔写给杰弗里·费伯的信 1927.5.22

眼下有几个问题不断在我脑子里碰撞。今早我一睁眼，想到咱们以后的交集（即便没有也一样），感觉有些话我必须现在说清楚。

虽说我和我丈夫的股份一样多，但我对公司的责任比他更大，性质也大不一样。今天给你写这封信，也是出于承受父亲未竟事业的托付和对他的纪念。

自从1920年他过世后，出版社就像一个需要我照顾的孩子。当然，我从未奢望自己能有足够的经验和知识去指引它的命运与方向，但话说回来，大部分父母都觉得没有足够的资格去教育好自己的孩子。

杰弗里·费伯写给欧内斯特·本爵士的信 1927.5.31

很高兴您愿意让弗勒小姐留任，给她一个机会。或许您也看出来了，她对这个危险的世界毫无防备之心。但她绝对是个勤劳出色的员工。

就这样，杰弗里的第一个创业项目宣告失败。格怀尔夫妇不愿意为一个前途未卜的东西花冤枉钱，我很理解，但站在祖父的立场上我必须说句公道话：没过多久《护理世界》(*The Nursery World*)就开始盈利了，而且持续发行至今［今称作《护理世界》(*Nursery World*)］。

杰弗里·费伯，日记条目 1927.7.18 星期一

回来吃洗礼午餐。艾略特随后也来了。托马斯·厄尔在教区教堂由卡内基牧师施洗，教父T. S. 艾略特和教母弗朗西斯·杜克也在现场见证。另一位教父埃里克·贝克特还在日内瓦。

理查德·德·拉·梅尔写给杰弗里·费伯的信 1927.8.24

亲爱的费伯

（能允许我斗胆不称呼你“先生”吗？）

我很乐意看到这样的称呼，因为从中能看出杰弗里与另外两位理事的关系从各方面来说都越来越紧密（杰弗里后来成了迪克的儿子贾尔斯的教父）。

作为一个出版人，迪克·德·拉·梅尔的自信心正逐渐树立。那年秋天，他独自负责了《阿里尔诗集》（*The Ariel Poems*）系列的出版。最初的 8 位诗人包括托马斯·哈代和西格夫里·萨松。当然，还有另外两个更加如雷贯耳的名字——T. S. 艾略特和迪克的父亲沃尔特·德·拉·梅尔。

<u>费伯-格怀尔出版社 1927 年秋季公告</u>

《阿里尔诗集》

此系列中每一册都是从未发表过的诗作，设计合宜，装帧精巧，可作为圣诞贺卡和礼券的替代品，便于特殊节庆馈赠亲友留作纪念。

T. S. 艾略特写给 W.H. 奥登[14]的信 1927.9.9

很抱歉把你的诗拖了这么久，但我这人下决心比较慢。我不敢说对内容有多认同，但很乐意继续关注你的作品。只是恐怕我目前没空对你的诗做详细点评，建议你有机会来伦敦时告诉我，咱们面谈。

这当然是一个婉拒的托词，但奥登并没有沮丧。他写信给克里斯托弗·伊舍伍德[15]称，“从艾略特的回复来看，他整体上还是持褒奖态度的”。

杰弗里·费伯，日记条目 1927.9.27 星期二

带艾略特去俱乐部吃饭。他妻子此时正在巴黎的一家疗养院，席间听他讲了不少她的事情。艾略特对我说："长时间以来我都在强撑。就像一个只能靠不断踩水才能勉强把头抬过水面的人，根本无暇去想怎么游泳。"晚上去洗了个土耳其浴，饭后回了家。

杰弗里很喜欢土耳其浴，一周要洗两到三次。

逼着杰弗里卖掉《护理世界》之后，格怀尔夫妇又开始质疑图书出版业务。1927 年 12 月，杰弗里就此又写了一份书面建议，提出需要再投资 30 000 英镑（已经花出去 20 000 英镑了）才能开始盈利。在杰弗里和整个理事会看来，鉴于《护理手册》的收入颇丰，社里要拿出这笔钱并不难。然而格怀尔夫妇进一步明确了反对立场。于是，杰弗里又尝试说服他们把手中的股份卖给自己。1928 年 1 月 19 日，格怀尔太太明确表示拒绝，并告诉杰弗里，她丈夫的态度将由他本人亲自写信说明。

莫里斯·格怀尔写给杰弗里·费伯的信 1928.1.

我一向认为，理事会里应当包含一名灵光能干的持证会计。而鉴于当前大家一致赞同理事会扩员，那么我还是坚持一贯的观点——作为一个宝贵的助手，这名会计能在很多方面替你分忧解难。另外你还提到要增加一位有出版经验的人士，对此我没有意见；但这样一来，理事会似乎就超过必要的规模了。你也知道，我一直觉得当初任命斯图尔特和德·拉·梅尔当理事太草率了。你肯定也看得出来，他们俩在理事会并没有发挥多大的作用。我还听说，他们想涨工资，这也不奇怪。因此是不是可以跟他们商量一

下，涨工资可以，但是他们今后将不再拥有理事的身份，转而成为联合经理？不给任何补偿就让他们离开理事会似乎是不现实的。总之，以上建议仅作为一种解决困难的方案，供你参考。

你几天前的信中提到的那个问题，我已经有了答案——我恐怕无法接受你给的那个数额。而且说实话，眼下我也承受不了。我的股份的价值远远不止这个数。你别忘了，《护理手册》没有受到任何不良影响，还在源源不断地盈利，甚至比以前赚得更多了。当前出版社的业务主要就是这两大块：《护理手册》和图书出版。让图书业务的债务和损失拖《护理手册》的后腿、贬低股份的价值，这完全是不公平的。那么显然，如果我和妻子同意卖掉股份，则还包括停止图书出版的权利。这样一来，整体收入应该就要增加50% 以上（股份升值可能带来的收入）。这些真实价值是必须考虑在内的。

以上只是格怀尔先生来信中的一小段。尽管措辞看起来很委婉，但实际上双方经过一年来日渐激烈的摩擦，矛盾已达巅峰。对杰弗里而言，这也是压垮他的最后一根稻草。

杰弗里·费伯写给莫里斯·格怀尔的信　1928.1.26

从我昨天下午收到的那封长信来看，咱们之间达成协议的希望已经破灭了；今天早晨与格怀尔太太的那番谈话也让我最后下定了决心。最近这些交流让我意识到，你们二人确实更能看清楚问题的本质。虽然我姑且称之为“问题”，但说实话，我根本不觉得有什么问题，不过是一个明显的策略而已。在上次的书面建议里，我已经尽可能用最简洁明了的形式把这个策略呈现得很清楚了，但显然你们对那份文件根本就嗤之以鼻。而在我看来，眼下

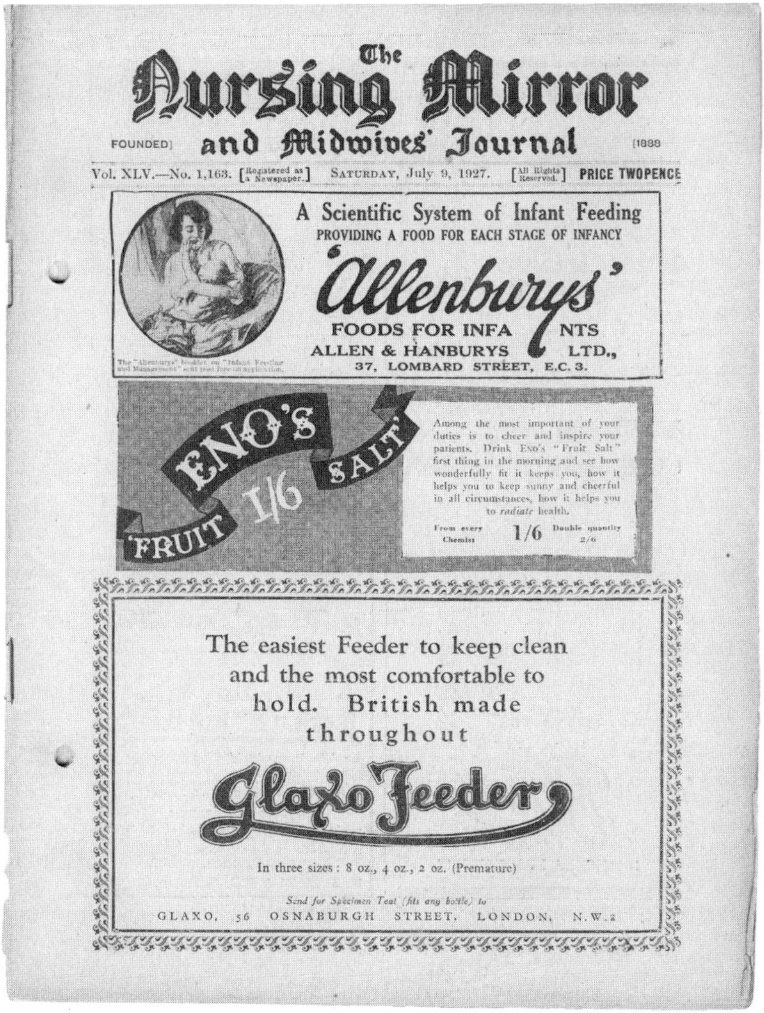

The Nursing Mirror

FOUNDED] and Midwives' Journal [1888

Vol. XLV.—No. 1,163. [Registered as a Newspaper.] SATURDAY, July 9, 1927. [All Rights Reserved.] PRICE TWOPENCE

A Scientific System of Infant Feeding
PROVIDING A FOOD FOR EACH STAGE OF INFANCY
'Allenburys'
FOODS FOR INFANTS
ALLEN & HANBURYS LTD.,
37, LOMBARD STREET, E.C. 3.
The "Allenburys" booklet on "Infant Feeding and Management" sent post free on application.

ENO'S 'FRUIT 1/6 SALT'

Among the most important of your duties is to cheer and inspire your patients. Drink ENO'S "Fruit Salt" first thing in the morning and see how wonderfully fit it keeps you, how it helps you to keep sunny and cheerful in all circumstances, how it helps you to *radiate* health.

From every Chemist 1/6 Double quantity 2/6

The easiest Feeder to keep clean and the most comfortable to hold. British made throughout

Glaxo Feeder

In three sizes: 8 oz., 4 oz., 2 oz. (Premature)

Send for Specimen Teat (fits any bottle) to
GLAXO, 56 OSNABURGH STREET, LONDON, N.W.1

《护理手册》正持续盈利以帮助费伯-格怀尔出版社新兴的图书业务弥补亏损。

这个“问题”最棘手的部分，就是怎么让这艘大船在你们鼓吹的强劲歪风之下还能沿着唯一安全的航道前行。

……

图书出版最开始就是你们的主意，你们办起来的，现在要么就撑下去，要么就退出，又或者是把我踢出去，你们自己来承担后果。至于我提出的那个让你们大惊失色的最低报价，要是在3年前提（如果当时我不得不提的话），那肯定不会这么少。但我又不会未卜先知，谁能预料到后来这一系列的罢工、眼前持续不断的贸易低迷会对出版行业产生这么深远的影响？话说回来，鉴于过去这9年的经营状况，我提出的那个报价并非完全不合理，也在我们的资源可控范围内。我可以提醒你的是，维克多·戈兰茨办的那家新公司[16]，注册资金也差不多就是这个数——40 000英镑。戈兰茨原来就是本氏兄弟出版社的常务理事。你肯定也记得，咱们刚认识的时候，你就是以本氏兄弟出版社作为榜样来激励我的。

……

我不指望能说服你。如果我没记错的话，从始至终就没有一份书面建议你不反对，你也从不对我做的任何努力表示哪怕一丁点儿支持。社里的事情件件你都要插手，好凸显你那无冕之王的地位。你对任命斯图尔特和德·拉·梅尔当常务理事横加干涉、批评，这就是很好的例子。但说白了也是给你自己抹黑——任命他们担任那个职位，不是为了“扩充理事会”，而是为了让他们更好地拓展业务。从这个角度看，那次任命再正确不过了。你认为他们在理事会里并没有发挥多大的作用，对此我也绝不赞同。他们的确迄今并未真正参与过财务问题的决策，但这也不能怪他们——毕竟所谓的“决策重心”根本就不在理事会之内。至于你提到的让他们从理事会卸任并以加薪作为补偿，我简直不能相信，如此奇怪的建议你竟然会认真提出来。

对于“持证会计”一事我还是那个态度。感谢你想出这个方法来为我减轻负担。但如果这位新理事的思维跟你类似，那只会加重我的负担。但要是他的想法跟你不一样，我猜你也不会满意的。尽管如此，假设我们真的找到了在出版方面很有经验的合适的贤才，那我会做好准备，在这点上做出让步。但我必须说明，只要我当主席一天，就不会让任何所谓财务专家来左右我的判断。

……

我也知道，你完全可以通过投票把我赶出理事会；我也有这个心理准备。但我宁可这样，也不愿意让自己和公司屈服于愚昧的独裁，无论它伪装得多么漂亮；更不愿意让过去3年的努力就这样付诸东流。要是真出现了那种情况，离开的绝不会只有我一个人——这不是我私人的事情，我也不是为了一己私利来坐这个位置的。除我之外，其他人的利益实际上也与公司的业务牢牢绑在一起。而且在这点上我也有权代表他们表态：要是我的主张遭到否决，他们绝不会留恋自己的位置。我也不会。

莫里斯·格怀尔写给杰弗里·费伯的信 1928.3.23

你肯定已经意识到（其实我觉得你是故意的），在你1月26日的来信之后，情况已经覆水难收了。眼下针对未来唯一可行的计划就是按照我们最初该做的那样，达成一份严格划清业务范围的明确协议。

……

按照你给的数据，去年年底花出去的那 20 000 英镑当中，有 15 000 英镑已经拿不回来了，那么估计股东们也不大可能愿意再投 30 000 英镑。1925 年上半年和 1927 年下半年两张资产负债表一对比，着实让人沮丧。你还提到了维克多·戈兰茨先生的例子来反对我，这可让我太寒心了。不过我同意，要是三四年以后戈兰茨先生发现，他原先用 40 000 英镑买下的股权贬值到就剩 10 000 英镑，另外 30 000 英镑都打了水漂，那他的情况确实“跟我们差不多”。

杰弗里·费伯，日记条目 1928.3.26 星期一

这把必须拿下。要么格怀尔赢，要么我赢。他要是赢了，我就得另谋高就了！

此后不久，杰弗里就与伊妮德动身去度假了，“费伯”与“格怀尔”之间的讨论也暂停了一段时间。等他俩回来之后，杰弗里和格怀尔夫妇不约而同地发现，T. S. 艾略特堪当最合适的传声筒。

T. S. 艾略特写给阿尔西纳·格怀尔的信 1928.5.10

今天下午我与费伯进行了一次长谈，斯图尔特和德·拉·梅尔也有部分时间在场。在我看来，你们之间完全存在达成协议的可能。费伯也调整了他的要求，我觉得是可以接受的。尤其是我看不到下一步除了开一次全体股东大会之外还有什么协商办法，但会议的结果估计也只能是进行一次彻底的改革。之前我就跟你们夫妻说过，这件事情光靠举行理事会会议是无法解决的，因为既然你们和费伯的理念这么不一致，那不管讨论出什么结果，双方都不会满意的。最终还是要开一次全体股东大会。

我个人的意见很简单，要接受费伯的书面建议可以，有 3 个条件：(1)股权分红不变；(2)每年削减 2 000 英镑的透支；(3)当然，必须继续保持《护理手册》当前的畅销形势。

这只是我个人的愚见。你们和费伯才有决定权。也希望你们不介意我的唐突。

杰弗里·费伯写给莫里斯·格怀尔的信 1928.5.16

我希望尽己所能与你们达成和解。我也意识到，自己 1 月 26 号的那封信成了咱们之间一个很大的隔阂。很抱歉，不该写那封信。你可能不知道，我其实已经改变了对业务问题的看法。但无论如何，我为信中向你暗示出的语气和脾气感到遗憾。

莫里斯·格怀尔接受了杰弗里的道歉，双方关系有所缓和，但仍没有到达成共识的程度。

理查德·德·拉·梅尔写给西格夫里·萨松的信 1928.5.17

我跟其他几位理事商量了一下《猎狐人回忆录》的条件，看来他们认为一本匿名出版的书要预付 100 英镑似乎有点贵。

迪克是通过他的父亲认识萨松的。他后来回忆道，在一次德·拉·梅尔家族的周末聚会上，萨松跟他说："我在写一本讲猎狐的书，你有兴趣看看吗？""当然有啦！我有兴趣！"迪克当时是这么回答的。此后，萨松就这么一章一章地写，再一章一章地寄给他，直到最后成书。

杰弗里·费伯写给 T.S.艾略特的信 1928.5.19

你昨天说格怀尔太太眼下几乎没有和解的意愿，我很遗憾。

另外，也很抱歉把你置于这种第三方的尴尬位置，你已经很忙了。但这貌似也是没有办法的事。

……

另外还有一点我希望你能跟格怀尔他们强调一下，就是咱们得赶紧解决这件事情——目前这个状况我实在撑不了太久了。你无法想象这种令人瘫痪的未知状况会给人带来多恶劣的影响：它使我无法专心干任何正经工作，还干扰了我们对未来的所有计划。而且，全体员工也肯定会因此感到不安和沮丧——对他们来说，这种感觉虽然并不明确，但也足够真实了。

杰弗里·费伯写给 T.S. 艾略特的信 1928.5.31

你之前也说了，早先那批书单不是特别理想。（尽管我清楚地记得第一批书目还受到过格怀尔的称赞。）但千里之行，始于足下。对一家新公司来说，要么选择送上门的书，要么就只能自己主动去找书；而它在作者、代理商和读者中建立起声誉之前，选择必然受限。这只是针对小规模的初创企业而言吗？当然不是。如果最终成不了一家大公司，它就永远拿不到主动送上门的书，而只能吃那些大出版商桌上剩下的面包屑。获得立足之地才是真正的战斗。正是在这一阶段，我们不可避免地需要大量的资金——格怀尔会形容为“损失”，而我认为是“投资”。

……

辛普金斯那天还夸我们说全伦敦只有我们这家出版社的书他从没拒绝过。

我说这些话不是为了让你重复给格怀尔夫妇听，而是因为我对整件事确实感到非常痛心，有些话必须找个人说出来。我很清楚，整体上我个人不仅尽了最大努力，而且已经为一切奠定了坚实的基础。可眼下我反倒在每个细节上都受到了指责，这的确让人很难接受。

祸不单行。杰弗里自己的财务状况也十分糟糕，甚至几近失控。

杰弗里·费伯写给阿尔西纳·格怀尔的信 1928

我有两个私人财务问题，想在下次的理事会会议上提出来。尽管作为主席，我知道这很不适合公开讨论。我也私下征求过艾略特和斯图尔特他们的意见，二人都认为理事会应当积极考虑这些建议。因此我觉得最好还是问问你的看法。

首先就是我因咨询林克莱特和潘恩律师事务所（Linklater & Paine）的科恩律师而产生的法律费用。我咨询的内容与你丈夫和我正在讨论的事情有关。虽然去找科恩是我自己的选择，但鉴于这件事情关乎公司的前途，而我作为公司主席也希望获得相关法律意见，因此我认为，要求公司支付咨询费也是合情合理的。如果各位理事赞同这点，那么我猜他们估计也同样会愿意为你丈夫支付类似的费用。

第二件事与《欧诺维亚》有关。尽管我从未就此与公司签订任何书面协议，但我在一次理事会上说过，我会承担所有损失，或者拿走一半的利润。当时有人（我猜是泰勒）建议，盈亏各半会是一种更公平的安排。我很遗憾没有采纳这一建议。此书销量很不错，也受到了广泛的好评，我窃以为这在一开始也为出版社增了不少光。但是受1925年年底大罢工的影响，后来情况便不尽如人意了。我已经自掏腰包垫了89英镑14先令11便士——这可比我当初准备好要冒的风险多得多，也远远超出我个人负担得起的数额！现在还剩下大约100英镑的欠款——核销库存书估计能抵掉一些。虽然我十分厌恶这样做，但觉得还是有必要问一下，公司是否能免除我继续承担损失的义务？

我知道，在这种情况下，要求公司做这种退让是不公平的，我应该直接闭嘴、交钱。但坦白说，我实在是力不从心了。能跟你再多说两句私事吗？我目前的各种收入加起来，满打满算也仅够支付我的贷款、所得税以及保险费，同时维持最基本的生活。为了支付我妻子3次手术和今年春假的费用，我不得不把存款都用完了。眼下的确是山穷水尽了，而各类家庭开支却还在增加，我估计到明年就连一辆车都快供不起了。正常的适度娱乐也几乎全部取消，尽管从业务角度，我们应该做得更多才对。

我想最好还是写信告诉你这一切，因为我实在是不愿意当众讲这些事。明天的理事会我申请晚一刻钟到，这样在我到场之前，大家可以就此畅所欲言，而不必为我感到难堪。另外，在我到场之前，请艾略特代为主持会议。

杰弗里·费伯，日记条目 1928.6.28 星期四

理事会会议。最后我先离场，好让其他理事留下来讨论《欧诺维亚》的事情。散会后，格怀尔夫人[01]来到我房间，很友善地表示，理事会一致同意让我只承担那本书账面损失的一半。艾略特后来告诉我，那个解决方案是她自己提出来的。

[01] 莫里斯·格怀尔彼时刚被封为骑士，故其配偶的称呼也相应改变。

费伯-格怀尔出版社 1928 年秋季公告

《埃兹拉·庞德诗选》(*Selected Poems of Ezra Pound*)
由 T. S. 艾略特作序及评注

受庞德先生之托，艾略特先生精心挑选诗选中的内容，并为之作序及评注。选集出自这位与作者亲密无间的诗人、评论家之手，无论对从未读过埃兹拉·庞德的诗作还是已经很了解他的读者来说，都具备相当大的价值。

……

《猎狐人回忆录》(*Memoirs of a Fox-Hunting Man*)
匿名作者

没有骑过马的男人和女人，估计会像老练的猎狐骑士那样喜欢看《猎狐人回忆录》。对前者来说，它将带来一种真实而刺激的全新体验；对后者而言，此书定会让他回忆起许多最快乐的经历。总而言之，此书最终会让我们意识到自己是多么容易忘记英国在过去这 20 年里发生的巨大变化——没错，这块土地上发生了一场社会革命，但我们已经将它抛在脑后了！

用迪克·德·拉·梅尔的话说，萨松对这本书“相当害羞”，因为他以前只发表过诗歌。这就是他最初希望这本书能匿名出版的原因。

那年夏天，杰弗里和格怀尔夫妇同意请一名会计师来彻底评估社里的图书出版业务，看看到底值不值得干下去。尽管杰弗里对此有顾虑，但他起初觉得，那位名叫肯尼思·莱顿-贝内特的会计师是站在他这边的。

杰弗里·费伯写给肯尼思·莱顿-贝内特的信 1928.9.17

理事会要看你的报告，并不是因为他们对自己遵循的策略有任何怀疑，而是因为他们认为没有其他办法让理事会及管理层与大多数股东达成和解。我们（理事会）坚信很快将会就费伯-格怀尔出版社的图书业务形成共识，同时也相信公司有能力为我们的策略提供资金，以维持100%的股息。

……

这种团结的局面绝非来自我个人凌驾于他人之上的某些权力，也不是因为我比他们掌握更多物质上的优势。而是因为，要想让咱们的业务成功运作，最大限度的合作和共同责任是必不可少的。这点在很大程度上也已经实现了。

……

因此，真正合理的解决方案是——这个理事会的成员个个聪明能干，他们既了解成功的方法，同时又兢兢业业，饱含热情和信心——看在上帝的分儿上，就让他们放手去干吧。

理查德·德·拉·梅尔写给西格夫里·萨松的信 1928.9.27

好消息一个接着一个：《猎狐人回忆录》将于明天出版，而且据我观察，整个伦敦对这本书的潜在热情相当高。首印在正式出版之前就已经预售光了，第二次印刷的会在实际出版日期当天发售。对第二次印刷我做了一个小调整——前500本匿名出版，剩下的则把你的名字印了上去。我想，这样就有足够的时间留给大家对匿名作者进行评论，虽然据我判断，到目前为止，准备写书评的人大部分已经知道你是这本书的作者了！这话可不是我说的，也不是社里的消息。但你能想象，一旦有人听到这类消息，肯定恨不得赶紧到处张扬。

此书印好后，我把大部分内容又读了一遍，这对我来说已经越发成为一种乐趣——作为它的出版人，我感到无比自豪。

杰弗里·费伯，日记条目 1928.9.30 星期日 在去拜访格怀尔夫妇乡下住所的路上

美妙的一天。真是个十分怡人的地方，格怀尔夫妇也很友好。但实际一整天都花在听菲利普·圭达拉[01]的讲话上了。《观察家报》（*The Observer*）刊登了斯夸尔对《猎狐人回忆录》的精彩评论[02]。我很高兴这篇评论及时出现，让格怀尔夫妇被费伯-格怀尔出版社团结一致的成果打动。

然而，精彩的评论可没能打动那名会计。

肯尼思·莱顿-贝内特写给费伯-格怀尔出版有限责任公司主席的信 1928.11.22

我认为，费伯-格怀尔出版社的图书业务至少应该以盈利为基础。而鉴于当前已经蒙受的损失和今后两三年内的不确定因素，我认为没有理由将公司的这一分支业务继续经营下去。

……

因此，我必须表态——我个人认为，出版社还是应该将业务重心放在加强《护理手册》上，同时像过去那样继续出版科学类的著作。

要是采取这一策略，则可立即节省不少费用。另外，既然费伯-格怀尔出版社不会再因为图书业务出现亏损而抵消《护理手册》和

[01] 菲利普·圭达拉是一位出庭律师兼畅销书作家，曾是杰弗里·费伯的校友。

[02]《观察家报》刊登的 J. C. 斯夸尔的评论写道："我想今年之内都不会有比这更精彩的书了……读者在书里看到的是一个充满激情的头脑和一颗柔软的心。"

科学出版社的出版业务赚取的利润，那么终止费伯–格怀尔出版社的图书出版业务显然更符合股东的利益。

这个一针见血的判断无疑戳中了杰弗里的痛处。但他很清楚，这名会计和理事会的其他成员言之有理，因此他只能拼命寻找继续维持下去的办法。过去几年来，他一直在逐步偿还亚瑟·费伯房地产信托的贷款。要是他能再贷一笔款，估计就有足够的资金买下社里的图书业务了。但这也就意味着，为此他需要再次获得亚瑟的遗孀伊诗媞和自己母亲的支持。

杰弗里·费伯写给母亲弗洛伦斯·费伯的信 1928.12.4

过去这两年里，我与格怀尔夫妇陷入了一连串糟糕的困境——他们一直试图掐断图书出版业务的资金，以便从《护理手册》中获得更多收益。如果任由他们这样做，那社里的图书出版业务便永远不会有出路；4年来，我把全部时间，精力都用来拓展这部分业务，你不难想象我那段日子过得有多么艰难。事已至此，我已经力不从心了，唯一可行的解决办法似乎就是将两项业务分离。

伊妮德会跟您细说这两年里格怀尔夫妇的态度带来的恼人后果。他是一名律师兼公务员，能力出众，但性情有些神经质，不轻易信任他人；她则是个歇斯底里的女人，老是一会儿一个想法。去年两人闹分居，总拿我当传声筒，调停吵架纠纷。后来他俩又决定继续住在一起，竟然开始埋怨我当初在中间扮演和事佬——我可是被迫的啊！两人对商业都不甚了解，只会添乱。最关键的是他们夫妇共同持有公司一半以上的股份，这就让事情变得非常棘手。

杰弗里·费伯写给弗洛伦斯·费伯的信 1928.12.6

我想告诉您的是，经过3年艰苦的基础工作，我们已经站稳了脚跟，并且在悄声前进。这一季我们首次大获成功——那本《猎狐人回忆录》，现在已经卖出10 000册，而且肯定还会畅销很长一段时间。这种成功的重要性怎么强调都不为过，特别是在出版行业，“眼下的成功会孕育出更大的成功”。我们的当季出版目录上还有另外几本品质很扎实的书，明年的计划也做好了。整个图书行业都对我们很友好，也很感兴趣，社里的工作人员都是行业里数一数二的人才。总之，形势十分喜人。

……

您在来信最后提到的内容让我无比感动。我只想补充一点：在这段充满了迷茫和焦虑的日子里，我也没有忘记祈求上帝的帮助和祝福。眼下我马上又要面对一次抉择，我希望并坚信，上帝的帮助和祝福仍会与我同在。

当然，我也采取了更世俗的预防措施——向他人寻求建议和批评。他们的意见常常与我的想法不谋而合。

然而这一次，伊诗媞·费伯不支持进一步贷款。这条路便被封死了。新年伊始，肯尼思·莱顿-贝内特（显然超出了他最初简报的内容范畴）又投下一枚重磅炸弹。

肯尼思·莱顿-贝内特写给杰弗里的律师哈里·科恩的信 1929.1.8

为了维护包括费伯先生在内的全体股东的最大利益，我坚决认为他应该辞去目前公司的常务理事一职，由斯图尔特接任。因为费伯要是继续留任常务理事，则意味着我们每年要多花至少600英镑来雇一位总经理，这实际上比常务理事的开销多出了近一倍。

T. S. 艾略特写给其友人兼顾问、艺术史学者、诗人赫伯特·里德的信 1929.1.11

抱歉又来叨扰了。我手头有几篇还值得一读的稿子，其中一篇是一个叫奥登的男孩写的短剧。我见过他几次，也聊过天。这孩子有点天赋，看起来是想认真做一些诗歌形式的戏剧。

肯尼思·莱顿-贝内特写给哈里·科恩的信 1929.1.15

我突然想到，要解决目前的困难，一个可行的办法就是直接卖掉《护理手册》。

我想只要各方都同意，出售应该不会是件难事，估计也能获得一个合理的收购价格。

莱顿-贝内特先生又一次更新了他最初的报告内容。只是这一次，他提出了一个能带来解决方案的建议。

阿尔西纳·格怀尔写给杰弗里·费伯的信 1929.1.31

非常感谢你来信给我提供了过去半年数据的大概情况。我真心希望图书业务的数字能更好看一些。第一批 1 300 本的销售支付了制作费用，之后每卖出 1 000 本，就能获得大约 100 英镑的利润。截至去年年底，我想《猎狐人回忆录》一定已经创造了约 1 000 英镑的收入。可即便如此，损失总计仍在 2 380 英镑左右。不敢想象，要是我们当初失掉那一丝幸运，损失会多么惨重。最令人沮丧的是，经过近 4 年的惨淡经营，业绩竟然没有好转。这点我想你也一定有同感。当初可是所有人都对此寄予厚望的，要是我们在这个项目上做成了，该有多好啊。

肯尼思·莱顿–贝内特写给哈里·科恩的信 1929.2.15

我被授权以 190 000 英镑的价格，以现金的形式买下《护理手册》的商誉和版权。

杰弗里·费伯写给弗洛伦斯·费伯的信 1929.2.20

我们正以很高的价格出售《护理手册》。然后我将组建一家自己的新公司，接管费伯–格怀尔出版有限责任公司的图书业务和其他资产。现在的公司将进行自愿清算，而这两笔交易的收益将由股东共享。据估计，普通股东每股将获得约 189 英镑，也就是你当初购买所持股份金额的 3 倍。

按这种方式，我大概会得到 50 000 英镑。其中，我将拿出 10 000 英镑来支付费伯房地产信托的钱。剩下的部分我得向新公司投入大约 20 000 英镑。这是我道义上必须提供的，而且暂时不打算从这笔资本中收取任何回报。

我没有找到弗洛伦斯的回信。但我们可以从杰弗里的反驳中猜出她的态度。

杰弗里·费伯写给弗洛伦斯·费伯的信 1929.2.22

好好好！你这是得了便宜还卖乖，在花园里挖到一大笔钱还喊冤哪！

你和多萝西拿回了原始投资的 3 倍收益。我自己也能还清贷款，这样我的生意就全部由我自己做主了，还能剩下 20 000 英镑备用。这样的好事当前，也只有你还能写那样的信，好像这一切都是场财务灾难似的。

译者注

1 “邮政军团”(Post Office Rifles)，“一战”期间英国邮政系统人员组成的军团。

2 伊斯特本 (Eastbourne)，英国英格兰东南部港市。

3 布卢姆斯伯里 (Bloomsbury)，伦敦市中心某区，位于内伦敦西北角。17—18 世纪由贝德福德公爵开发成时尚住宅区。当地以拥有大量花园广场、学府和医疗机构而闻名。

4 梅瑞狄斯 (1828—1909)，英国维多利亚时代诗人、小说家，作品充满了东方式的隐喻。

5 原文为 the substituting of the plural 'books' for the singular 'series'。英文当中 series 虽意为“系列丛书”，但在语法中为单数。而 books 则指“多册书”，语法中为复数。

6 伊迪丝·西特韦尔，20 世纪英国重要的现代主义诗人、作者、评论家，出身于英国著名的西特韦尔文化世家，两个弟弟也都是杰出的作家和艺术评论家。

7 特鲁比·金 (1858—1938)，新西兰著名内科医生、新生儿养护专家，开创了以其名字命名、自成一体的育婴方法。他提倡通过系统、科学的学习来获取育婴知识，不是单凭直觉和经验。

8 发生于 1926 年的英国大罢工要求英国政府停止对 120 万停工的煤矿工人降薪，并改善其工作条件。约 170 万工人参与，但最终未获成功。

9 乔纳森·凯普 (Jonathan Cape) 是伦敦的一家出版社，创立于 1921 年。

10 玛格丽特·卡埃塔尼，20 世纪初著名的出版人、记者、艺术收藏家、赞助人，1880 年出生于英国文化世家，先后赴法、意创办文学期刊。

11 泰迪·鲍多克，20 世纪二三十年代英国职业最轻量级 / 羽量级 / 轻量级拳击手。

12 本氏兄弟出版社 (Benn Brothers)，即后来的欧内斯特·本出版有限责任公司 (Ernest Benn Limited)，创建于 1880 年。

13 Farthing，1961 年以前的英国铜币，相当于 0.25 便士。

14 W.H. 奥登，20 世纪重要的英国诗人、文学家，被公认为艾略特之后最重要的英语诗人。中国抗日战争期间曾在中国旅行，并与同行的小说家克里斯托弗·伊舍伍德合著了《战地行》一书。

15 克里斯托弗·伊舍伍德，著名英美小说家，作品多以同性恋为主题。代表作有《柏林故事》及《单身男子》，均曾被搬上银幕。

16 维克多·戈兰茨出版社，20 世纪英国主流出版社之一，成立于 1927 年。

第二章

1929—1935

“罗素广场双胞胎”

据伊妮德后来回忆，杰弗里曾经认真考虑过放弃出版业，带着他从费伯-格怀尔出版社的清算中获得的40 000英镑退休过清净日子去。单是靠这笔钱拿利息，他一年就可以赚2 000英镑，比他担任万灵学院财务管理员时领到薪水的3倍还多。鉴于他过去那几年遭过的罪，“退休”必定是一个很有吸引力的退路。然而，他没有踌躇太久——出于对其他理事的责任感，他不能让他们孤立无援。因此，杰弗里花掉其中大约20 000英镑，从清算人手中买回了费伯-格怀尔出版社的图书业务（包括老科学出版社医学类书籍的出版业务），从而获得了新公司的绝大多数股份。眼下唯一要解决的问题是新公司的命名。根据德·拉·梅尔家族传记中所言，是沃尔特·德·拉·梅尔找到了解决办法：“好酒不嫌多！为什么不干脆就叫‘费伯-费伯’呢？”

但彼时的杰弗里并不知道，在他成立这家新公司之际，全球即将进入经济大萧条。股市崩盘必定会危及杰弗里自身的财富，但对这家新公司的影响却被所有初创企业都会面临的普遍问题掩盖了。在本书的附录中读者可以看到，没有了《护理手册》的收入保障，这家新公司每年都在盈亏之间徘徊，甚至在头10年里没有一分钱的股份分红。但它最终幸存下来，不仅如此，还声名鹊起，不久便连同杰弗里一道被推至出版业的潮头浪尖。

本章讲述了费伯出版社向文学出版巨擘的转变。只不过，新公司的团队还是之前费伯-格怀尔出版社的那批人。查尔斯·斯图尔特负责公司的大部分日常业务，医学类书籍的出版也在他的经营下稳步盈利。迪克·德·拉·梅尔这小子简直是一台搞出版的小马达，不仅极具创意地在书单里加入了艺术和农业类作品，身为负责制作的理事，他的设计天赋也为公司赢得了良好声誉。T. S. 艾略特则凭借自己日益增长的名望和文学判断力，发掘了不少杰出的作家和年轻诗人。直到今天，这些作者的作品仍由费伯出版社持续出版。这个团队不再需要被迫回答外部股东提出的（在他们看来）愚蠢的问题。加上此前在费伯-格怀尔工作4年所积累的经验，他们成了更优秀的出版人。

该团队的一位新成员弗兰克·莫利是真正促成这一转变的催化剂。他从美国来到英国，获得了牛津大学的罗兹奖学金，先是跟随他杰出的父亲老弗兰克进入数学领域；1933年，两人合著了一本几何学著作。莫利家族在人文学科领域也颇有建树——弗兰克的一个兄弟克里斯托弗是位小说家，另一个兄弟费利克斯后来成为《华盛顿邮报》（*Washington Post*）的编辑。（两位的作品后来都由费伯出版社出版了。）到20世纪20年代末，弗兰克正担任纽约世纪公司（出版社）驻伦敦的经理，同时也是迪克·德·拉·梅尔的老朋友和T. S. 艾略特的长期粉丝。杰弗里在1928年就已经认定他是自己团队中急缺的那类人才：“就是商人讲的那种‘拉皮条的’，话糙理不糙。”今天的“费伯书单”上没有几本书是莫利直接负责的，但他大大激励了其他人（特别是T. S. 艾略特），并带来了出版社急需的摇钱树。

那杰弗里呢？很难称其为一位拥有卓越编辑眼光的伟大出版人，但他在财务方面天生有敏锐的理解力。更关键的是，他很擅长让其他理事同僚人尽其才。许多年后，弗兰克·莫利在杰弗里的讣告中写道：

> 1929年4月1日成立的费伯出版社可不只是一家普通的出版社。它最大的亮点就在于杰弗里·费伯这个人——他先是打造了一支代表自己风格的优秀团队，紧接着在其出版的书目中形成了鲜明的“费伯”特征。当然，并不是说杰弗里·费伯本人对所有表现出“费伯”特征的书都满意。这家伙是个复杂、敏感、易激动，但又宅心仁厚的天才，这点从他对音乐的热忱就能看出来。费伯出版社的“风格”就是他的团队，是他让这个团队运作得生机勃勃，并给予了它充分的信任。杰弗里的工作不仅是驾驶战车，还引领了前行的方向。

ff

杰弗里写给弗兰克·莫利的信　1929.2.15

我希望新公司的理事会由我担任主席，德·拉·梅尔、斯图尔特、艾略特和你来当成员。在公司走上正轨之前，我不会要求任何资本回报，但我需要（大概）1 200英镑的薪水。另外我提议，你、德·拉·梅尔和斯图尔特每人拿600英镑，再加上一些利润的利息。利息的具体性质可留待以后再定——不管是通过股份还是通过佣金的方式。

至于你个人的特殊使命，主要是针对手稿提出建议，推动方案落实，从而带来产出和效益。倒不是说你的职能仅限于此，只是我们在这方面特别需要你。

眼下的要务之一就是给新公司命名，并且可能需要尽快确定。我们有 4 个备选方案：

(1) 杰弗里·费伯出版有限责任公司

(2) 费伯联合出版有限公司

(3) 费伯–费伯出版有限责任公司

(4) 费伯–莫利出版有限责任公司

我更倾向于最后一个，斯图尔特也是。不知你意下如何？这名字听起来顺耳，而且的确是以你加入我们公司为依据的。斯图尔特的名字没有什么价值，德·拉·梅尔则更是不可能。

在艾伦·泰特[01]编辑的一篇简短的回忆录中，弗兰克·莫利讲到，“他在纽约最精明的顾问”——出版人阿尔弗雷德·哈考特和唐纳德·布雷斯——曾带他去吃午饭，席间强烈反对了这个提议。他们不会投入任何资金。他们了解自己眼中的伦敦。“费伯是个赌徒。”唐纳德说。“一群牛津大学的业余玩家，做不长久的。”阿尔弗雷德也持类似态度。

[01] T. S. 艾略特的著作《一个男人和他的作品》(*The Man and His Work*)，编辑便是艾伦·泰特，由查托和温达斯出版社于 1967 年出版。

弗兰克·莫利给杰弗里·费伯发的电报 1929.3.21

烦电告可否延至5月1日再定或可获大利及准备资金但仍建议延迟3月9日已乘劳伦蒂克号出海

杰弗里·费伯给弗兰克·莫利发的回电

不可延迟须立刻注册公司名为“费伯–费伯”4月3日至13日外出盼在此前见到你请电告抵英详细日期等你回来

弗兰克·莫利的儿女后来得知，当初父亲只需要投资200英镑就可以把自己的名字加上去。费伯–费伯出版有限责任公司于1929年3月28日正式成立。

正如杰弗里给弗兰克的电报中所说，6天之后他便与伊妮德启程去度假了，为期4周。

有了之前打下的基础，新公司很快走上正轨。举例来说，迪克·德·拉·梅尔当时便已经联系上不少当代最新锐的艺术家。

理查德·德·拉·梅尔写给画家保罗·纳什[1]的信 1929.5.8

感谢您两年前为我们出版的《阿里尔诗集》中西格夫里·萨松先生的一首诗绘制插画。我写信来是想问问您是否还有兴趣再创作一幅……

至于薪酬，还是跟上一次一样，10个几尼[2]。这也是我们给插画创作的标准稿酬，不知您能否接受。

保罗·纳什写给理查德·德·拉·梅尔的信 1929.5.9

如果你们诚心想要我的设计，而且允许我自由选择所用的颜

保罗·纳什为《阿里尔诗集》中 A. E. [3] 的作品《黑暗的哭泣》创作的插画。

色，那我很乐意接受这项工作。另外，设计费要是能再多一点就更好了。我没有居高临下提要求的意思，只是试探性地提出我的真实想法！

杰弗里·费伯，日记条目 1929.6.7 星期五

在莫利的陪同下与海厄姆面谈：用15%的定金和一笔“应计”预付款拿下了赖茨的日记，+加拿大；我们让海厄姆明白，我们不会给太多预付款。莫利在这方面非常擅长，他高大而亲切，令人信服。比我强得多。

大卫·海厄姆是个文学经纪人，代表作者丹尼斯·赖茨谈判。后者关于布尔战争的日记《突击队员》(*Commando*)后来成为这家新公司最成功的畅销书之一。杰弗里在日记中写到“+加拿大”是为了提醒自己，费伯出版社只计划在大英帝国出书。至于在加拿大的图书出版权应给费伯出版社还是美国出版商，则始终没有讨论出结果。

杰弗里·费伯，日记条目 1929.6.27 星期四

洗了个土耳其浴。3点到办公室，跟图书委员会成员碰头。感觉虚弱得很！但还是打起精神去参加了“费伯-费伯”大晚宴。斯图尔特夫妇、艾略特、迪克·德·拉·梅尔、弗兰克·莫利夫妇也都来了。喝了香槟，后来F. M. 教大伙儿玩了“红狗”游戏。午夜时分上床睡觉。

销售经理A. J. B. 佩特森写给杰弗里·费伯的信 1929.7.23

从各位图书推销员的反应来看，秋季书目大受欢迎！另外，《标准杂集》(*Criterion Miscellany*)的展销活动也很成功。

《标准杂集》是在旧《标准》基础上推出的一本试验性的新刊物，仍由T. S. 艾略特主编，是由单篇作品组成的系列出版物。这些作品如果单独出版会显得太过单薄，但作者中不乏像詹姆斯·乔伊斯这样的名家。他的《安娜·丽维雅·普拉贝尔》(*Anna Livia Plurabelle*)便是以这种形式首次发表。《标准杂集》还出版了这本书的其他节选，直到20世纪30年代末这本书还叫作《未完成作品》(*Work In Progress*)。

T. S. 艾略特写给詹姆斯·乔伊斯的信 1929.7.30

很抱歉，一直没顾上给你回信。我收到了你从巴黎寄来的《安娜·丽维雅·普拉贝尔》，读起来真是赏心悦目。我本人自然希望立即着手落实出版计划，但恐怕还得再等一个星期左右，因为5位理事中有2位外出度假了。要等他们回来以后我才能提这件事。

T. S. 艾略特写给詹姆斯·乔伊斯的信 1929.8.22

我还附上了一页样张，到时候这本书就可以按此版式以32开付印。32开是一种非常实惠的开本，能让我们把每本书的出版定价压到1先令。在价格问题上，我们完全同意你的看法，尽可能控制在1先令以内，但我就怕你会嫌这一页上的字太密了。当然，这件事我还会征求其他理事的意见。但如果你对此有任何想法，可以周一中午过来坐坐，到时候咱们一起跟德·拉·梅尔谈谈，他是负责印刷的经理。

杰弗里·费伯，日记条目 1929.11.5 星期二

与莫利共进晚餐，在餐厅碰到了乔治·布莱克［布莱克是《海滨》(*The Strand*)杂志的编辑］和他妻子——要是回到年轻的时候，

见到这样的大人物我得多激动啊！他是个可爱的小个子男人，工作能力一流，还是一位小说家，很可能会成为我们的同道人。

T. S. 艾略特写给詹姆斯·乔伊斯的信 1929.11.30

（费伯出版社的）主席那天跟我建议，说他认为如果《尤利西斯》如今在英国出版，可能会获准发行，虽然这种可能性极小。当然，我们应该先进行谨慎的调查。如果能够实现，我们自然应该尝试一把。目前的问题是，我们想知道你对此是否有异议，或者是否与你目前对这本书的出版安排相冲突。

T. S. 艾略特和杰弗里仍在继续研究出版《尤利西斯》的可能性——如果审查者允许的话——但至少公司下一季的书目已经有了一个最大的噱头。

费伯-费伯出版社书目，1930 年春季

《詹姆斯·乔伊斯的〈尤利西斯〉》(*James Joyce's Ulysses*)
斯图尔特·吉尔伯特

詹姆斯·乔伊斯的著作《尤利西斯》在文学史上的地位独一无二。它无疑是现代小说中最著名、最有影响力的一部。然而，这个国家不允许它出版；即便有幸读到它的人，也并非都能读懂……

《尤利西斯》特别长，不仅包罗万象，还采用了深刻和艰涩的寓言象征手法。因此，即使原作能够在英国出版，吉尔伯特先生的解释性阐述也十分必要且难能可贵，甚至可以说是无价的。

杰弗里·费伯，关于财务的书面建议 1929.11

我们应该遵循两个原则：(1) 努力建一份长销书单，让我们库存书的销售业绩能逐年增加；(2) 注意收支差额。

上述两个原则之间的确存在一定冲突。我们既不能只把目光放在一份无法产生即时收益的长销书单上，也不能只关注短时的畅销书，必须保持平衡。至少在选书时要时刻保持这种意识。另外，我们也必须尽量避免做一些缺乏短期回报的书，除非是（1）经典著作，或是品质上乘，或是（2）为了达到其他目的，又或是（3）潜力很大。从第三项来看，我认为要想拿到一批出色的小说作品，首先就得挑出具有特色的早期作品。

T. S. 艾略特就弗兰克·莫里森[4]的《谁动了石头？》（*Who Moved the Stone?*）一书向图书委员会提交的报告 1929.12

我刚开始读这本书的时候有很多偏见，但它很快就勾起了我的兴趣。我认为这本书可以出版。当然，版税适中就好，也不需要给预付款。

《谁动了石头？》就福音书中对基督复活的描述进行了深入且精彩的探讨。这也是 T. S. 艾略特为费伯出版社拿下的第一本畅销书。

弗兰克·莫利就斯蒂芬·斯彭德[5]的事情写给 T. S. 艾略特的信 1930.1.12

写的东西太没把握了——我是觉得不会有什么成果的。但这孩子需要，也值得给些鼓励。

我很乐意看到这种小插曲，让后人知道即便是 T. S. 艾略特也会尊重其他理事同僚的意见。

T. S. 艾略特写给斯蒂芬·斯彭德的信 1930.1.24

但我希望你能时常给我寄一些你的其他作品。眼前这部已经足够让我对你以后写的东西充满期待了。

杰弗里·费伯，日记条目 1930.2.6 星期四

半年盈利总额 1 000 英镑——还不错。

T. S. 艾略特写给斯蒂芬·斯彭德的信 1930.5.17

感谢你的来信和附上的诗作。我很喜欢，也请允许我把诗稿多留几日，好有机会给一两个朋友看看。

1929 年 11 月，弗兰克·莫利就向杰弗里·费伯介绍过乔治·布莱克。次年，杰弗里邀请后者加入理事会，主要负责小说版块。布莱克后来还帮忙联系上了位于格拉斯哥的海豚出版社。该社的明星作家包括尼尔·冈恩，其小说《银色的宠儿》(*The Silver Darlings*) 至今仍由费伯出版社出版。

杰弗里·费伯写给乔治·布莱克的信 1930.6.20

昨天的具体情况莫利会跟你讲。我写这封信是为了正式通知你，理事会一致授权我任命你为费伯-费伯出版有限责任公司的首席理事。

首席理事一职基本上算是我自己发明的，其职能是确保公司方针的连续性和相关人员对业务的管控，不受大多数股东利益的影响，即便多数股权随着时间的推移落入他人手中（手中的股权少于总数的 4/5）也没有关系。我就亲身经历过，公司的股东们因为对业务性质的无知而进行了极不明智的干预，曾导致了灾难性

T. S. 艾略特就“麦基夫人”的诗向图书委员会提交的报告 1930.9

多么坚实、诚挚、富有涵养的诗句。麦基夫人的作品比大多数人的更值得出版。因此，我认为她还是找别家为好。反正费伯出版社宁可出版错误的诗作给自己抹黑，也不愿意推出太多值得尊敬的诗人的作品而“玷污”他们的声誉……

可一想到那些年轻的牛津大学和剑桥大学的学生正用期待的目光望着我们，我觉得无论如何我们也不能做出这样的事情。

巴尼特·弗里德曼[8]写给理查德·德·拉·梅尔的信 1930.9

希望你别介意我催促。要是你们能尽快开支票，那就算是帮了我的大忙了。很抱歉又给你添麻烦，但还是想请你再帮我催催，因为我真的需要这笔钱——请你原谅。

艺术家巴尼特·弗里德曼的名字今天听来如雷贯耳。有意思的是，从这封信里可以看出费伯出版社算是他的第一家雇主。他后来成为最多产的“费伯书籍”封面插画家之一。

理查德·德·拉·梅尔写给巴尼特·弗里德曼的信 1930.9.23

很乐意效劳。随函附上了 10 几尼的支票，请查收。我很欣赏你的画，也觉得这是该系列里最成功的一幅。

巴尼特·弗里德曼写给理查德·德·拉·梅尔的信 1930.9.26

得知你喜欢我的画，真高兴。衷心希望它能弥补上次我为班扬先生的诗创作的那些糟糕的东西。另外再冒昧提一句，如果再有合适的活儿，或许可以让我试试。我需要工作。

杰弗里的下面这则日记描述了新公司遇到的一系列不确定因素，虽然整体景象还是欣欣向荣的。弗兰克·莫利当时还在兼任世纪公司（出版社）的伦敦代理人，这份收入成了杰弗里雇他进来时的一个考量。

杰弗里·费伯，日记条目 1930.11.28 星期五

莫利讲了他跟世纪公司闹掰的坏消息。艾略特又拿《标准》发了半天牢骚。确实为明年的生意头疼，但本季度我们干得很漂亮。

T.S.艾略特写给汤姆·费伯(时年3岁)的信 1931.1.20

我很喜欢你的小箱子。不过你要是来找我玩儿，咱们可得小心别弄混了，因为我的箱子上面也写着“汤姆”[9]。原来你也有只猫，但它肯定没我的猫能干。我家的是一只小莉莉猫。多么可爱啊。天底下都找不出第二只这样可爱的小莉莉猫了。

它叫杰利罗兰[10]。

而且它的一大特点就是——能干活！

杰弗里·费伯，日记条目 1931.2.16 星期一

跟艾略特讲了小汤姆的童言无忌——“我觉得汤姆叔叔是一个很棒的作家”——算是对汤姆叔叔那封写给教子的精彩来信的回馈。

T.S.艾略特写给汤姆·费伯的信 1931.5.7

谢谢你的来信。希望你喜欢这本诗集，因为我自己也很喜欢。我也想去看看泰·格林·艾伦，还有那座小岛，还有小鳟鱼和小

体贴慈爱的教父艾略特正看着汤姆·费伯试玩刚收到的礼物。

蜜蜂。我把这一切都告诉了家里那只能干猫。能干猫激动得不行，然后我们最终决定……一起去乡下玩！

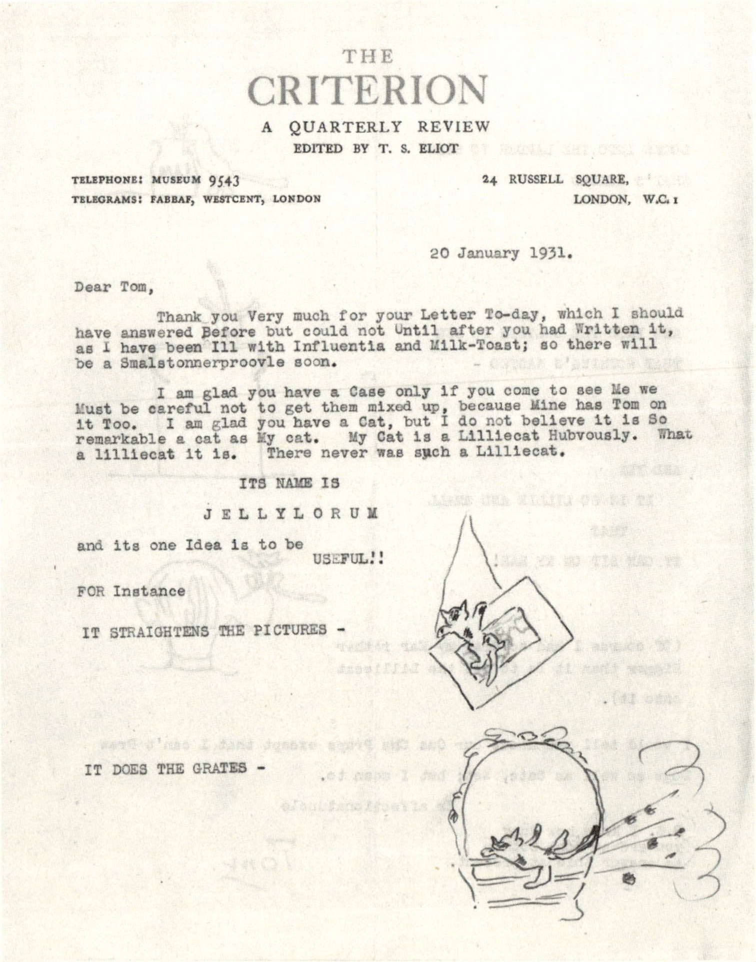

THE
CRITERION
A QUARTERLY REVIEW
EDITED BY T. S. ELIOT

TELEPHONE: MUSEUM 9543
TELEGRAMS: FABBAF, WESTCENT, LONDON

24 RUSSELL SQUARE,
LONDON, W.C.1

20 January 1931.

Dear Tom,

Thank you Very much for your Letter To-day, which I should have answered Before but could not Until after you had Written it, as I have been Ill with Influentia and Milk-Toast; so there will be a Smalstonnerproovle soon.

I am glad you have a Case only if you come to see Me we Must be careful not to get them mixed up, because Mine has Tom on it Too. I am glad you have a Cat, but I do not believe it is So remarkable a cat as My cat. My Cat is a Lilliecat Hubvously. What a lilliecat it is. There never was such a Lilliecat.

ITS NAME IS

J E L L Y L O R U M

and its one Idea is to be USEFUL!!

FOR Instance

IT STRAIGHTENS THE PICTURES -

IT DOES THE GRATES -

泰·格林是杰弗里和伊妮德 1930 年夏天在卡迪根郡买下的一处住所，他们经常到那儿小住，每次也尽可能住得久一些。平常他们则住在汉普斯特德一间租来的房子里。

杰弗里·费伯，日记条目 1931.6.10 星期三

买了点东西准备晚餐——费伯出版社第二次周年纪念晚餐。高朋满座，各位理事都携妻子或妹妹出席——甚至还有艾略特夫人，虽然迟到了半个小时，还紧张兮兮的，不过她似乎玩得很开心。其他人直到凌晨 1 点半才散场！

杰弗里·费伯，日记条目 1931.6.25 星期四

与艾略特夫妇共进晚餐，见到了詹姆斯·乔伊斯和他夫人，还有奥斯伯特·西特韦尔。一场很有意思的聚会，艾略特夫人也奇迹般地恢复了许多。奥斯伯特大概是世界上稀有的存在，那么讨人喜欢。乔伊斯看起来有些疲倦，戴副眼镜，身体明显不太舒服，也很少说话，但十分有礼貌。谁也无法抗拒他的人格魅力。

杰弗里·费伯，日记条目 1931.7.15 星期三

至于我的个人事务，则够写一部血泪史了。我已经从最初投资的 21 000 英镑里提走 5 000 多，花在了泰·格林和一些家具上。剩下的 16 000 英镑中，我的资产目前大概也就值 2 000 英镑。也就是说，我损失了至少 14 000 英镑。

杰弗里炒股亏的钱逼着他必须从出版社赚回来。但这边也并非一帆风顺。

杰弗里·费伯，日记条目 1931.11.24 星期二

一上午都在看数据——头疼得很。看来光是这半年就已经亏了 2 000 英镑。这就是生活啊！午饭在俱乐部吃的，还给 T. E. 肖[01]写了信，问他愿不愿意让我把他那本《沙漠中的革命》(*Revolt in the Desert*)[11]收入今年的 3/6 文库（这套书的售价均为 3 先令 6 便士）。希望不大，试试看吧。

杰弗里·费伯，日记条目 1931.11.30 星期一

收到 T. E. 肖的回信了。他表示很同情，但还是不能把《沙漠中的革命》给我们。

T. S. 艾略特写给杰弗里·费伯的机密书面建议 1931.12.9

我觉得这个图书委员会体系有些冗余，削弱了个人的责任。在这样的气氛中，尤其是一个下午就要迅速处理大量业务和做决策的情况下，任何人都有可能不经意间糊里糊涂地做出违背自己本意的决定。

T. S. 艾略特写给埃里克·布莱尔[12]的信 1932.2.19

抱歉保留了你的手稿。我们确实很感兴趣，但非常遗憾，在我看来恐怕出版的可能性不大。篇幅明显太短了，尤其是对于这样一部短篇作品来说，结构也似乎太松散，主要是法语和英语的情节硬生生分成了两个部分，中间也没有过渡。

---

[01] T. E. 肖为 T. E. 劳伦斯当时的笔名。他是杰弗里的朋友，但作品由乔纳森·凯普出版社出版。

T. S. 艾略特拒绝了这本《巴黎伦敦落难记》[13]（*Down and Out in Paris and London*，此书最终由维克多·戈兰茨于 1933 年出版），也因此失去了在乔治·奥威尔事业初期帮他一把的机会。后来，他再次收到了奥威尔递来的橄榄枝。

T. S. 艾略特写给詹姆斯·乔伊斯的信 1932.4.20

我们尽力仔细研究了《尤利西斯》在英国的出版问题，听取了各方关于此书前景的意见……

顾问的意见是我们肯定会被起诉并受重罚——出版社主席可能会被判监禁 6 个月，这本身就会给公司业务带来灾难性的打击。现在看来，起诉是板上钉钉的事了。

如今我们或许很难相信，直到 20 世纪 60 年代，出版商仍被如此沉重的审查制度束缚。然而正如杰弗里在下面的信中明确指出的，一些富有争议的内容仍有可能成为漏网之鱼。《白色火焰》（*The White Flame*）是马克斯·赖内·黑塞的作品《帕特瑙》（*Partenau*）德文原著的英文译本。杰弗里对顾客的投诉反应如此强烈，部分原因可以归结为封面上没有提到——这本书是他自己翻译的。

杰弗里·费伯写给书店老板西德尼·康福特的信 1932.5.11

销售经理给我看了你们 5 月 1 日关于《白色火焰》的记录，还有 4 月 15 日的那封读者来信……

我认为客户的投诉是没有道理的。如果他在买这本书的时候扫过一眼封面，肯定能看到那句“这是一种全社会无法容忍的激情”。对于这位客户及其同道者而言，再没有比这更明显的警示了。

如果我有幸认识你的客户，我会告诉他，小说的主要功能与诗歌类似，是对生活的批判。如果不以事实为依据，那这样的批判也就没有多大价值；而这些事实无论多么令人厌恶，甚至给人世间带来各种麻烦和痛苦，都不会因为你拒绝去想它而凭空消失。在我看来，就如每一位读过此书的著名评论家所提及的（例如在《泰晤士报》和《泰晤士报文学增刊》中），“《白色火焰》以一种极其温和的方式处理了一个艰涩、微妙而举足轻重的话题”。然而，如果你的客户坚持认为这本书应该烧掉，他也不太可能看到这些评论了。

理查德·德·拉·梅尔写给大卫·琼斯[14]的信 1932.5.3

我听到一个传言，说你有一本关于战争的书快要写完了，而且将首先以限量版的形式出版。我想知道你是否已经有出版普通版本的计划。要是还没有，你完全可以交给我来办，我们公司应该会非常感兴趣。费伯就是为你量身定做的出版商，这点我可以“大言不惭”地保证！

迪克·德·拉·梅尔因大卫·琼斯的画作而与他相识。打那以后，迪克就锲而不舍地向他索书，不放过任何发表他新作品的机会。然而就这点而言，恐怕迪克的劲头使早了 4 年。

T. S. 艾略特写给路易斯·麦克尼斯[15]的信 1932.5.18

抱歉过了这么久才给你回信，关键是你寄来的那些诗稿只用一个信封装着，里头既没有你的信，也没留任何地址。这些诗很有意思，但我觉得还不足以单独成一册书。如果你愿意，我倒是可以选几篇发表在《标准》上。

佩勒姆·G. 伍德豪斯介绍《嬉笑怒骂》[16] 1932

罗素广场双胞胎“费伯–费伯”问我手头有没有一部轻松活泼的杂文集可供出版，我当即回答：“兄弟们，我有一堆呢。”

我很高兴看到像P. G. 伍德豪斯这样的人都开始拿费伯出版社的名字逗乐了。

杰弗里·费伯，日记条目 1932.6.13 星期一

没什么大事，不过我的新表格到了，我要用来记下每一本书的历史——所有相关的详细描述、销售、支出、盈亏等细节。这要是全部记下来，可真是任重道远——好几百本呢！估计得花几个月的时间，但也是值得的。

杰弗里·费伯，日记条目 1932.6.16 星期四

今天，我们开创了新的图书委员会工作方法，就是在会议室里共进午餐，吃三明治，喝啤酒——结果大大节省了时间。大概4点多就结束了。

另一位声名远扬的艺术家爱德华·鲍登，后来也成了费伯出版社作品的忠实拥趸。在以下的通信中，理查德·德·拉·梅尔将请他为安布罗斯·希思[17]的《美食》(*Good Food*)画插图。此书至今仍在出版。

理查德·德·拉·梅尔写给爱德华·鲍登的信 1932.5.27

我们想请人来给一本原创的烹饪小书画插图，打算秋天出版。

爱德华·鲍登写给理查德·德·拉·梅尔的信 1932.6.21

关于那本要出版的烹饪著作，我随信附上了4幅画供你们选择……

把所有成稿都画出来实在有点浪费时间，我想先给你们展现一个大概的主题设想。我打算把每幅画都设计成类似的风格，比如前景我放了一些时令的鱼、家禽、水果和蔬菜，再结合我个人经历中的一些乐趣和片段——像在花园里忙活、在核桃树下野餐、去年参加某个花展的场景，以及对斯卡伯勒的回忆之类的。

我想我肯定能把这本书的插画画好。因为首先我本身就热衷于园艺，对烹饪也很感兴趣。更关键的一点是，我经常有机会进入一家大酒店的后厨，研究厨师和他们的烹饪器具是轻而易举的事情。

杰弗里·费伯，日记条目 1932.9.30 星期五

今天晚上我对一切都很沮丧，包括生意。下一季度的项目也够呛。感觉是我自己把所有事情都搞砸了。

从斯蒂芬·斯彭德第一次给费伯出版社提供自己的诗稿至今已经过去了3年。尽管如此，艾略特最终还是决定给他出版。

W. H. 奥登、斯蒂芬・斯彭德、克里斯托弗・伊舍伍德于 1935 年的合影。3 人均是费伯出版社的作者。

费伯-费伯出版社书目，1933 年春季

《诗集》(*Poems*)
斯蒂芬・斯彭德

创作这 33 首诗的年轻诗人，已经在小范围内吸引了非同凡响的关注……如果说奥登是这场诗歌复兴运动里的讽刺作家，那么斯彭德就是其中的抒情诗人。在其诗作中我们可以看到过去 20 年的实验主义开始回归。

1933 年 4 月，杰弗里回到泰・格林，开始撰写枢机主教纽曼和盎格鲁天主教的历史。这本名叫《牛津使徒》(*Oxford Apostles*)的著作由费伯出版社于当年晚些时候出版。

杰弗里·费伯，日记条目 1933.4.29 星期六

泰·格林的日子多么舒坦啊！只可惜我还得抓紧时间把那本书写完。最后一行字是22日写的，然后花了整整一星期修改、删减、重写。这种活儿我可是再也不愿意干了——很不利于个人健康。但总体来说，写作还是很值得的。

杰弗里·费伯，日记条目 1933.5.5 星期五

听斯蒂芬·斯彭德唠叨了整整一下午，他说已经规划好了自己的文学生涯——先要成为一名作家，其次是共产主义者。喝过茶后，勉强听了温德姆·刘易斯朗读他的《单向曲》(*One Way Song*)，效果一般。在狂风暴雨中盲目地搏斗，一次又一次地看到了光明。写完了《牛津使徒》的序言。

从以下书目我们可以看到，费伯出版社的诗歌出版已经由此前步履维艰的状态变得信心满满。

费伯-费伯出版社书目，1933年秋季

《XXX诗篇草稿》(*A Draft of XXX Crantos*)
埃兹拉·庞德

“任何出生于20世纪或19世纪最后10年的诗人，要是诚实地讲他既没有受到庞德作品的影响，也没有从庞德的作品中获益良多，那么他就只值得同情了，连指责都不配。”——欧内斯特·海明威

新公司成立的头几年里又迎来两个关键人物。第一位是美国小伙子莫利·肯纳利，他是弗兰克·莫利的朋友。因为两人名字都叫“莫利”，让人时常混淆，就像将近10年前莫里斯·格怀尔和莫里斯上校那样。彼时，肯纳利与妻子以及妻子的好友、伍尔沃斯的继承人

芭芭拉·赫顿乘邮轮旅行。旅途中他写信给弗兰克，询问费伯出版社里有没有适合自己的工作机会，等收到下面这封回信时，他人已到了西贡。

弗兰克·莫利写给莫利·肯纳利的信　1933.6.7

我们在一次理事会会议上非常激烈地讨论了人事问题。某种程度上说，结果是比较有利的。会议的前半程，大家回顾了过去半年惨淡的数据和持续下降的书店收益……

我费了好一番口舌，理事会终于同意雇用你作为通用人员。但社里糟糕的财务状况生生把我要求的薪水降到了每周 5 英镑。我觉得可以按这个安排先尝试一年，然后再根据具体情况调整。

就这样，莫利·肯纳利加入了出版社，起初是作为弗兰克·莫利的助理，但很快就承担了宣传方面的特殊职责。第二个新成员是一名销售经理，比起佩特森，他更符合费伯出版社不断更新的发展理念。当然，关键原因还是佩特森离职了。这件事情的经过能在信件中呈现，是因为彼时杰弗里已经回到泰·格林去消夏。起因是这样的：乔治·布莱克从理事会辞职后，佩特森没能按照承诺买下前者手中的股份。而他给出的理由是，他的父亲没给他这笔钱。

A. J. B. 佩特森写给杰弗里·费伯的信　1933.8.2

我已经决定，不再接受我最初同意的买下布莱克那 250 英镑的股份。整件事很糟心，我觉得应该跟您解释一下。顺便提一句，希望您能为我这番解释严格保密，实在是家丑不可外扬……

我可能已经跟您提过我父亲的缺点了。为了纠正他这些毛病，我俩也闹得很不愉快。他娶了一个品质很有问题的酒吧女招待，再加上他本身年龄也不小了，这更证明他的道德水平明显够不上一个正派男人的标准……

鉴于这种情况，我觉得我应该提出辞职。

杰弗里对佩特森的辞职请求回答得特别仔细。

杰弗里·费伯写给A.J.B.佩特森的信 1933.8.3

你能否履行与布莱克的协议是你的事，与我无关。我会尽可能找其他人来买他的股份。

关键是你信中提出要辞职。你是当真的吗？我不知道该如何答复你。失去你对我来说将是一个巨大的打击，这点我不用赘言。我们共事好几年了，公司能有今天的成就离不开你的贡献。但我越来越感觉到，你对我的忠诚妨碍了你提高自己的地位。这是不公平的，而且最终或许对各方都不利。

因此，眼下的情况似乎正好能让我们认真面对这个问题。那么这样，如果你经过进一步考虑，执意要走，我不会阻拦你……

你天生就是做销售的料，只可惜费伯没能给你一个真正发挥天赋的平台。我其实一直担心在公司里（我姑且称之为）大业务和低调业务之间会产生某种对立……

好吧，佩特森，我目前能说的话估计就这么多了。但我劝你还是不要急于做出决定，再等等，和弗兰克·莫利好好谈谈。如果你最终决定迈出这一步，当然要提前6个月通知我们，除非双方另有约定。我也衷心祝愿你在未来的道路上一切顺利。

杰弗里在同一天给弗兰克·莫利的信中解释了他对这件事情的看法。

杰弗里·费伯写给弗兰克·莫利的信 1933.8.3

佩特森辞职可是件大事。某种程度上说，我的确可以痛快地答应他。但这是不可能的。我给他写那封信就是为了让他安心离开。无论如何，我希望你能尽量把这件事的影响降到最低。

佩特森对我们来说成本太高了。社里最想出版，也最需要出版的那些书他都不太上心……

但说到底，佩特森的确付出了很多，才让我们有了今天的位置。因此我（我们）也欠他一份人情。可他要真是辞职了，我会感到更释然，而不是遗憾。

杰弗里还得为布莱克的股份找新的买家。此时 T. S. 艾略特刚从哈佛大学讲学一年回来，他的下一本书正是那段时间的讲座合集。另外，他决定与妻子薇薇安正式分居，与莫利一家住在乡下。

T. S. 艾略特写给杰弗里·费伯的信 1933.8.4

现在看来，我有把握从乔治手中买下 200 英镑的股票。但有一个条件：你保证在我需要的时候能给我的书预付 100 英镑的稿费。一般来说，我当然不会要求预付；但在这种情况下，我还是想确信在我急需的时候能拿到钱。要在往常，这笔预付款确实有点多了。要是你们相信我的能力，也许我可以先交一本半童谣性质的书。

后来 T. S. 艾略特的确买下了布莱克的股份。尽管我认为，一家公司按艾略特的建议，在出售股份时为买家提供财务援助，放在今天肯定是违法的。当然，这段摘录的真正意义在于，艾略特当时就露出了想写儿童诗的苗头。我猜是小汤姆·费伯的回信激发了他的创作灵感。

A. J. B. 佩特森写给杰弗里·费伯的信 1933.8.8

这个周末，我慎重考虑了辞职的问题，决定坚持原来的想法。但我要补充的是，这一决定更多是受到了您来信中有力论点的影响，而不是因为那些令我感到无比羞耻的意外状况——是您说出了我想说的话。

杰弗里的“逆向外交”方法奏效了。佩特森仍然需要准备他的辞职交接。与此同时弗兰克已经找到了最佳的替代人选——彼时还在梅休因出版社工作的威廉·克劳利。后来他很快成为主管销售的理事，并专门负责“费伯儿童书目”。这一版块后来在他的经营下蓬勃发展。

杰弗里·费伯写给弗兰克·莫利的信 1933.8.9

有件事情我必须澄清一下，你可得替我保密。在写给佩特森的信里，我强调了公司策略当中“低调”的一面。因为这是我当时唯一能想到的词，而且就上下文而言是恰当的。但我不希望你和其他人把我说的这个“低调”理解成表面上的意思。我当然希望更多扎实、高质量的书目能得到更多青睐，卖得更好；但这并不表示我想放弃做畅销书，完全退回阳春白雪的状态。相反，我觉得我们离“畅销”这两个字还很远。我完全鼓励商业上的敏锐嗅觉和进取心，也相信你的想法和我一样——我只是想避免那封信里的措辞让人产生误解。

杰弗里仍在泰·格林度假，便邀请了 T. S. 艾略特来乡下跟他们一家待上几天。

杰弗里·费伯写给弗兰克·莫利的信 1933.8.10

请转告艾略特，我们想尽快知道他哪天来。

弗兰克·莫利写给杰弗里·费伯的信 1933.8.11

我会把你的话转达给他。具体日子看来是越来越明晰了。他很在意去威尔士穿什么衣服合适，而且开始对嘉玛吉的各种热带风格的服装十分感兴趣。

杰弗里·费伯写给弗兰克·莫利的信 1933.8.12

我刚给艾略特写完信。告诉他，穿什么衣服并不重要，一件法兰绒外套就足够了。他想打网球的话可以带条白短裤，嫌热也可以把泳衣带上；要是冷的话……带什么就随便他了。最好带旧衣服。没什么规则和要求！但还得提醒他一句，这儿很潮湿，拿着枪跟着兔子钻进灌木丛的滋味也不好受。

艾略特由此成了泰·格林的常客。据汤姆·费伯后来回忆，“他来时总是精心打扮，穿着乡村绅士标准的四件套。还时常为他幸运的教子带一些顶好的礼物，都是精心挑选来培养我当科学家的兴趣的。他陪我们去海边野餐时，父亲会坚持走上几千米，找到一个荒无人烟的小海湾。而艾略特叔叔会因为去海边必须爬下山崖而眩晕。有时候，他会帮我母亲招待当地的老处女喝茶，然后被她们温柔地调笑。当男人们关上书房门享受完威士忌之后，他就会在餐桌上开始一如既往的与人争论。晚饭后，我们便怂恿他大声朗读《匹克威克外传》。他很容易答应，还读得津津有味，读出了最好的喜剧效果”。

那年秋天，费伯出版社出版了杰弗里的《牛津使徒》一书，反响普遍不错。幸好杰弗里（大概）不知道弗吉尼亚·伍尔夫的反应。我怀疑她永远不会原谅他把艾略特从霍加斯出版社挖走。不过，费伯出版社在当年的圣诞季书目中引用了休·沃波尔对《牛津使徒》和《埃兹拉·庞德诗选》的赞美。

弗吉尼亚·伍尔夫写给弗朗西斯·比勒尔[18]的信 1933.9.3

我一直在读这个自大的骗子费伯写的论纽曼的书，读得我煞是气愤。这些新一代的所谓体面年轻人（但我怀疑费伯已经秃顶了），他们从利顿[19]那里学到了所有的把戏，然后又反过来指责他不爱人类！光是利顿一根小拇指里头的爱都比那只软绵绵、脏兮兮的阉猫整个身子里的还多！

休·沃波尔从伦敦写给《纽约先驱论坛报》的信 1933.9.17

我这个月欠了费伯出版社的各位先生一个大人情。它恐怕是全英国最高尚的出版社了——这才是真正的出版，本着良心推广它眼中最杰出的作品。

杰弗里·费伯，日记条目 1933.11.16 星期四

与马斯顿夫妇参加鸡尾酒会——大家都清楚，费伯出版社在展会的销售上拔得头筹。给我们打了个好广告！

《星期日泰晤士报》书展始于1933年的桑德兰公司（Sunderland House），后来演变成在伯爵宫（Earls Court）举办的全国型书展。费伯出版社的摊位主要由杰弗里的妻子伊妮德经营。

T.S.艾略特写给玛丽安·摩尔[20]的信 1934.1.5

我们已经讨论过了，出版您的诗作将是我们的荣幸。希望您不会拒绝这一建议，至少原则上能够接受。当然，每家给诗歌出版的预算都不会太多，但费伯出版社还是想把您的名字加入我们甄选的诗人名单上。

费伯出版社欣然在 1933 年的书目封面上拿自己的名字来逗乐。

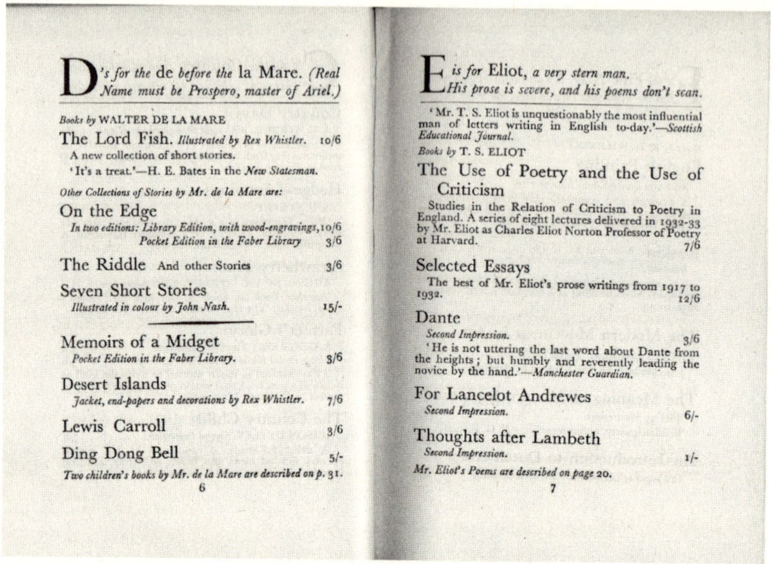

D's for the de before the la Mare. (Real Name must be Prospero, master of Ariel.)

Books by WALTER DE LA MARE

The Lord Fish. *Illustrated by Rex Whistler.* 10/6
A new collection of short stories.
'It's a treat.'—H. E. Bates in the *New Statesman.*

Other Collections of Stories by Mr. de la Mare are:

On the Edge
In two editions: Library Edition, with wood-engravings, 10/6
Pocket Edition in the Faber Library 3/6

The Riddle And other Stories 3/6

Seven Short Stories
Illustrated in colour by John Nash. 15/-

Memoirs of a Midget
Pocket Edition in the Faber Library. 3/6

Desert Islands
Jacket, end-papers and decorations by Rex Whistler. 7/6

Lewis Carroll 3/6

Ding Dong Bell 5/-

Two children's books by Mr. de la Mare are described on p. 31.

6

E is for Eliot, *a very stern man. His prose is severe, and his poems don't scan.*

'Mr. T. S. Eliot is unquestionably the most influential man of letters writing in English to-day.'—*Scottish Educational Journal.*

Books by T. S. ELIOT

The Use of Poetry and the Use of Criticism
Studies in the Relation of Criticism to Poetry in England. A series of eight lectures delivered in 1932-33 by Mr. Eliot as Charles Eliot Norton Professor of Poetry at Harvard. 7/6

Selected Essays
The best of Mr. Eliot's prose writings from 1917 to 1932. 12/6

Dante
Second Impression. 3/6
'He is not uttering the last word about Dante from the heights; but humbly and reverently leading the novice by the hand.'—*Manchester Guardian.*

For Lancelot Andrewes
Second Impression. 6/-

Thoughts after Lambeth
Second Impression. 1/-

Mr. Eliot's Poems are described on page 20.

7

这种乐子在书目里头也随处可见，出版社甚至还给每个字母来了个押韵的对句。

杰弗里·费伯，日记条目 1934.1.5 星期五

詹姆斯·乔伊斯的《尤利西斯》遇到麻烦了——有人要在英国出版这本书。

由于乔伊斯只给了费伯 5 天的时间考虑，同时费伯也怕担审查的责任，他们只能眼睁睁地看着《尤利西斯》让博德利·海德出版社（Bodley Head）抢了去。

T. S. 艾略特与埃兹拉·庞德之间的文字游戏和打打闹闹的友谊一直持续到了第二次世界大战，我谨在此选取两人通信的一个小片段（太长的话估计你们会看得头疼）。

T. S. 艾略特写给埃兹拉·庞德的信 1934.1.12

像你这样啥都觉得对的人，肯定会承认“费伯-费伯”是“两家好出版社”。

随后不久，杰弗里和费伯出版社的前销售经理佩特森最后一次通信。后者辞职以后，很快就转到塞西尔·富兰克林经营的劳特利奇出版社（Routledge）工作了。

米特兰银行[21]写给杰弗里·费伯的信 1934.2.6

关于你方于1933年6月签署的为A. J. B. 佩特森先生的账户提供25英镑担保的保函：我们很遗憾地通知您，佩特森先生尚未偿还22英镑17先令2便士的透支款。

杰弗里·费伯写给A. J. B. 佩特森的信 1934.2.8

你应该还记得，我曾应你的特别要求，为你3个月的透支担保了25英镑以做特殊之用，即支持你购买布莱克在出版社价值250英镑的股份，好等你的“受托人”放款。按我的理解，这25英镑是作为那250英镑的押金。

后来由于你父母的阻挠，这笔交易没做成。那么我认为也就不需要我的担保了……

要是明天早上（2月9号）你还没有给我一个满意的答复，我会把这件事情转交我的律师处理。

安德鲁·富兰克林［塞西尔·富兰克林的孙子，也是侧影出版社（Profile Books）的创始人］回忆，佩特森因为“游手好闲”，在1934年就被劳特利奇出版社解雇了。

T. S. 艾略特写给路易斯·麦克尼斯的信 1934.4.5

我无法提前为出版做任何保证，这点相信你能理解。出版取决于诸多商业因素，当然也要看这本书本身的价值。我只能说我愿意先把你的诗推荐给社里的人看看。

费伯出版社此后继续出版乔伊斯《未完成作品》中的片段。最后一篇《米克、尼克和喜鹊》只由位于海牙的服务出版社（Servire Press）限量印刷了 1 000 册，其中 250 册由费伯出版社分销。而后者并没有把这一宝贵的库存用作赠阅本。由此导致乔伊斯的女儿露西娅为图书设计的封面没有得到媒体曝光。

詹姆斯·乔伊斯写给乔治和海伦·乔伊斯的信 1934.8.21

不幸的是，没有媒体注意到她给我的英文版图书设计的封面并没有得到宣传，因为现有的库存还没等正式上市就卖光了。而“费伯那个笨蛋”也并未推广那 35 本给媒体的赠阅本，因为怕要的人太多，他们供不过来。

《标准杂集》最早出版的作品中就有 D.H. 劳伦斯的《色情文学与淫秽行为》（*Pornography and Obscenity*）。鉴于他一贯的名声，这样扎眼的标题自然免不了引起当局的注意。

杰弗里·费伯写给英国内政大臣的信 1934.9.7

我们的一位客户斯夸纳有限责任公司（Sequana Limited，地址是西南 1 区白金汉宫路 16 号），刚刚通知我，说警察最近查访了公司的店，还没收了一些出版物。其中就有一本我们公司出版的题为《色情文学与淫秽行为》的小册子，于 1929 年首次作为《标准杂集》系列图书中的一册出版。同期还出版了另一本小册子，叫作

《我们需要一个审查员吗？》，作者为已故的布伦特福德子爵，时任内政大臣。这两本小册子在一个相当重要的问题上代表了两种截然相反的观点。

但我们此次对警方没收这本小册子提出抗议并非出于这个原因，而是有更本质的理由。在我们看来，警方竟可以公然没收由一家声誉良好的英国出版商印发的出版物，这实在令人惊讶，甚至难以置信。更何况遭到没收待遇的是出版商的下游客户，而且事前事后都没有与出版商本身进行任何沟通。

要是有人能就此事给个合理的解释，我将不胜欣慰。与此同时，我会将此事转告大不列颠和爱尔兰出版商协会，并将此信的副本寄给协会主席。

杰弗里·费伯写给华特出版经纪公司[22]的作家经纪人威廉·华特的信 1934.11.13

我想跟你谈谈关于你们的5年条款的大概情况……

我对此反感，并不仅仅是因为要冒失掉一本畅销书的风险——不管是由于某位作者突发奇想或产生偏见，还是这位作者被我们的竞争对手挖走。这当然是原因之一，尽管我相信贵公司会明智而公正地发挥你们的影响力，但这种风险毕竟真实存在。而且相比其他出版社，这个问题对我们来说可能更为严重——自从费伯-格怀尔出版社创立，我们就一直致力于推出品质过硬的书目，通过提高长销书所占的比例来提高旧书与新书的销售额之比。我们的书单上有好几本书已经连续出版5年以上，每年都有不错的利润。

第二个问题，也是我反对这一条款的主要原因——一桩生意的成败说到底还是要以资产价值来衡量。眼下我决不打算卖掉这项业务，不管是现在还是将来任何时候。但并不排除有一天它可能会被出售。而我也就必须跟所有其他商人一样，努力提升这项业务最终可实现的价值及其即时利润。没错，这两个目标当中我更看重第一个。如果随着与你方的业务不断增加，我方5年后清单上有越来越多的书失掉版权，那我显然背离了自己的主要目标，因为这些书的持续盈利预期不会成为可出售的资产。

杰弗里·费伯写给博德利·海德出版社的常务理事艾伦·莱恩[23]的信 1934.12.12

我们注意到贵公司出版的那本由基勒姆·罗伯茨先生编辑的《1935年作者手册》。

我很遗憾在此提出最强烈的抗议，不仅因为该书中涉及我们公司的描述相当偏颇，且各个标题下均没有对我们公司进行适当的注释。

第191页中提到，“该公司（原文如此）追求的目标更多是文学欣赏角度的好评，而非商业上的成功，却往往能够一箭双雕”。这句话的前半部分是不对的（商业上的成功必定也是我们的目标，与文学角度的好评同样重要），而这一个纰漏就有可能给我们现有的和潜在的作家带来巨大的负面影响。

同一页中对我们出版书目范围的叙述也极不充分且很容易误导读者，仅列举了我们所有出版类别中的4个。例如，它漏掉了历史、宗教、科学和体育等。这样一来，给读者留下的印象想必就是我们的出版领域很有限；而真实情况恰恰相反，费伯出版社出版的书可以说包罗万象。另外，你们还把“纯文学”（belles-lettres，我讨厌“纯文学”这个词，也不喜欢它描述的那种书）说成我们的出版物中重要，甚至是最重要的一部分，对此我提出最强烈的反对。

这是一段漫长通信的开始。后来艾伦·莱恩在回信中顺便提到“完全不介意把关于贵公司的描述跟我们公司的对调”，但并没有让杰弗里满意。

费伯–费伯出版社书目，1935 年春夏季

《诗选》（*Seleted Poems*）
玛丽安·摩尔

艾略特和庞德盛名之下的诗歌复兴时期，至少还有一个值得一提的名字——玛丽安·摩尔。摩尔小姐的作品已经得到了一些圈子的认可，后来逐渐为更多人所接受。她本人对此倒是向来都不在意。

可以说费伯出版社对自己诗歌类书目的态度也与此很类似。

T. S. 艾略特写给迈克尔·罗伯茨的信 1935.2.21

亚当·史密斯小姐盛情邀请我在 3 月 9 日或 10 日共进晚餐，期待到时候也能见到您。我有个提议，见面时再与您详谈。我们公司决定再出一本现代诗歌选集，因此想知道您是否愿意来担任这本选集的编辑。

这便是《费伯现代诗选》（*Faber Book of Modern Verse*）的雏形。后来此书成为现代主义的旗帜，也标志着该公司的声誉日益提高。

T. S. 艾略特写给迈克尔·罗伯茨的信 1935.3.14

您的选集提纲已获得图书委员会一致通过。他们只让我提一

个建议，就是如果把叶芝的诗加上我们应该会很高兴，即便您已经决定不要霍普金斯了。当然，我听说叶芝对选集的版权费一般也要得相当高。

弗兰克·莫利写给唐纳德·布雷斯的信 1935.6.7

我最近读过的最好的书是一位名叫亨利·米勒的美国人写的《北回归线》。

……

我再说一遍，虽然《北回归线》在盎格鲁–撒克逊法律下是不能出版的，但这个小伙子笔下如有烈火。

<u>费伯–费伯出版社书目，1935 年秋季</u>

《诗集》（*Poems*）
路易斯·麦克尼斯

他是同时代最具原创性的爱尔兰诗人——沉郁而不感伤，认真严肃但未被政治狂热冲昏头脑。他的作品并不艰涩，但应者寥寥。其中透出的骄傲和谦逊，历久弥新。

时至今日，我们仍很难想象一位出版人能写出这样的书目介绍，但很精彩。

T. S. 艾略特写给友人约翰·海沃德的信 1935.9.19

哈姆雷斯（Hamley's）店里打折出售的彩炮确实不错，价格在 18 便士到半克朗不等。费伯出版社的图书委员会昨天举行会议，庆祝主席猎松鸡归来，当时就有一组礼花吊在会场上头。茶歇的时候出现了一个大巧克力蛋糕，上面写着"老大！欢迎回家！"。

在大家的注意力都被吸引过去之际，彩炮被从桌子底下拿出来，然后成功发射了出去。一记响亮的炸裂声后，房间里到处都是五颜六色的彩纸，有些挂在枝形吊灯上，有的撒在了主席的头上。这时又出现了一样新奇的东西，叫作“草中蛇”：其中一条逃出来，点燃了那些四处散落的彩纸。火被扑灭后，委员会继续讨论工作，大家度过了一段相当愉快的时光。

弗兰克·莫利后来在回忆录中提到，彩炮藏在了一个煤斗里：“艾略特、肯纳利和我花了大半个上午在大桌子下面安装滑轮，一遍遍演练如何把煤斗拉到主席的两腿之间，还能不被人发现。”

委员会随后继续讨论的内容一定跟彼时即将推出的《费伯现代诗选》有关。

T. S. 艾略特写给迈克尔·罗伯茨的信 1935.9.19

这本书估计会有 384 页。委员会里的一些人认为篇幅可能太长了，但经过再三考虑，还是决定不要求你删除任何内容。我们在一定程度上受到了竞争的刺激。伊恩·帕森斯的那本书[01]定价是 5 先令。从查托和温达斯出版社的书目广告上推断，肯定比你这本要薄得多。我们希望你的书能早日出版，所以越快付印越好。它应该能比叶芝的《牛津现代诗歌选集：1892—1935》[02]更早出来。老实说后者也会带来不小的竞争压力，但我们不怕。另外，这两

[01] I. M. 帕森斯（编），《诗歌的进步：从哈代到今天的诗歌选集》，查托和温达斯出版社，1936 年。
[02] W. B. 叶芝（编），《牛津现代诗歌选集：1892—1935》，牛津大学出版社，1936 年。

本选集恰恰能衬托出我们这本的厚重，也就是说同样的价格，我们提供了更高的价值。固然得过相当长一段时间才能获得回报，但我们看重的是长远利益。顺便说一句，我完全相信你的水平，此书一定能大获成功。

费伯-费伯出版社，1935 年圣诞季书单

回顾 1935 年，我们心满意足。即便是战争或关于战争的谣言也无法令之失色。这一年，我们在各个领域都取得了显著的成就。固有的胸怀和谦虚不容许我们自吹自擂，但《纽约太阳报》(*New York Sun*) 驻伦敦记者约翰·海沃德帮我们做了这样一个简短的开场白:“在我看来，今年秋季即将出版的新书中，最有趣的书就来自费伯出版社。”

不过,这段赞誉有加的推介并未提到,约翰·海沃德[24]与T. S. 艾略特、杰弗里·费伯和弗兰克·莫利 3 人俱是好友。他们 4 人后来在海沃德位于比纳花园的公寓里会面，最终合作出版了一本只限量发行 25 册的诗集《比纳尼亚夜曲》(*Noctes Binanianae*)。书中有他们给彼此起的绰号——杰弗里因为明显的秃头被称为“大黑鸭”。T. S. 艾略特的昵称是“大象”，大概是因为他从不忘事。弗兰克·莫利则是“鲸”，源自他那胖胖的腰围和温暾和蔼的性格，再加上他在牛津大学放假时跑到一艘捕鲸船上赚了些外快。而海沃德向来以自己的社交能力为傲，并擅用唇枪舌剑，故名“狼蛛”。

1939 年，“大胡子陌生人”约翰·海沃德前来拜访图书委员会。他右边是弗兰克·莫利，他于 1929 年加入费伯出版社。

译者注

1 保罗·纳什，英国超现实主义画家和战争艺术家，也是应用艺术摄影师、作家和设计师。保罗·纳什是20世纪上半叶最重要的风景画家之一，在英国现代主义艺术的发展中发挥了关键作用。

2 一种英国旧时金币。

3 爱尔兰民族主义作家乔治·罗素的笔名。

4 艾伯特·亨利·罗斯的笔名，20世纪初英国广告代理商、自由作家。

5 斯蒂芬·斯彭德（1909—1995），英国诗人、评论家。

6 菲利普·珀西瓦尔·格雷夫斯（1876—1953），英国作家，曾任《泰晤士报》记者。

7 约瑟夫·戈登·麦克劳德（1903—1984），英国诗人、演员、剧作家、剧院导演。

8 巴尼特·弗里德曼，20世纪上半叶英国著名画家、商业设计师、书籍插图画家。

9 T. S. 艾略特的全名是 Thomas Stearns Eliot，Tom（汤姆）为 Thomas 的简称。

10 后来根据 T. S. 艾略特的诗歌集《老负鼠的猫经》改编的音乐剧《猫》中的主要角色，便是以诗人的猫的名字命名的。

11 《沙漠中的革命》是 T. E. 劳伦斯根据自己在1916年至1918年作为联络官参与阿拉伯起义的经历所著的自传精简版。完整版名为《智慧七柱》(*Seven Pillars of Wisdom*)。T.E. 劳伦斯（1888—1935），英国作家、军人、外交官、考古学家。

12 埃里克·布莱尔，即乔治·奥威尔，本名埃里克·亚瑟·布莱尔，英国左翼作家、新闻记者和社会评论家。代表作有《动物农场》和《一九八四》。

13 此书为乔治·奥威尔的首部长篇作品，故事围绕巴黎和伦敦这两个城市的贫困地区展开。

14 大卫·琼斯既是画家又是第一代英国现代派诗人，很受 T. S. 艾略特赏识。

15 路易斯·麦克尼斯，爱尔兰诗人、剧作家，也是奥登集团（Auden Group）成员，与 W. H. 奥登、斯蒂芬·斯彭德和塞西尔·戴-刘易斯等人关系紧密。

16 佩勒姆·G. 伍德豪斯（1881—1975），英国幽默小说家，70多年的写作生涯中作品受到无数读者的欢迎，至今仍广为流传。《嬉笑怒骂》(*Louder and Funnier*) 是伍德豪斯的杂文集，其中大部分来自1914年至1923年间他为美国《名利场》杂志撰写的文章。

17 安布罗斯·希思（1891—1969），新闻记者兼美食作家，曾撰写并翻译了100多本有关食物的著作。

18 弗朗西斯·比勒尔（1889—1935），英国作家、书商。

19 爱德华·鲍沃尔—利顿（1803—1873），英国小说家、诗人、剧作家、政治家，“笔比剑更有力”就是出自其口。

20 玛丽安·摩尔（1887—1972），美国现代派诗人、评论家、翻译和编辑。其诗歌以形式上的创新、精确的用语、讽刺和机智而著称。

21 米特兰银行（Midland Bank）曾是英国四大银行集团之一，1992年被汇丰全面收购。

22 华特（A. P. Watt），全世界第一家文学代理机构，1875年成立于英国。

23 艾伦·莱恩，英国著名出版人，后与自家兄弟共同创立了知名的企鹅出版社。

24 约翰·海沃德（1905—1965），英国编辑、评论家、人类学家。

第三章

1936—1939

“战争的硝烟飘过来了”

到了20世纪30年代中期，费伯出版社已在伦敦的顶尖出版社中牢牢占据了一席之地。尽管那时候能做到定期盈利仍是一种美好的愿望而远非现实，但至少营业额还是翻了一番，在1936年已接近100 000英镑。就在前一年，公司扩张到了隔壁罗素广场23号大楼的一层。弗兰克·莫利在1931年开过一个小玩笑，就是要制作一本《莫利博士的抛物线预测或未来性揭示》（*Dr Morley's Parabolic Prediction or Futurity Revealed*），只限量发行7本。书中显示，自1926年以来社里图书销售业绩的轨迹将呈现出一条曲线，这意味着到20世纪中叶，该数字将超过1 000 000英镑（更多详情见附录）。虽然出版社实际的业绩可能比预测要低一些［莫利博士紧接着打出了下一本限量书《峰回路转！或被抛物线打败》（*Breakers Ahead! Or Beaten by a Parabola*）的广告］，但整体增长趋势还是差强人意的。

与战后成立的其他出版社相比，费伯出版社能够脱颖而出的一个重要优势便是其理事会成员中有 T. S. 艾略特。到了 1936 年，他的明星地位稳步上升——前一年，戏剧《大教堂谋杀案》(*Murder in the Cathedral*)的意外成功让艾略特这个名字变得家喻户晓。正如接下来的章节中即将提到的，这也让他成了社里人偶尔调笑的对象，尤其他还只是一个"普通理事"(也是唯一的一个)。当然了，这也意味着艾略特手里的"认可"印章价值越发巨大。他提携过的诗人无不因此沾光，反过来也以更好的作品提升了他本人作为出版商的名誉。就在这互帮互助、锦上添花的良性循环之中，费伯出版社成为现代主义文学的发源地。

然而，费伯出版社（包括其出版的诗歌作品）的发展壮大绝不是一出独角戏。图书委员会仍然是公司的决策中心，甚至还鼓励进行适当的冒险。编辑们所做的决定会得到读过手稿的其他同事的支持。因此，当一位作家被捧红时，背后依靠的绝非某一个人，而是整个出版社。

在 20 世纪 30 年代接近尾声之际，战争的阴云却越加浓密地笼罩过来，不可避免地给出版社的事业蒙上了阴影。但本章开头将为读者呈现的是杰弗里写的一则书目介绍。自从汤姆·费伯向他爸爸宣布自己觉得"汤姆叔叔[1]是一位非常优秀的作家"以来，这本书就一直在酝酿之中。

ff

<u>费伯-费伯出版社书目，1936 年春季</u>

《艾略特先生的"小笨狗和小乖猫"一书由"穿白鞋套的绅士"为他倾情朗诵》

艾略特先生告诉出版社，他的儿童诗集应该在 1936 年复活节前就能写完。假使这一声明属实（出版社对此不承担任何责任），此书定会在当年出版，尽可能不予拖延。

艾略特先生此刻无疑正在快马加鞭地创作。其中的几首诗不仅有作者亲自配的插画，并且在出版社各个成员的家庭中私下流传了很长一段时间，至少有一首还用留声机录成了唱片。（注：这张唱片英国国内只有一份，据说另一份在美国。大家也别痴心妄想能拿到其他副本了。）

杰弗里·费伯，日记条目　1936.1.27　星期一

在办公室吃完饭，顺道去了趟城市文学研究所。在那儿主持讨论了一篇论文，是塞西尔·戴·刘易斯[2]念的。我挺喜欢戴·刘易斯这个人。后来跟他一起坐出租车回来，把他送到了奥登家。

艾伦·莱恩写给杰弗里·费伯的信　1936.2.17

你大概已经听说过，我另创了一家“企鹅图书出版有限责任公司”，由我本人担任公司的独立董事，全权负责图书的出版和分销。

艾伦·莱恩创立的“企鹅图书”以销售“火车站书摊都能买到的便宜书”而闻名，这一宗旨后来对整个英国的出版行业都产生了深远影响。然而最开始的时候，那些精装本出版商都很乐得把版权卖给莱恩的这家新公司，靠出平装本来多赚点蝇头小利。

与此同时，艾略特向杰弗里提交了一份书面建议，标题就 5 个字：“你慢慢考虑”——对于春季书目介绍中已经公布出版时间的儿童诗集，他要反悔了。

T. S. 艾略特写给杰弗里·费伯的信　1936.3.6

我越来越怀疑自己到底有没有能力来写这样一本书。如果没有的话，还是及时止损为妙。这类东西一旦写平淡了，会比严肃的诗歌更没劲。要是有机会把好钢用在刀刃上，谁愿意这样自取其辱！

……

反正最后大家都会乘气球飞上天，什么我自己啊，小鞋套啊，猫猫狗狗之类的。

"飞飞飞，飞过了罗素酒店，

飞飞飞，飞向'云上之路'[3]。"

此事有好几个方面容易出岔子。这些诗（话说到底要写多少首才合适？）可能还是不够好。万一还不如出一本纯粹写小动物的诗歌集呢？如果真是这样，那可不是开玩笑的。还有一个问题——内容和处理手法可能过于混淆：或许有一部分是孩子们不喜欢的，另外一部分是成年人不喜欢的，再有一部分压根儿就没有人喜欢。整个故事的背景大概就不讨人喜欢。总之，这事儿办好比办砸的可能性似乎小得多。

直到几年之后，艾略特才克服了这种自我怀疑。

朱娜·巴恩斯的小说《夜林》（*Night wood*）[4] 引发了社内两派的激烈讨论——一方是不解其中风情的杰弗里·费伯，另一方则是热情力捧的弗兰克·莫利和 T. S. 艾略特。

弗兰克·莫利写给杰弗里·费伯的信　1936.4.4

我已经读完了《夜林》，想公开说两句——此书比我初看时的印象强百倍！你可能觉得我是在张嘴说瞎话；但我相信，艾略特能把我的意思表达得更到位，也希望他能做到。

我想，任何欣赏艾略特作品的人，一定也能看到《夜林》里头的闪光点——它压根儿就不是一部小说，就像《荒原》也并非一个侦探故事。

……

既然如此（虽然也很想看看艾略特会怎样条分缕析地讲清楚对这本书的认识），我在此想严肃表达的核心意见就是：如果直觉没错的话，我们必须开始研究出版此书。我想你很清楚，我的日常工作以及对出版事业的贡献价值就在于凭直觉挖掘出一些好材料——要是手里有上好的面团，我肯定会让自己揉出的每一个甜甜圈都不辜负那团好面；那些有朝一日可能成为所谓“文学”的东西，正是我满怀热情工作的核心动力。我当然明白赚钱的必要性；但对我而言，最有效的激励不是那种“必要性”，而是能出版几本我真心喜欢的书带来的骄傲。这种“骄傲”支撑着我后续的一切工作；而且说实话，恰恰是唯一真正的支柱。总之，我相信这是一部能让我认可并为之自豪的作品——要是能把它做出来，我定会动力澎湃；但要是它被拿掉（虽然我想不到有任何理由要这么做），就别怪我失去兴趣了。

T. S. 艾略特写给杰弗里·费伯的信　1936.4.15

弗兰克把他第二次读完《夜林》后写给你的那封信给我看了。他之前说过，书先放他那儿，等我有空读第二遍的时候再去找他拿。假期里我读完了，更觉得是本不可多得的佳作。

……

眼下最关键的一点是，社里要想在文学作品方面做出成绩，这可能是我们最后一次机会了。至于咱们在文坛的声誉，别忘了，像乔伊斯和我这样的人最多只能帮忙保持热度，再要往高处走可就很困难了。有些事情，一个作家一辈子只能做一次（前提是做得到的话），以后就再也做不到了。你要是愿意，我们可以继续写一些别人写不出来的东西，但《荒原》和《尤利西斯》这样的作品将是永远停留在历史里的丰碑。从出版的角度来看，先挖掘一个出色的作者，和等他名声大噪后再把他拢在麾下，这两件事可有天壤之别。以乔伊斯和我为例，假如我俩的作品都已被其他公司出版过，也不值得再挖掘些什么了。但还是回到这段的第一句话——虽然那充其量只是个猜测，但我总感觉，这本书估计是我们这个时代能做的最后一件大事了（剩下那些杂七杂八的东西全部收到《费伯现代诗选》里去得了）。

杰弗里·费伯写给 T. S. 艾略特和弗兰克·莫利的信 1936.4.16

在朱娜·巴恩斯这件事情上，完全可以按照咱们现有的规矩来——只要有任何一位理事力荐某一本书或者某一位作者，咱们就得接下来，不论作者是男是女。要是有两位理事共同极力推荐，那就更不用说了。

但关于两位这次的力荐——最让我难过的是，自己竟然如此无可救药，完全不明白你们二位看中了《夜林》的哪点。读了你们各自的来信之后，我只能说服自己：你们是对的，错在我身上——对一个至少受过良好教育的出版人来说，这种状态令我很不愉快。当然了，或许也有一定益处。

……

但我还是看不出此书会有什么卖点。若以小说的形式出版，却让当下的小说受众根本读不下去，那后续的麻烦可就大了。如果《夜林》算是跟《荒原》同一类的作品——好比是一辆火车，但眼下却没有现成的轨道能让它跑，那就得靠弗兰克·莫利自己去铺了。他表示在《荒原》上添过一把力，这点我并不怀疑。但《荒原》归根到底算是“诗歌”，有一个完整的铁路系统来供它跑啊！至于《尤利西斯》，我猜麻烦就没有这么大。

那年秋天出版社的书目里，T. S. 艾略特倾其所能为读者解释了《夜林》到底是一部什么样的作品。而后面一条为 W. H. 奥登与路易斯·麦克尼斯合著的那本关于冰岛的新书简介，我猜是弗兰克·莫利写的。

费伯-费伯出版社书目，1936 年秋季

《夜林》(*Nightwood*)
朱娜·巴恩斯

要想讲清楚巴恩斯小姐耗费多时创作的这本书，可谓有登天之难。它虽为散文，但将主要吸引诗歌读者；它采用了一些小说的形式，但里头的人物其实在受苦受难，而非奋起抗争。与陀思妥耶夫斯基和乔治·查普曼一样，人们觉得“抗争”不过是另一个平行现实中的一场皮影戏。它关注的是苦难的中心；而对于性情中喜爱轻松或谨慎乐观主义读物的读者，此书则恐怕无法引起太多共鸣。

《冰岛》(*Iceland*)
W. H. 奥登与路易斯·麦克尼斯

据说此书将采取一系列信件的形式，有些是诗句，有些是散文，均于1936年夏天写于冰岛。

……

这世界上或许还有很多关于冰岛和其他地方探险故事的书，但奥登先生和麦克尼斯先生合著的只此一本。

在众多往来信件的打趣调笑中，下面这封来自美国出版商本·许布希的信提到了纳粹政权下发生的事，可以说是非常有用的提醒。杰弗里之所以收到这封信，是因为他当时正日渐成为英国出版商协会的一位领军人物，并且从 1939 年起将担任协会主席，任期两年。

本·许布希写给杰弗里·费伯的信　1936.6.15

在德国严控言论的当下，他们极有可能会逼着你的协会到德国去参加个什么鬼大会。要是这一天果真来临，我只希望你会奋起抗争。要知道，也许当我们心平气和、自鸣得意地谈论出版行业那些甜美而空洞的理想时，德国最勇敢的编辑之一奥西茨基[5]正在附近的集中营里备受煎熬；而我们开会地点所在的那栋楼，可能就藏着被德国政府没收的西格蒙德·弗洛伊德的书。一想到这点，我就不寒而栗。

每年的 7 月 4 日是美国的独立日，故而社里的美国籍理事们总是在那一天被拿来开玩笑（或者用玩笑来回击）。1936 年，T. S. 艾略特就成了他们的目标。《泰晤士报》上登了一则小广告：格哈德和他的乐队将每晚在“艾略特的俱乐部”演出，地点是查令十字街 28 号。但由于那年的 7 月 4 日是星期六，这玩笑只好等到接下来的星期一才拿出来。

查尔斯·斯图尔特（以社长秘书的名义）写给T. S. 艾略特的信 1936.7.6

随信附上的这则广告想必你已经注意到了。现在此事已经引起了公司各位首席理事的高度重视。虽说社里并没有明文禁止成员从事广告上涉及的类似活动，但各位首席理事一致认为，一位小小的“普通理事”还是不应该用这种方式来自我宣传。此外，他们希望你能意识到，他们强烈反对你选择从事这种性质的副业（你既未事先告知，也没有征得同意）。理事们指出，按照分内之责，一位普通理事应当与各位首席理事一样平等地参与公司业务的讨论；但倘若他以广告上所充分体现的方式来度过夜晚，恐怕就很难给理事会会议带来所需的新鲜观点和意见。这一惊人发现还有另一个恼人之处——你似乎在利用作为公司理事所得的人脉关系来获取私利。

因此，我受命请你发布一份声明，列出你作为那家“俱乐部”主人获利的记录以及完整的会员名单，呈交理事会审阅。

而艾略特对此的反驳在我看来简直就是一部喜剧杰作。

T. S. 艾略特写给杰弗里·费伯的信， “1936.7.7，确切来说是8日凌晨1点30分”

亲爱的杰弗里：

今天上午我收到了斯图尔特的一封信，使我感到非常不安。我忙了一天，直到今天凌晨1点还在处理社里的工作，现在已经精疲力竭，故而或许无法如我所愿地妥善解决此事。但即便如此，我也不能让这种指责存在哪怕一天；因此在采取进一步的措施之前，我特意私下里给你写了这封信。

我猜想，你已经知道了斯图尔特来信的内容。因为我很难想象他敢不征求你的意见就厚颜无耻地给我写信。如果他果真在你不知情的情况下写了这封信，那请你原谅我下文中要说的话；但若非如此，杰弗里，我不得不告诉你——即便真有必要写这样一封信，那也只应该由你这个理事会主席来书写和署名。有人曾经说过（虽然我不知道是何时何地何人讲的），一个人有权受其同侪的评判；而在费伯出版社，这对我来说几乎是不可能的；但如果非要有人来评判我，最接近“同侪”这个身份的人，必定是理事会主席。我感觉这样的信不像是斯图尔特写的——他只是碰巧利用这个机会，用几声卑劣的冷笑来激怒我。我感觉要是你来写这信，肯定会指责得更优雅、更得体（实际上，就是这样的），即使本质同样卑劣。

此事极其复杂，必须从不同的角度和几个方面来审视。下面我从头说起——当然也只是个所谓的“从头”，因为我已经意识到这背后必定有相当长时间的阴谋，只是我一直天真地将其忽略了。为了使你读起来方便，不至于丧失注意力，下文我将按照段落编号。

（1）我认为，以某个（我太忙而没空参加的）委员会的名义召开非正式会议，通过某项决议或针对一位缺席理事的行为做出任何约束，这并非另外三名理事职权范围内之事。当然，两个或以上的理事在非正式谈话中对那些缺席理事嚼嚼舌根，说些难听的话，这都是司空见惯的，但那是另一码事。我反对的不仅仅是低级趣味的问题——我太习惯于此了，以至于根本不去理会——而是制度的执行问题。这些问题只能够在达到法定人数的理事会上予以讨论，而且需由社长秘书（顺便说一句，他在程序上着实松懈）提前整整一个星期下达通知，并分发议程。实际上，我认为如此严重的问题甚至应该提交股东大会讨论才对。我希望丽小姐[01]届时能够出席。

(2)若果真要对某位理事的行为进行调查(我本人很欢迎你们来进行一次全面彻底的调查),那么社里所有理事的个人活动都应经得起审查。个别理事(我在这里就不点名了)显然维持着一定的生活标准(而且我指的仅是他们生活中公开、常见的一面),这就远远超过他们根据公司账簿领到的工资所能讲得通的水平。关于这一点我不再赘言。

(3)斯图尔特信中提到“一位小小的普通理事”,我对这句描述要提出强烈反对。我要指出的是,在这家出版社里,所谓的普通理事要比首席理事出色得多,因为后者似乎有四位,而前者只有一位。足见“普通理事”一词本身就是荒谬可笑的不恰当表达。对此我建议以“特别理事”一词取代。斯图尔特后面还说道,“作为一位普通理事,按照分内之责,应当与各位首席理事一样平等地参与公司业务的讨论”!当然,这两种人之间不可能存在根本的平等,因为其中一种人比另一种人要稀罕4倍(我希望你能理解这其中微妙的逻辑);但我也敢拍胸脯保证,在与那几位普通的首席理事打交道时,我从未表现出丝毫的傲慢或自大。恰恰相反,我为自己的民主作风感到骄傲——我是个善于交际的人,一个善解人意的人,向来和蔼可亲、宽容大度。那种含沙射影的说法毫无根据。

[01] 格特鲁德·丽,曾在亨利·伯德特爵士手下工作,也是科学出版社的股东。她将自己靠费伯-格怀尔出版社的股份赚来的部分最终利润转投到了费伯出版社,成为公司仅有的两位外部股东之一(另一位是杰弗里的朋友史丹利·罗宾森)。费伯出版社也出版了她的书。

（4）信里还提到我不应当与一家舞蹈俱乐部（因为一个俱乐部要是有乐队，就一定会有跳舞这种活动）有什么业务上的往来，即便该俱乐部有“艾略特”这样如雷贯耳的大名来保驾护航也不行。（你想想，要是改叫“莫利俱乐部”会是什么效果！！！）信后面还补充说，倘若我“以广告上所充分体现的方式来度过夜晚，恐怕就很难给理事会会议带来所需的新鲜观点和意见”云云。另外我还想提醒你注意另一个可能被忽视的点——如果费伯–费伯出版有限责任公司的各位理事认为，我不应当与“艾略特的俱乐部”有任何联系，那他们怎么不想想，“艾略特的俱乐部”的成员们又会如何看待我与费伯出版社的关系呢？跳舞和出版，究竟哪一种行为更糜烂、腐化？如果情况反过来——我白天都在开理事会，而晚上就很难带给“艾略特的俱乐部”必要的新鲜观点和意见，那俱乐部的成员难道就没有权利反对吗？

（5）我还要指出的是，考虑到我目前承担的烦琐重任，我在费伯出版社领到的工资可以说是少得可笑，仅够我衣着朴素、谦逊得体地接待无数令人生厌的家伙——要是我不为出版社谋事，我完全可以打个响指直接让他们滚蛋。在舞蹈俱乐部里，如果有人不守规矩，你可以把他赶出去；但在出版社，你反而得带他出去吃午饭。如果费伯出版社不愿意看到我另谋他处、挣点外快（面对如此屈辱之境地，公司全体上下都应该感到羞愧，只有那些所谓的“首席理事”一个个丝毫不会脸红），那么你们完全可以亲手补救：给我一份能够赖以生存的收入。否则，我可能就会将全部注意力投入到合法的娱乐行业中去，为大众的身体提供天真、带感的愉悦，而不是肆意为他们的思想提供垃圾。无论如何，估计费罗先生的下一次伦敦之行将会在我被迫缺席之际成行，而你们当中没有人知道要如何对付一个葡萄牙外交官。想到这里我便不胜欣喜。

(6) 现在来谈谈“艾略特的俱乐部”这个名字。他们似乎没有意识到，我活着的时候无法阻止别人用我的名字，就像我死后也无法阻止伦敦人为我立雕像、纪念牌或者那些丑陋的彩色玻璃窗。这便是成名的后果之一，由此带来的重担就如肩上扛着亚特兰蒂斯巨人，连其庞大的命运之球也无法承载。“美誉”与“恶名”往往只有一线之隔。我甚至无法阻止各位首席理事单方面决定使用“艾略特”这个姓。在恶意驱使之下，他们完全可以把公司的名字改成“艾略特–艾略特–艾略特–艾略特出版有限责任公司”(没错，正是取自我这位美国出生的普通理事——T. S. 艾略特)。事实上，任何希望获得公众信任的组织，都极可能倾向于起一个代表诚实正直、精益求精和完美德行的名字。

(7) 我认为在这场极不正规的“审讯”中，最无情的一点是要我被迫自揭家丑。我可能会喊：“福尔摩斯，你不值得这样做！我真不敢相信你会沦落到这种地步。你调查的是我那不幸兄弟的历史……”倒不是说亚瑟是我兄弟，远非如此。可怜的亚瑟！不过他的事情早已不是秘密；全伦敦甚至外省的一些地方执法官都认识他。他的事也不止一次被法官形容为“一桩糟糕的案子”。他家族中有一种怪癖（主要来自他母亲那边）促使他去成立什么俱乐部。我猜他母亲的族人来自特伦特河以北；反正他身上有一些不太像英国人的东西。还要我把伤疤揭得再深一些吗？

接续上文。凌晨 4 点。我刚才因为精疲力竭沉沉睡去，现在继续动笔写完这份已经让我痛苦万分的材料。这整件事情让我感觉自己就像那位孤独的普罗米修斯（这个经典的暗喻肯定逃不过你的法眼)，被链子锁在山崖上，肮脏的秃鹰用嘴啄食着我的肝脏。当然，管斯图尔特叫秃鹰都是抬举他了。莫利的朋友安德烈·吉德曾经说过“你得有只鹰”[01]，但他从未说过“你得有个斯图尔特”。

(8)真是最后一点了。我从来没有，今后也不会，更从未打算在“艾略特的俱乐部”捞到一分钱。凡事我都是秉着彻底无私的态度去做；每日殚精竭虑，越发辛苦，收入却越渐减少，甚至还经常赔钱。这里我要讲一个例子。事情本身或许微不足道，但颇具启发性和典型性——就在上周，我牺牲了自己的尊严和矜持，花了整整一上午的时间，在马里波恩路一间废弃的浸信会教堂里，把自己交给几个粗野的年轻人——只为了拍一部电影，据说是希望吸引更多人来买书。我可以尽量忽略这份羞辱和身体上的不适(尽管程度并不轻)，因为我是应你的要求来办这件事的。我知道你当时的表态非常谨慎，也没有赘言，但凭咱俩之间的默契，我能领会你的意思。当天，一个面孔狰狞、邋里邋遢的小年轻(我猜他是犹太人)来负责给我化妆(没错，就是化妆)。按理结束后他应该也要负责帮我卸妆。结果当天晚些时候，为了公司的利益，我自费招待某人吃午饭。正是经他提醒我才发现，那个小年轻忘了把我脖子后面的粉擦干净。就这么说吧，当我晚上回去脱下衬衣的时候，发现领子都变色了，整件衣服很可能就毁了——12先令6便士(这是我微薄的收入所能买得起的一件衬衣的价钱)就这么打了水漂。还需要我多说什么吗?

---

[01] 这句话(原为法语)是挖苦弗兰克·莫利的。他有一次同艾略特、乔伊斯和吉德一同在巴黎用餐，却发现自己法语并不灵光、结结巴巴。

但我仍怀有一颗基督徒的仁爱之心。

你永远的朋友，祝福你。

T. S. 艾略特

杰弗里去世后，费伯出版社的历任主席都将这封信锁起来，视其为二人之间严重不和的证据。

从 1932 年起，迪克・德・拉・梅尔就一直追着大卫・琼斯要他那本关于战争的书。4 年里，他锲而不舍地讨要。然而，当手稿最终寄到时，却是由 T. S. 艾略特来做汇报。

T. S. 艾略特就大卫・琼斯的《在括号中》(*In Parenthesis*) 向图书委员会提交的报告 1936.9

请委员会不要误以为能够仅依赖我的个人意见而无须复审这部书稿——尽管我觉得此书相当引人入胜，但它绝不能只代表一家之言(无论是我的还是其他人的)。我要是判断某书有机会收回成本，就自然会推荐；但一部描写 1915 年 12 月至 1916 年 7 月之间的佛兰德斯[6]的作品，形式还在散文和诗歌之间游走不定，在当下畅销的可能性不大。

由于作者奥登身在冰岛，无法取得联系，艾略特不得不亲自为其第二卷诗集定一个标题即《看，陌生人！》，这是直接从诗作中挑选出来的。但正如这位诗人在给美国出版商的信中所言，他并不赞同艾略特的选择。

W. H. 奥登写给贝内特·赛尔夫[7]的信 1936.11.

我外出的时候，费伯出版社背着我给我的新书起了个该死的标题，听起来像一本女素食主义小说家写的书。请您把美国版的标题改成《在岛上》吧。

《书商》杂志举办了一次会议自诩为“图书交易机关”交流会，促使杰弗里给杂志编辑写了这封袒露心迹的信。

杰弗里·费伯写给《书商》编辑的信 1937.3.11

我不希望给人造成“我自己的出版社还需要引进足够的资金来维持自身运转”的印象。实际上自我们社成立以来，我并没有借发行股份及债券或以任何其他方式引进额外资本。我们业务的后续发展完全是依靠营收实现的。我认为这是最好的办法，而且从长远来看，也是唯一的办法。

T. S. 艾略特就埃兹拉·庞德的《文化指南》(*Guide to Kulchur*)向图书委员会提交的报告 1937.6

这本书是我们主动去要的，现在也要到了。只有肚子里有墨水的人方能找到此书的方向。对于那些洞察力强的人和懂得靠聪明才智来掌好舵、让人生的航船平稳前行的人而言，书中还是有不少智慧的果实有待挖掘的。

T. S. 艾略特就劳伦斯·达雷尔[8]的《黑皮书》(*The Black Book*)向图书委员会提交的报告 1937.6

此人还是颇有些才干的。

……

以此书目前的情况来看是无法付印的，也不可能仅靠删改来实现付印，除非作者本人重写一遍。实话说，我觉得就算重写到可以付印，也写不出什么花儿来。讲商业学校和教非洲女士读乔叟的桥段里有一些比较好的内容。反正目前此书一团糟。得找另外的人来看一眼。

费伯出版社直到 1973 年才出版了《黑皮书》[9]。那时，《亚历山大四重奏》[10]（*The Alexandria Quartet*）已经让达雷尔成为“费伯作者名单”上的中流砥柱。

杰弗里·费伯，日记条目 1937.11.25 星期四

与莫利一家在派克农场共进晚餐（感恩节），同桌的还有艾略特跟莫利·肯纳利。玩了弗兰克新发明的“出版游戏”。凌晨 1 点半左右，大家在一片霜雾中散场回家。

我怀疑这个游戏他们只玩过那一次。费伯出版社的档案里介绍过这个游戏的规则，但既没有留下牌也没有棋盘。我简要介绍一下其中对书商角色的描述：“他们的钱………就是用来被掠夺的”——注意到“能屹立最久的那家出版社才是此游戏的最终赢家”。从这个角度来看，我这整本书实际上讲的就是费伯出版社在这场“出版游戏”中如何赢得弗兰克·莫利的故事。

杰弗里·费伯，日记条目 1937.12.9 星期四

与艾略特和奥登在汤姆俱乐部共进午餐。这是我第一次真正见到奥登本人——我喜欢他。他显然是一个真正有才华的人，而不是徒有其表。我们带他回到办公室，这样他就可以在等候室里

工作了。黑书会[01]——那么长的一张春季书单——有整整 75 本，但愿功夫不会白费！

杰弗里·费伯，日记条目 1937.12.12 星期日

现在 11 点 30 分，我开始干活，脑子里满是一些阴郁的想法。这份工作困难重重，但我并非如预料中那般沮丧，尤其是最近几天到了深夜之后。我的忧思主要涉及：（1）欧洲、远东和世界的状况。万事似乎都在逐步掉入黑暗的深渊。我的孩子们在幼年时期正面临着极度真实的战争危险。（2）我自己始终无法量入为出——家里每年的最低总收入大概是 3 150 英镑[02]。扣除所得税、附加税和保险费，大概还剩 2 300 英镑。孩子念书每年要花掉差不多 500 英镑，以后还会更贵。维持泰·格林的乡间小屋需要 300 英镑左右。家庭开支大约 1 000 英镑。我自己的杂项及个人开支不少于 400 英镑。然后还有酒水、汽车保养和看病的钱，每年可能要花 250 英镑。伊妮德自己的收入（260 英镑左右）还要支付孩子们买衣服的开销，因此也所剩无几。也就是说，我每年在约 2 050 英镑的净收入的基础上，要花费约 2 450 英镑。社里给我的利润份额基本能补上这个缺口，但总存在各种不确定性。

要是有一票分红就好了——但他妈的分红什么时候才能到我手上呢？最可怕的是，我根本做不到减少开支——除非把烟酒戒掉（每年可能省下差不多 75 英镑），或者把泰·格林那栋房子卖掉。

---

[01] 该会议决定下一个销售季的书单。

[02] 扣除物价因素，如今折合约 200 000 英镑。

但这太难了，而且很蠢，除非是迫不得已。所以我只能寄望于明年会出现转机。

次年 1 月，T. S. 艾略特向杰弗里转交了一封来自乔伊斯的助手保罗·莱昂的信，信里夹着一张手写的便条："能由你来处理这件事吗？你比我更能管好自己的脾气。"

杰弗里·费伯写给詹姆斯·乔伊斯的信 1938.1.26

艾略特给我看了他最近与莱昂先生的通信，是关于出版《未完成作品》一书的事情。他嘱我来接手处理，因为他认为莱昂先生的上一封信（1 月 23 日）应当由出版社的负责人来回复。

……

我们完全可以如你们所愿在 7 月 4 日出版此书，但要满足两个前提：(1) 我们在接下来两三周内要拿到剩余的全部书稿；(2) 双方都确保修改校样不会耽误太长的时间。关于第一点，我们还没有确切的消息。而关于第二点，你可能会发现修改校样将是一个相当缓慢的过程。

……

基于以上情况，你能否考虑缓和一下与出版社之间的关系，给予他们充分的认可，而不是仅让莱昂先生在 23 日的来信中写一些莫名其妙的话？照目前的情形来看，我建议就当莱昂先生没有写过那封信；最后只恳请你，如果在 7 月初出版行不通的话，希望你能接受到 9 月再出版，而不要想着现在就停止工作，功败垂成。

杰弗里·费伯，日记条目 1938.5.1 星期日

与 C. P. 斯诺[11] 交了朋友——尽管他把新书从维克多·戈兰茨

出版社拿走，交给了海涅曼出版社（Heinemann），但该交的朋友还得交。

维克多·戈兰茨出版社此前已经出版了C.P.斯诺的3本小说。据后来的一封信中所言，杰弗里在这次见面时放出了费伯出版社惯用的一些诱饵，不久就会见到成效。

截至此时，T. S. 艾略特还在继续担任《标准》的主编一职。但随着战争临近，这项工作也是时候告一段落了。

T. S. 艾略特写给杰弗里·费伯的信　1938.10.1

我有个提议——关于停办《标准》一事，在我们定下具体的方法和日子之前，不应透露任何相关信息，即便各位理事也不应听到任何谣言。

……

但我想说的远不止这些。或许在你的脑海中我会感到万分遗憾，但你应该知道，几年来我其实一直是心存疑虑的——不仅良心上觉得这对公司来说是浪费；这样的独角戏演了15年，也不可能不觉得乏味。我经营这份杂志多年，却并未秉持任何坚定的信念，只是觉得，但凡你和弗兰克觉得它对社里还存在一些广告价值——或者干脆说，我对社里而言的主要价值就是经营这份《标准》——那我就不会放弃。

……

顺便说一句，我对出版社的立场及宗旨不敢苟同。依我看，眼下即将开战，咱们的立场将会是非常关键的；即便现在，形势也很微妙。我认为那场可能发生的战争只是被推迟到了一个更加不利的时机。这样一来，咱们就更得打扫干净屋子再“请客”了。

顺便说一句……当然，我的编辑生涯中最快乐的时光就是这份杂志只属于费伯出版社的那段日子。在这一点（以及其他许多事情）上，我感激你。同样我也不会忘记，自己当初正是凭借《标准》才颇为艰难地加盟费伯-格怀尔出版社的。

《艾略特先生的“小笨狗和小乖猫”一书，由“穿白鞋套的绅士”为他倾情朗诵》虽然已在1936年的“费伯-费伯出版社春季书目”上宣传过，但此时仍未面世。而从下面这篇日记中可以看出，还是有人惦记这本书的。拉尔夫·霍奇森的诗也将发表在选集当中。

至此我才意识到，关于他就是那位“穿白鞋套的绅士”的说法，或许会让那些认为约翰·海沃德才应得此“殊荣”的人不太高兴。

杰弗里·费伯，日记条目 1938.10.7 星期五

在汤姆的房间第一次见到了拉尔夫·霍奇森——很喜欢他。艾特略把他介绍给我，还神秘兮兮地表示，他就是那位讲述“小笨狗”故事并画了插画的“穿白鞋套的绅士”。当然，这点提示刚开始并不足以让我猜到他是谁，后来才恍然大悟。

1938年10月，弗兰克·莫利到纽约招徕生意。在此期间，杰弗里给他写了一封长信，描绘了到20世纪30年代末社里出版事业的广阔前景。信中提到的“比尔”正是华特出版经纪公司的文学经纪人威廉·华特。杰弗里后来与他和其子艾伦的关系都很要好。

杰弗里·费伯写给弗兰克·莫利的信 1938.10.14

从月度回报来看，今年截至8月底的数据还不算太糟。总支

出 53 415 英镑，收入 54 148 英镑。利润当然就很少了。

……

冈恩[01]。你回来之后可得下功夫劝劝他。他曾给你写信，说他想明年绕着外赫布里底群岛和奥克尼群岛再航行一次，还说对于这点咱们不用太操心。他说自己眼下正在创作一部惊悚小说，而且更倾向于交给那些擅长走商业化路线的出版社来处理。简而言之，他不想跟我们合作了。(柯林斯在背后操控的手——更确切地说是马脚——如今已经显而易见了。)我已经去信尽力劝他，说尽管《乘船离开》(*Off in a Boat*)一书还没见什么收成(除了给他支付 175 英镑以外，我们并没有真的赔钱)，但目前他正在经历一种从写作“只能作为副业”向“可以放在第一位”的职业状态过渡，费伯出版社只是想帮他将这种过渡变得容易一些。而他写的这种惊悚小说可不是那些“商业化推手”惯用的平庸模式所能驾驭的。像他那本《晨汐》(*Morning Tide*)，咱们的处理方法就绝对比他们强得多。我还告诉他，社里当然会做好准备帮他出那本关于赫布里底群岛的书。而且无论如何，希望他暂时不要接受别家的任何报价，等到你回来再说。

斯彭德[02]也不太安分，他把自己的诗交给了霍加斯出版社，还说是咱们劫持了他。为此 T. S. 艾略特写了一封漂亮的信。我俩(艾略特和我)已经准备好在星期五的午饭时把他拿下，而且会尽最大的努力让他彻底心悦诚服。

[01] 费伯出版社牢牢抓住了尼尔·冈恩这个作家，后来又出了几本他的书，包括 1941 年的《银色的宠儿》。

[02] 当然斯蒂芬·斯彭德最终还是挺安分的。

……

赛珍珠[01]。目前有这么一个契机——比尔说赛珍珠不太愿意继续跟梅休因出版社[12]合作了，担心她会被别的经纪人抢走，所以想看咱们能不能出个价，或者干脆授权他来出个价？首先赛珍珠的版税就要拿25%，在殖民地则是6便士一本！讲价估计是没戏的。她上一部小说的第一笔版税就赚了1 000多英镑。梅休因出版社一共给她出了14本书，我都不知道有这么多。当然，克劳利那边也正在盯着呢。

李德·哈特[02]。杳无音讯！

费通起[03]。艾略特说这可是本好书。典型的"艾略特式"重量级报告，而且他提交时显然不知道，我们社里已经接受了此书的委托(除非海枯石烂)。结果，眼下每个人都在为那150英镑的预付款提心吊胆。

……

生活让人感到焦头烂额，而且我对这次的春季书目并不是很满意——当然了，我向来就没有十分满意过。但社里的确需要一批能让人眼前一亮的东西，或是有真材实料、立得住又卖得好的作品。对了，之前忘了告诉你，《旗帜晚报》[13]刚承诺把他们关于《我

[01] 赛珍珠于1938年获得诺贝尔文学奖，但费伯出版社从未出版过其作品。她的版税价格充分反映出她身为明星作家的地位。

[02] B. H. 利德尔·哈特上校，英国军事史学者、军事理论家，在20世纪30年代颇有影响力。其作品在费伯出版社出版。

[03] 费伯–费伯出版社1939年的春季书目推介中收录了对费通起的《从黄河到印度河：一位科学家在鞑靼的足迹》(*A Scientist in Tartary from the Hoang-Ho to the Indus*)一书的描述："此书是一位探险科学家的日记：作者在科学目标指引下体现出的耐心与不屈不挠的坚定意志，让书中描写的所有苦难、逃亡、囚禁和各种稀奇古怪的会面给人以更加深刻的印象。"

的奋斗》的文章首发权给了咱们社。这些文章很不错，受众也相当广泛。此事要是能成，咱们的时间还挺紧张。可能还是存在一些版权问题，尽管这些文章都是描述性而非引述性的。哈考特[01]昨天发来电报，提到达夫·库珀在《旗帜晚报》上发表的“讨论危机的文章”。你觉得咱们把这些文章结集出一本书怎么样？我们已经转给华特那边了。都是每周登载的文章，头一篇就是他对希特勒所说的“那些想打仗的英国人——艾登、达夫·库珀、丘吉尔”[02]的回应。挺平淡的，没什么噱头。老实说，对于这本书我其实还心存疑虑。走一步看一步吧。

……

在比尔的善意赞许下，我和艾伦现在已经很熟络了，这绝对是个值得深交的人。几个月前他根本没有一点儿文学经纪人的样子，但我想他会负责这次展销活动，而且在结束之前会完成得很出色。他已经做好了去纽约的充分准备。我想你很难设法为他弄到一张请帖吧？

现在字迹看起来整齐一些了，因为我跟“汤姆叔叔”共进午餐并玩了填字游戏（费伯出版社自己的填字游戏）之后才继续写这封信。

整个20世纪30年代里，费伯出版社的圣诞季书目中都会附带一份填字游戏。因此，按我对上一段文字的理解，这项游戏的设计者就是杰弗里本人。

---

[01] 艾尔弗雷德·哈考特（Alfred Harcourt），纽约“哈考特–布雷斯–豪”出版社（Harcourt, Brace and Howe）的创始人之一，威尔·豪（Will D. Howe）退出后，该出版社更名为“哈考特–布雷斯”。

[02] 这是阿道夫·希特勒在1938年10月9日的一次讲话中提到的，称这些人希望发动一场战争。

艾莉森·厄特利[14]写给查尔斯·斯图尔特的信 1938.10.25

我给你寄了一本不同寻常的童书。小孩子可能很难理解书中女主人公从一个世纪到另一个世纪这种穿越时空的线索，但我想12岁左右的女孩儿估计能够理解这些情节，虽然情节略显曲折。

1939年初，费伯出版社终于宣布要将詹姆斯·乔伊斯自1930年起陆续发表节选的作品结集出版。至于书目简介，自然要由T. S. 艾略特来写。

费伯-费伯出版社书目，1939年春季

《芬尼根的守灵夜》(*Finnegans Wake*)
詹姆斯·乔伊斯

(此前书名为《未完成作品》)
现代最伟大的作家之一，花费16年的心血完成了一部作品——此书在创作期间比以往任何一部英国文学作品引来了更多口头与书面的热议。既然如此，作为这部作品的出版方，我们认为已无须赘言——无论何时面世，它都将是最受瞩目的那颗明星。

一台略虚焦的相机捕捉到了一个历史性的时刻：初级编辑艾伦·普林格尔把《芬尼根的守灵夜》第一部的校样交给了 T. S. 艾略特。

查尔斯·斯图尔特写给艾莉森·厄特利的信 1939.1.10

很抱歉在《撒克尔斯的秘密》(*The Secret of Thackers*)上拖了这么长时间。手稿我们已经读过了，也很中意。但作为一本给年纪稍大的小女孩看的读物，它超出了我们通常擅长的领域，因此我们也咨询了旁人的意见。

这位审稿人和我们一样喜欢这本书，但认为某些方面还可以改进。这位审稿人的报告和建议我们认为很有价值，因此我特意给您寄去了一份，并很愿意听听您的反馈意见。希望您也赞同此书需要进行一些修改。等改好了以后，我们很乐意再看一遍手稿。

玛丽·斯托普斯是著名的节育和女性权益倡导者，同时也是一位诗人。她把《献给年轻恋人的情歌》(*Love Songs for Young Lovers*)投给费伯，收到的却是杰弗里的一封退稿信，信中似乎完美地概括了他自己出版事业的发展历程。

杰弗里·费伯写给玛丽·斯托普斯的信 1939.1.20

最初创立这个出版社的时候，我雄心勃勃地想让它博采众长。碰巧我的主要交际圈子就是由所谓的“高级知识分子”(但这种称谓通常十分不公平！)构成，出版社最初便自然是朝着这个方向发展的。那种调调后来以惊人的速度变成了一个标签——而且是需要花很多时间、费很大劲儿才能刮掉的黏性标签。不过，现在我已经把大部分都刮掉了；如果说这种标签在费伯出版社出版的各种散文中还残留下什么痕迹，那就是我们总体上设定了一个高标准——而不是所谓的“高级知识分子”的标准。(这是两个完全不同的概念，你一定也赞同！)

但在诗歌中就不一样了。那片天地里，我们面临着诗歌世界本身的二分法，这一现象属于这个不安定的战后过渡时代——或许也属于战前时代。战争过后的日子里，诗歌出版几乎成为泡影。风格独特的现代派由此开始逐渐站稳脚跟；基于我与T. S. 艾略特的友谊，费伯出版社有幸成为艾略特、斯彭德、奥登等人作品的出版方，我本人也与他们建立了非常特殊和密切的联系。咱们上次见面的时候，我曾向你坦白过自己以前的志向是写诗。但战后我的才华(原本就并不出色)开始萎缩。究其原因，与其说是我自身的变化，不如说是这个世界的变化，以及年轻一代世界观的变化——诗歌在首次创作和发表时永远需要获得他们的认可。几位颇具代表性的现代派诗人所选择的方向迥异于我会走的路。即便如此，我也已经逐渐认可——虽然并非绝对认可，而是与当下的特定时期有关。另外我也察觉到，出版这些诗歌不仅有助于我加深对它的理解，而且以某种奇怪的方式实现了我自己当初受挫的抱负。

这便是我们选择从事现代诗歌出版的初心。但不久之后，这项事业果然就蒙上了商业的色彩，并成了社里业务中的一个重要部分，时至今日已经相当重要。而且没过多久我就发现，这个标签算是撕不下来了。我时常也尝试给诗歌书目赋予更全面的特色——但从没有成功过。我们的读者将跟随我们去往一个方向，却不会跟随我们去另一个方向。此外还有一点很危险——费伯出版社自己的作者（我是指那些诗人）也会非常密切地观察我们的一举一动。

伦敦霍尔本行政区的空袭预防组织负责人写给查尔斯·斯图尔特的信 1939.2.24

基于我昨天来访看到的情况，关于你们那栋楼里最佳避难所的选择，我认为应该就地下室天花板各个部位的问题咨询一下建筑师。

为了承受爆炸冲击造成的楼房倒塌，应将天花板最坚固的房间用支撑物再加固一下。另外还需设置多个可用的出口，地下室的那些大窗户最好也能安上可拆卸的钢制百叶窗。

艾莉森·厄特利写给查尔斯·斯图尔特的信 1939.3.8

我已经重写了这本书的大部分内容，并根据您的合理建议进行了修改，希望现在的成果能够令人满意。我将书中原来的“现代时期”改设在1900年左右，还添加了“序幕”和“尾声”，相信效果会有本质的提升。

我自己是满意了不少。也很抱歉又拖了这么久，但这个活儿的确不轻。

……

我建议用“时间旅行者”作为书名，如果这名字还没有被人用过的话。

查尔斯·斯图尔特，费伯出版社的四位首席理事之一，昵称为“小妖精”（The Goblin）。

杰弗里·费伯，日记条目，写于泰·格林乡间小屋 1939.4.13 星期四

今天是13号。我正在刮胡子，弗兰克就挑了这完美的一天发来电报："意外收到哈考特-布雷斯出版社发来工作邀约须立即与你商量"……我知道那是什么意思，也在电话里确认了。弗兰克坐了趟下午的火车赶来。他进门之际，我正在修剪蔓延到草坪上的冷杉枝杈。来到书房里，我仔细了解了详情——他要去纽约，薪水至少12 500美元（额外杂费支出另算），主要负责编辑方面的工作，理事一职也是板上钉钉的。时间大概在7月。我不能说"不"，也不能建议他"别去"。但这样一来，我就要身兼数职——出版商协会主席、万灵学院的财务管理员，再加上我日常社里的工作，现在还要管弗兰克的那一摊事儿——眼下这一切足够让我崩溃。但无论如何，人总要学会收拾残局，从头再来。至于弗兰克，当然正如他自己所言，这样的好机会如今在任何地方的出版行业中都是凤毛麟角。他从业多年，已渐生疲倦；我和他一样，都需要重振精神。只不过，他的药方里有士的宁，但我的好像全是溴化物[15]！

杰弗里·费伯，日记条目 1939.4.14 星期五

早上我和弗兰克谈了一次，他十分赞同我请一位私人秘书，而且首选就是艾伦[01]。我想比尔会欣然接受的，这样可以让艾伦有个机会出来锻炼锻炼。今天早上——或许是因为愉快地想到艾伦可以来给自己做伴了——我感觉眼下这一切自己还是应付得过来

[01] 艾伦·华特，经纪人威廉·（"比尔"）·华特之子。

的。伊妮德则认为把艾伦招过来是个错误的选择——说他只会坏事儿，但最后她还是想通了，开车把弗兰克送到了兰彼得。

但即便有了这个解决方案，也不能回避一个事实——弗兰克的离开对我们是最沉重的打击。于我本人而言或许有一定益处，但破坏力仍是巨大的——不仅所有事都不方便，还让大家发现，原来没有一个锚是靠得住的。但我不能对弗兰克说这类话。如果我站在他的位置，也有他那份胆量，我会像他那样去处事，只不过从此以后，我绝不再想当然地认为任何形式的关系都如表面那样简单。不过，还是要往好的方面想！我必须更加打起精神来处理工作，经营好自己的事业，拿回命运欠我的另一半战利品。唯愿我不是已近天命之年，身上的担子也没有这么重。

杰弗里·费伯，日记条目 1939.4.17 星期一

先开了理事会议，我们决定，如果莫利·肯纳利愿意往公司投资 5 000 英镑，我们就请他担任理事一职。然后是市政委员会的问题。再然后晚上去见了艾伦。他一上来就告诉我，对于我之前的询问，他的回答是否定的——也就是说，他不会或者不能来给我当秘书。我们简单在俱乐部吃了顿饭，吃得也不是太好。然后去看了艾略特写的戏《家庭团聚》。尽管我对制作和选角持很多保留意见，竟仍被它打动了——此剧显然很符合我当下的心境。由此跟艾伦相互解释了一番后，我带着更沉重的心情（反正是没有更多的智慧），回家睡觉了。

杰弗里·费伯，日记条目 1939.4.20 星期四

莫利·肯纳利拒绝了，说他不能破例走这种捷径。那就这样吧。

我们再想别的办法。

办法后来算是找到了——由弗兰克·莫利继续担任理事，而莫利·肯纳利则被任命为他的“副手”，有权在弗兰克无法参加会议时投票（其实也就意味着全部会议，因为弗兰克搬到美国去了）。

杰弗里雇用了一系列的秘书，其中值得一提的是从1940年到1951年在任的康斯坦斯·谢尔顿，他把此前支付给弗兰克的那部分钱用来为自己和理事会的其余人员加薪。然而，正如杰弗里在日记中承认的那样，事实上他现在必须重振精神、兢兢业业才行。

T. S. 艾略特写给杰弗里·费伯的信 1939.5.11

前一段时间我好像向你暗示过，这个图书委员会制度有点过火了。要是你能接受一个更像拉达曼迪斯[16]的角色（我认为你很适合，只是你自己没意识到），我随时欢迎新的安排。虽然刚开始可能有诸多不愉快，但总会熟能生巧，我也相信最后能让每个人都更加满意。

与此同时，杰弗里在政治领域的关系正把他引往新的方向。他本人从未放弃成为一名保守党议员的夙愿，如今通过出版商哈罗德·麦克米伦和伊妮德的堂兄拉布·巴特勒等人的牵线，他又收获了额外的人脉。他甚至开始提出尝试由费伯出版社代表保守党中央办公室出版书籍。基于这些因素，再加上与德国的另一场战争临近，出版社似乎进行了一次对间谍活动的短暂尝试。

杰弗里·费伯，日记条目 1939.5.4

下午里克曼打来了电话，用一张150英镑的支票结算了他《瑞典的铁矿石》一书的出版费用——这是一项极其微妙的特勤局业务——一个聪明的家伙，也是一场有意思的游戏。

据互联网资料显示，英国军情六处特工阿尔弗雷德·里克曼 1940 年因在瑞典（中立国）携带大量炸药被捕，随后被判处 8 年苦役。估计他原本是打算破坏用来装载运往德国的铁矿石的起重机，而那本书或许使他能够以从事调研的记者身份先行进入瑞典。费伯出版社在其中扮演的角色似乎仅限于出版此书。在费伯出版社的档案中，我唯一能找到的其他线索是迪克·德·拉·梅尔 1958 年 11 月 27 日给杰弗里的一封信（见下文）。

对里克曼的那本书，费伯出版社会在 1939 年的秋季书目中保留一份不痛不痒的介绍。而在此之前，他们终于有机会推广一些绝对更有意思的作品了。

<u>费伯-费伯出版社书目，1939 年秋季</u>

《老负鼠的猫经》（*Old Possum's Book of Practical Cats*）
T. S. 艾略特

自我们宣布艾略特先生的儿童诗集《小笨狗和小乖猫》即将问世以来，已三年有余。

有些读者抱怨说他们无法从书商那里买到此书，或干脆指责这一作品根本就是我们凭空想象出来的。

……

懂得细心鉴赏的读者会注意到，现在正式宣布要出版的这册书不仅是专门讲猫的，而且与未出版的那册相比，其书名增添了大量的感情色彩。这些猫不是用来当宠物的可爱小猫咪；它们都是很实用的猫。

……

《瑞典的铁矿石》(*Swedish Iron Ore*)
A. F. 里克曼

里克曼先生这本关于瑞典铁矿石工业的图书是我们现代经济专题里的一部新作……顶尖技术人员的意见表明，此书将填补业界的一个空白，而里克曼先生正是来填补这一空白的作者。

T. S. 艾略特写给伊妮德·费伯的信 1939.7.12

关于《老负鼠猫经》的致谢部分，我打算写这么一段：

“作者衷心感谢几位朋友的建议、批评和鼓励，特别是汤姆·E. 费伯先生、艾莉森·唐迪小姐、苏珊·沃尔科特小姐和‘穿白鞋套的绅士’。”

(大概有两三首诗就是为第二位所作。第三位是我在美国的一个小侄女，她以为是给她写的。)然后我才想起来，汤姆也慢慢长大了，或许还不太乐意自己的名字跟其他那么幼稚的孩子放在一起呢。

T. S. 艾略特写给杰弗里·费伯的信 1939.7.27

我其实满心希望这些“猫”能凭自身的魅力活出精彩，而非只靠 T. S. 艾略特的光环。我本想要求匿名出版，但这对出版社不太公平；虽然此书针对的是一批全新的受众，但我恐怕也无法抛弃之前的老读者。

其实他完全不需要担心。尽管《老负鼠的猫经》一书于当年 10 月 5 日出版，首印只有 3 005 本，但威廉·克劳利很快就会打上报告来说“猫儿们的销路整体还不错”。

杰弗里·费伯在《出版社通告与书商纪要》中的发言 1939.8.12

大公司表示打算保留他们收购的那些小型出版社的出版书目。但我很怀疑这种操作能持续多久。即便出版书目可以保留，你定会不可避免地抹掉个体出版社的特色及其主人的个性与品位。

到此，本章就该结束了。但在结尾处，我并没有宣布战争开始，而是放上了杰弗里的一项主张——独立自主对于保持个性至关重要。

译者注

1 即 T. S. 艾略特。其名字中的 T 即为 Thomas 的缩写，而 Tom（汤姆）则是 Thomas 的昵称。

2 塞西尔·戴·刘易斯（1904—1972），英国桂冠诗人。

3 Heaviside Layer，原为气象科学的专有名称，为距地面约 90 至 150 千米处的电离层，以科学家奥利弗·希维赛德命名。以艾略特的诗歌为基础创作的音乐剧《猫》中，情节便围绕一群猫争相前往云上之路（“go to the Heaviside Layer”），来比喻重生。

4 《夜林》(*Nightwood*) 是明确描绘女性同性恋的早期著名小说之一，创作于 1936 年，最初由费伯出版社在伦敦出版。

5 卡尔·冯·奥西茨基，魏玛共和国和纳粹时期的德国记者、作家、和平主义者。于 1933 年被纳粹德国囚禁于集中营，1936 年获得 1935 年度的诺贝尔和平奖。

6 西欧的一个历史地名，泛指古代尼德兰南部地区，位于西欧低地西南部、北海沿岸，包括今比利时的东佛兰德省和西佛兰德省、法国的加来海峡省和北方省、荷兰的泽兰省。

7 美国著名出版商，也是美国出版业翘楚兰登书屋（Random House）出版社的联合创始人。

8 劳伦斯·达雷尔（1912—1990），英国小说家、诗人、剧作家。

9 该书于 1938 年由法国巴黎的方尖碑出版社（Obelisk Press）首次出版。

10 劳伦斯·达雷尔的小说四部曲，于 1957 年至 1960 年间陆续出版，分别为《贾斯廷》(*Justine*, 1957)、《巴萨泽》(*Balthazar*, 1958)、《芒特奥利夫》(*Mountolive*, 1958) 和《克莉》(*Clea*, 1960)。该四部曲描述了“二战”前亚历山大市的城市文化生活，前三本书取得了重大的商业成功。

11 全名为查尔斯·珀西·斯诺（1905—1980），英国科学家、小说家。

12 梅休因出版社（Methuen），1892 年起在伦敦经营出版业务。

13 《旗帜晚报》(*Evening Standard*) 是伦敦一家创办于 1827 年的免费日报，涵盖政治、商业、体育、娱乐、生活、旅游等领域的国内和国际新闻，国内侧重以伦敦为中心。

14 艾莉森·厄特利（1884—1976），英国作家，代表作有《小灰兔和山姆猪》儿童系列读物。

15 士的宁（strychnine），医学上常作为中枢神经系统的兴奋剂使用。溴化物（bromide）则因为有抑制大脑中枢神经的作用，成为传统安眠药的主要成分。

16 拉达曼迪斯（Rhadamanthus）是希腊神话中主神宙斯和欧罗巴的儿子，相传死后做了冥界的判官，专门惩罚罪人。

第四章

1939—1945

“浪尖上驰骋”

1939年9月3日的宣战早已在人们意料之中。物质上的准备已经持续了一段时间，而本章开头将要提到的那份未注明日期的备忘录，极有可能在本书更前面的部分就该出现了。因此，那场“假战争”的最初几个月可谓是一种“反高潮”——对于费伯出版社来说是如此，对于整个国家来说亦是如此。即使在下文的摘录中，也有一种出版社正在为即将到来的日子未雨绸缪之感。

虽然据我所知，并没有费伯出版社的员工死在一线，但当战争于1940年春天真正开始时，带来悲剧之余也造成了巨大的困难——想征召年轻一些的雇员不那么容易了，纸张配给收紧，倒是增加了额外的税和保险费，还有头顶落炸弹的危险——但这一切带给费伯出版社的总体影响却令人颇为意外：社里的业务蒸蒸日上。公众仍然需要娱乐，而阅读恰是少数几个停电之后照样可以进行的消遣之一，市场上对书籍的需求由此急剧增加。与此同时，纸张的配给制意味着书籍出版也难免要按计划配给，而这显然颠覆了图书生产的经济学规律。通常对于出版一部书时具体印多少册，杰弗里和董事会需要先在心里有个数——要是印多了，库存要好几年才能卖完，而且前提是能卖完，但在定量配给的情况下则不然：战争期间，社里出版的每一本书几乎都能找到销路。

尽管费伯出版社跟其他出版商一样，都面临着上述所有情况，但它偏偏比别家获益更多。作为一家相对年轻、铆足了劲想要拓展业绩的公司，费伯出版社仍然具有那股子创业期的冒险精神，懂得充分利用战时条件，不仅很幸运地躲过了空袭，也出版了一些对路子的书。迪克·德·拉·梅尔在战前筹划了一批农业类书目，眼下也终于在这个正盘算自己种粮食的国家里找到了现成的市场。而那些渴望获得更多信息的读者，更是纷纷来淘阅费伯出版社出版的与战争相关的书目。

然而对于费伯出版社来说，最心塞的一点是所有这些成果没能转化成为真金白银。明面上，不允许企业发国难财，而政府自然也需要获得一切可用的资金来打那场正酣的全面战争。《1940年财政法案》规定，“超额利润”应百分百上缴国库；“超额”的定义则是参照战前正常情况下多出来的利润。而费伯出版社在20世纪30年代的利润并不高，因此几乎所有的利润都当税交了上去；由于杰弗里实际上是这家出版社的拥有者，他甚至无法给自己开更高的薪水。

因此，跟战时的英国同胞一样，杰弗里在没有额外收入的情况下更加卖力地工作。但这份兢兢业业的工作态度不仅是因为在弗兰克·莫利去美国之际他接手了大量的业务要监督，还出于他承担着另一个角色——英国出版商协会主席。战争的头一年里，他代表英国出版业与政府部门进行了一系列的斗争。斗争的高潮则是他个人取得的一项伟大胜利——如果说杰弗里这辈子有一项成就，能让每一位图书贸易从业者和每一位读者至今仍然有理由感谢他，那便是他推动了书籍战时购买税的豁免，该税种即是后来的增值税。

ff

关于新建永久性防空洞，致全体员工的备忘录

地下室新造的永久性防空洞目前已建成可用，故煤窖不再使用。

现在有了全新的避难所，大家应在下方列表中找到各自的位置，并熟悉避难所地点。很快将进行一次空袭演习。

亚瑟·斯特里特是一位农民，他通过写作来增加收入，是费伯出版社当时最重要的作家之一，代表作为其1932年的作品《农夫的荣耀》（*Farmer's Glory*）。

杰弗里·费伯写给亚瑟·斯特里特的信 1939.9.12

大家基本都相信，只要技术上的困难对我们来说不是太大，随着战争的推进，出版业一定会做得越来越好。虽然很难预估在不久的将来，也就是说在今年剩下的日子里，会发生什么事情。目前整个图书贸易市场的销售商都战战兢兢、紧张兮兮，也无力承担任何风险。这是很自然的，毕竟他们的客户分散在各地，而正常的分销系统也出现了混乱。但这些困难都是暂时的，船到桥头自然直。还有另一件事情也让人害怕——如果空袭预防措施保持目前的状态，那么随着下午营业时间缩短，购物时长也肯定会受到影响。如果你在灯火管制开始后来过伦敦，你会意识到天黑后上街就是一种冒险。至于我自己，我刚买了一辆自行车，昨晚冒着生命危险骑了几圈。这是我自1914年以来第一次骑自行车。

杰弗里·费伯写给乔治·布莱克的信 1939.9.20

作为出版商协会的主席，我已经在许多涉及战争的事情上殚精竭虑，特别是那个《战争风险保险法案》[01]，让我寝食难安！“费伯伯”[02]的业务正稳步向前推进。有一段时间大家手头的生意都很不错，特别是过去几天里有一定的复苏，但没有人知道这种状况能持续多久。随着冬天临近，我们都害怕空袭预防措施会大大抑制民众逛街消费的机会和热情。除非政府采取更明智的行动，否则成本再这样涨下去，大家的日子都会变得更难过。

T. S. 艾略特写给弗兰克·莫利的信 1939.10.14

眼下杰弗里被出版社协会的重担压得喘不过气来，也正是在此时此刻这个问题才第一次显得这么严重——关键是还没有人能帮他分担一点。不过他现在每天都骑自行车去办公室，然后再骑回家，而且神采奕奕。

---

[01]《战争风险保险法案》(1939)规定，所有持价值1 000英镑或以上存货的交易商必须在头三个月投保战争险，初始保费为存货价值的1.5%。而由于书籍的交易流动相对缓慢，出版商受到的冲击尤为严重，而且出版商协会的成员之间并没有就此种投保方式达成共识。参见R. J. L. 金斯福德，《1896—1946年出版商协会》，剑桥大学出版社，1970年。

[02] 原文为Fabbaf，是费伯出版社的电报地址。该名也由此成为社里人对公司的内部昵称。

杰弗里·费伯，日记条目 1939.11.9 星期四

跟艾略特和梅纳德·凯恩斯[1]吃的午饭——我之前从未见过凯恩斯。午饭前后都躺在沙发上。挺喜欢他，还有他的妻子莉迪亚·乐甫歌娃[2]——娇小精明，有些饱经风霜了，但性子直来直去，也很护着自己的男人。凯恩斯推荐了罗伊·哈罗德来给我们写战争评论，出版成图书，而不是杂志。凯恩斯还告诉我们，政府已经花了几百万英镑试图关闭那些高炉[3]！

C. P. 斯诺写给杰弗里·费伯的信 1939.11.15

我言出必行，关于我那本长篇小说我已经写了一些评论。

关于时代：我构思的时候是把大崩溃定在1919年的，各种事件可以轻松设定在1919年至1939年发生。

杰弗里在1938年向斯诺抛出去的诱饵终于见到了成效。上面那封信中，后者正向他推介自己“陌生人与亲兄弟”11部系列小说中的4部［这里头还包括《院长》[4]（*The Masters*），尽管此书是11部中出版的第5部］。他或许是杰弗里为费伯出版社拉来的小说家中分量最重的一位。

弗兰克·莫利搬到纽约后，还与杰弗里保持着定期通信。两人成了亲密的朋友，莫利在费伯出版社的理事一席也得以保留下来。这也导致杰弗里写给他的信中出现了大量包含私人和工作两方面的消息与想法。彼时杰弗里的女儿安和艾伦·华特之间的恋情正不断升温，而另一方面姑娘还想去牛津大学上学。下面这封信中，杰弗里就提到了对此事的看法。

杰弗里·费伯写给弗兰克·莫利的信 1940.1.8

我不想再叨叨关于战争的那些破事儿了，只是有一点值得重申——我越来越坚信，不久后定会出现一场政府层面的剧变。

每个人都不得不跟形形色色的官僚主义桎梏做斗争——多丽丝·斯塔普隆[01]昨天还在这儿抱怨农业部和粮食部不精诚合作，不过考虑到审查，我在这里就不详细讲了。就像梅纳德·凯恩斯对艾略特和我讲的：问题是整个国家的行政体系曾经有整整一年的时间来做准备，现在却搞成这个样子！

至于民众的普遍情绪，目前很难说存在什么特别有意思的或重要的。大家好像逐渐把战争当成了平素生活的一种背景，都习以为常了，也没什么好大惊小怪的。人们已经习惯了停电，习惯了疏散，习惯了汽油短缺（我是指供私人使用的部分；因为这个国家根本不缺汽油，那些希腊来的油轮都被迫滞留在港口，因为所有的油库都满了）。经历了糟糕的 9 月之后，我们（费伯出版社）度过了一个美好的秋天，这一年的成绩也肯定相当不错。莫利（肯纳利）今早给我写信，说 1 月开局形势就不妙——7 先令的所得税一交，我们再没有什么可奢望的了！

……

艾伦的事情似乎是认真的——至少艾伦本人对这件事是认真的，可我们就是捉摸不透安的心思，也不知道她到底是不是真的明白什么叫恋爱，以及到底是艾伦会打败牛津大学，还是牛津大

[01] 多丽丝·斯塔普隆嫁给了农业科学家乔治·斯塔普隆爵士，后者的著作《土地之路》（*The Way of the Land*）由费伯出版社于 1943 年出版。

学会打败艾伦！艾伦这个月要接受一项委托，他圣诞假期大部分时间都会在这里度过。

1939年1月，W. H. 奥登与克里斯托弗·伊舍伍德一同离开伦敦去了纽约。此举被许多留下来的人视为一种背叛，故而T. S. 艾略特有了下方信中的那种语气。

T. S. 艾略特写给弗兰克·莫利的信 1940.3.12

首先，有传言称，奥登在哈考特-布雷斯出版社找到了一份审阅的工作，我很想从那里得到对这一传闻的证实。毕竟大家都觉得纽约是个小地方，你肯定时常有机会接触他。正如你可以想象的，目前奥登的情况在这里还不太明朗，我不清楚这一变化是否对他作品的销售情况有影响，如果有影响又会在什么时候发生。我们刚刚从兰登书屋拿到了他的新书样册；我带着挑剔的眼光看了一遍，感觉是一部很值得出版的作品，我们应该接着往下进行。

杰弗里·费伯在万灵学院写给弗兰克·莫利的信 1940.3.17

这么说吧，弗兰克，很难想象战争已经进入第7个月了。至少对我来说，一切都如白驹过隙——我想是因为我有太多的事情要做。明天就是出版商协会的年度大会，我两年的任期业已过半。而我在这里担任副院长的两年任期昨天倒是结束了——感谢上帝！我现在可以选择去自己喜欢的地方吃饭，可以和年轻人交谈，而不需要整晚整晚地陪在亲爱的老院长身边。

……

战争之初，院长和另外一两个清教徒迫使学院放弃了晚礼服和其他繁复细节。但现在我很高兴地宣布，这所学院已经恢复了

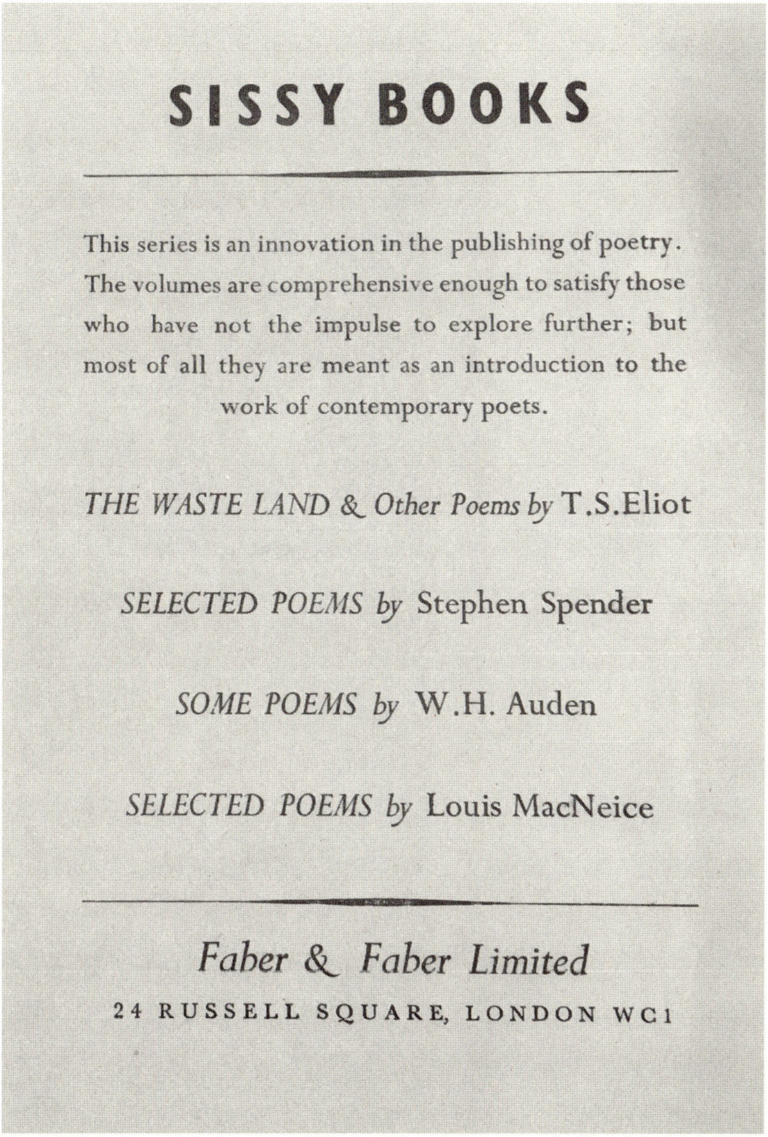

SISSY BOOKS

This series is an innovation in the publishing of poetry. The volumes are comprehensive enough to satisfy those who have not the impulse to explore further; but most of all they are meant as an introduction to the work of contemporary poets.

THE WASTE LAND & Other Poems by T.S.Eliot

SELECTED POEMS by Stephen Spender

SOME POEMS by W.H. Auden

SELECTED POEMS by Louis MacNeice

Faber & Faber Limited

24 RUSSELL SQUARE, LONDON WC1

奥登决定赴美国等待战争结束，对于此事，从这份恶搞的封面我们似乎也能一窥彼时出版社中某人的反应。

正常——部分还是得益于我的一些巧妙策略。昨晚财务处照例举行了晚宴，有香槟等等。当然，菜品减少了。我们现在改在周六和周日吃晚宴。

从1930年起，杰弗里以每年一封信的方式向两位外部股东汇报情况。

杰弗里·费伯写给史丹利·罗宾森的信 1940.4.19

很抱歉今年这么晚才把费伯出版社1939年的年度报告弄出来，主要原因还是战争拖慢了我们审计人员的进度。但作为对这一拖延的补偿，我们准备提议发放2.5%的小额股息。

……

我多希望能向你保证，这会是繁荣的开始。如果不是因为战争，一定可以实现；但如今随着成本增加而收入减少，再加上纸张严重短缺，恐怕我们的期待不能太高，只能说基本维持这一水平。但无论如何，人们还在买书。因此可以说纸张问题目前就是我们的最大威胁。

随着德国入侵法国和低地国家，这场虚假的战争在5月10日那天结束了。同一天温斯顿·丘吉尔成为首相——内维尔·张伯伦在挪威战役失利后被迫辞职。一周后，也就是杰弗里开始给弗兰克写信之际，德国人（信中均以法语口语“Boches”称呼）已经突破了盟军的防线；而等到5月20日信写完时，他听见了法国将军莫里斯·盖米林5月17日发布的那则臭名昭著的“当日命令”（Order of the Day）：“每个守军都必须抵抗到底，宁可被杀也绝不后退！”被包围的英国远征军则正在向敦刻尔克撤退。

杰弗里·费伯写给弗兰克·莫利的信 1940.5.17

很难想象150千米外的状况。我还是住在那间老房子里(只不过它现在是明亮的淡黄色，而不是惯常那种脏兮兮的绿色)，太阳从后面照过来，学校大楼新建的那一侧成天发出施工的噪声，只有从那些闪亮的防空气球[5]和我的防空袭窗帘[6]才能看出一丝不对劲。我们到底能不能控制住那帮德国佬？下次再告诉你答案。

……

我相信我们(费伯出版社)出不了什么大岔子，除非一切都开始走下坡路，否则从目前业绩增长的势头来看还是很不错的。当然，比起去年是差远了——特别是在新书方面(库存书目卖得挺好)，整个行业正面临几个重大危机。千万别拿纸张短缺的问题乱开玩笑——这件事情开不起玩笑，除非你有能力力挽狂澜。但好在下了一番苦功夫之后，我们似乎让当局逐渐意识到，书和纸袋子是不一样的。另一个噩耗就是新出台的购买税——税率仍未确定，但肯定不会少。看起来这玩意儿会彻底毁了整个图书贸易，而我们还得从头把所有道理向财政部、海关、税务委员会以及其他一些部门再解释一遍。过去的三到四周里，我写了3本关于出版行业的小书(备忘录的形式)——一本是为劳工部写的，一本给出口委员会，还有一本给财政部。说真的，在这场战争中担任出版商协会主席简直是一项全天候的差事，甚至还不止。但大多数人都表现得很友好，充满感激和忠诚，让工作好做很多。实际上我们现在已经掌握了那231家图书出版商(除了拒绝参与的布莱基和索恩出版社[7])在国内外的交易总额。总计近11 000 000英镑，其中近4 000 000英镑在海外。我这也不算泄露什么秘密，因为这些数字都在《书商》里面白纸黑字印着。

日子一天天过去，那群老家伙还守在慕尼黑之战那天的位置纹丝不动，让人开始尝到绝望的滋味。挪威惨败是我们迄今为止最好的运气了——多亏了不幸的挪威人，我们才能在关键时刻实现政府的更迭。苍天啊，真是好险。你还记得我开头提到政府会在去年圣诞节前倒台吗？虽然有点离谱，但话说回来，我们当时还预计炸弹会落下来，而结果也并没有。那些预测基本上是对的——不可能有那么多人能在这第一次真正的糟糕境遇中幸存下来，而在挪威和荷兰之间刚好还有足够的时间留给我们[8]。

我想不久后炸弹就会真的落下来。

……

至于其他日常琐事，艾略特挺好的，也不打算去意大利了，感谢上帝。肯纳利一家也和往常一样，今晚会跟我们一起吃饭。斯图尔特眼下正干着两个人的工作，而且似乎很享受这种半单身状态的生活（艾格尼丝和孩子们被疏散到了别处，他只有周末才和他们一起过）。约翰·海沃德这段时间都在罗斯柴尔德处，我与他失去了所有联系。另外，米林顿夫人[01]仍然是我的力量源泉和精神支柱。

爱你们所有人

杰弗里·费伯

加笔 5.20 星期一

前面的内容是我上周五晚上写的，后来就放在社里没动；等

[01] 米林顿夫人，在后来的一封信中被称为“米莉”，是一位盲人按摩师，杰弗里对她非常信任。

到今天星期一早上我再回来提笔，似乎先前讲的已经落后于时局了。我们周五开了个晚宴。

……

乔治·马尔科姆[01]把周五未发布的媒体警告批得一无是处；（顺便说一句，关于比弗布鲁克[9]对飞机制造业和公务员队伍的巨大影响，他也觉得极有意思、令人捧腹。）所有人都走了之后，我打开了午夜新闻。这时候突然听到英国广播公司（BBC）的广播里，播音员正用那标志性的死气沉沉的声音播报英国远征军已撤出布鲁塞尔的新闻；还有盖米林的那条“当日命令”的内容。入睡前，我心里盘算着最坏的情况——既有远虑也有近忧。毕竟这才过了两天半呐，最糟糕的日子估计还在后头；但过去的这个周末对我们大多数人来说已经颇为震动，我猜对美国的效果也一样。你昨晚听到温斯顿的广播讲话了吗？那才是正确的方向——起码我和伊妮德是这么认为的。

意外地在牛津度过了周六和周日，跑到“帕森的欢乐时光”[02]洗了个澡，还碰到了很多本科生——当然了，这很正常，因为按照征兵计划他们有了不少休息时间（尽管被缩短了）。

杰弗里·费伯写给弗兰克·莫利的信 1940.5.24

这封信里不会提到跟战局有关的事情。

我给你寄了 C. P. 斯诺两本小说的副本，一本是《陌生人与亲

[01] 乔治·马尔科姆·汤姆森是一位苏格兰作家，他曾帮助建立了海豚出版社，但在信中提及时他已是伦敦的一名记者。

[02] “帕森的欢乐时光”是牛津大学里查韦尔河上一个仅供男性裸泳的隐蔽区域。

兄弟》(*Stromgers and Brothers*)，另一本是《马奇先生一无所有了》(*Mr. March Loses His World*)，希望哈考特–布雷斯出版社考虑一下。

……

在我看来，斯诺绝对是一位有前途的小说家，我就不信这些小说不能让他跻身明星作家的行列。

这两部小说后来以另外的书名在英国出版，但在哈考特–布雷斯）那边吃了闭门羹。

杰弗里·费伯写给弗兰克·莫利的信 1940.6.9

很高兴收到你5月22日的来信。这几天我一直把它揣在身上，直到有工夫给你回信。现在我终于有了一个好借口，在饱食一顿午餐（冷鸡肉、火腿、芦笋，还有两种土豆、黑加仑馅饼、奶油、冰激凌和苹果酒）之后，躲到岳母家一间凉爽的屋子里头去。我可能会在写完一两页后就开始打瞌睡。天气实在太热了，感觉快打雷了。天哪！或许我不该说那话，也相信审查员不会因此而扣留这封信。眼下我动笔时正值万灵学院周末（即昨天早上）召开的6月会议的尾声，一会儿喝完茶就开车回汉普斯特德。

……

关于法国战役没什么好文章。我想再过一周，或者再过两三天，大家就会知道最坏的情况了。

……

书市的情况还不错。5月的业绩绝对是好的；6月在经历了一段时间的不顺之后，表现得也差强人意。许多新书根本卖不出去——大家都想知道，这些新书是否终究会慢慢卖掉，只不过花的时间会比过去更长。旧书依然畅销。当然，那些昂贵的书则不可能传得太广。我作为协会主席一直在进行艰苦卓绝的斗争……就纸张而言，我们争取到了对书籍的特殊待遇——相当于战前用量的 60%，再加上可能还有额外补贴用于教育类图书的再版，真是个振奋人心的成果。此外，图书出版商的编辑和制作人员在《保留职业一览表》[10] 中获得了 35 个豁免职位，这算是又一项成就，也是数月以来应付各种备忘录、调查问卷、信件和约谈的结果。第三个大目标则是让图书免于征收购买税，此事则依然悬而未决。

……

我本以为会写满这一页。既然没写完，我给你讲个格威内思 [01] 告诉我的小故事。当比利时人告密时，伯蒙德赛的女孩们都对她说："姐，看在上帝的分上，别再让我们为国家祈祷了。"

费伯–费伯出版社书目，1940 年秋季

《东库克》(*East Coker*)
T. S. 艾略特

这是一首与之前在《诗集 1909—1935》中发表的《烧毁的诺顿》(*Burnt Norton*) 长度相同、形式也相同的诗，作者将其称为"四重奏"之一。这两首以及至少另一首尚未写成的诗，意在形成一种序列。除了一出戏剧（《家庭团聚》）以外，这是艾略特先生 4 年来发表的第一首诗。

[01] 几年前，伊妮德·费伯的大姐格威内思·理查兹加入了伯蒙德赛的"时代与人才"（Time and Talents）组织。该项目将受过良好教育的伦敦妇女送往周边一些最贫穷的地区，以期能对其邻居带来有益的影响。她是一位非凡又可爱的女士。

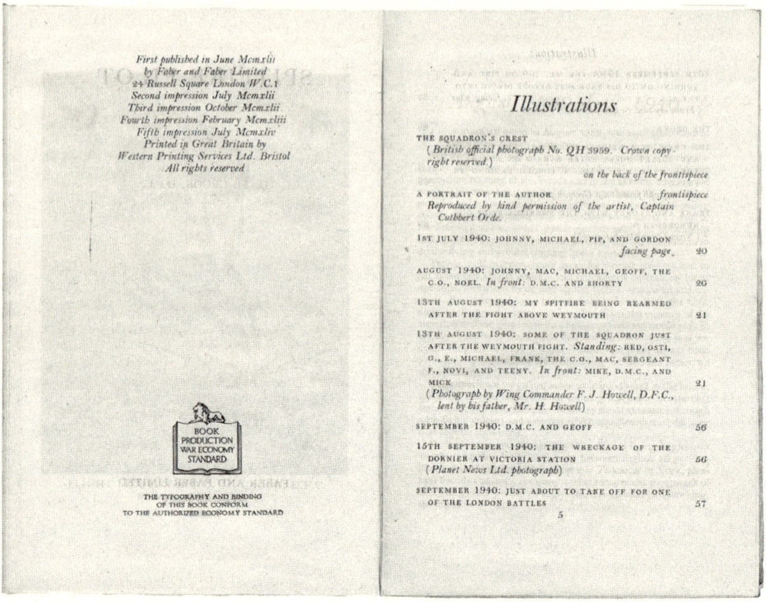

First published in June Mcmxlii
by Faber and Faber Limited
24 Russell Square London W.C.1
Second impression July Mcmxlii
Third impression October Mcmxlii
Fourth impression February Mcmxliii
Fifth impression July Mcmxliv
Printed in Great Britain by
Western Printing Services Ltd. Bristol
All rights reserved

BOOK PRODUCTION WAR ECONOMY STANDARD

THE TYPOGRAPHY AND BINDING
OF THIS BOOK CONFORM
TO THE AUTHORIZED ECONOMY STANDARD

Illustrations

THE SQUADRON'S CREST
(*British official photograph No. QH 3959. Crown copyright reserved.*)
on the back of the frontispiece

A PORTRAIT OF THE AUTHOR *frontispiece*
Reproduced by kind permission of the artist, Captain Cuthbert Orde.

1ST JULY 1940: JOHNNY, MICHAEL, PIP, AND GORDON *facing page* 20

AUGUST 1940: JOHNNY, MAC, MICHAEL, GEOFF, THE C.O., NOEL. *In front:* D.M.C. AND SHORTY 20

13TH AUGUST 1940: MY SPITFIRE BEING REARMED AFTER THE FIGHT ABOVE WEYMOUTH 21

13TH AUGUST 1940: SOME OF THE SQUADRON JUST AFTER THE WEYMOUTH FIGHT. *Standing:* RED, OSTI, G., E., MICHAEL, FRANK, THE C.O., MAC, SERGEANT F., NOVI, AND TEENY. *In front:* MIKE, D.M.C., AND MICK 21
(*Photograph by Wing Commander F. J. Howell, D.F.C., lent by his father, Mr. H. Howell*)

SEPTEMBER 1940: D.M.C. AND GEOFF 56

15TH SEPTEMBER 1940: THE WRECKAGE OF THE DORNIER AT VICTORIA STATION 56
(*Planet News Ltd. photograph*)

SEPTEMBER 1940: JUST ABOUT TO TAKE OFF FOR ONE OF THE LONDON BATTLES 57

5

纸张配给制度意味着战时的库存书目只能印刷在非常薄的纸张上（薄到可以看见背面的图像），文字排版也极其紧凑。

杰弗里·费伯在泰·格林乡间小屋写给弗兰克·莫利的信 1940.8.21

看到地址你是不是很惊讶？按理说不应该。10年前我买下泰·格林是为了什么？正是为了在下一场战争中为家人提供一个避难所！不过的确，要是德国人打进来或者是一纸命令停战，我们可能就来不了了。但我们总算在7月底成功搬了进来，小迪克和小汤姆也得到了父母的庇护。安在约克郡照顾被撤离的婴儿，月底就会来跟我们会合。

……

伊妮德还是老样子；她要我转告你，她愿意跟你在伦敦的任何地方见一面。经过一个着实艰苦卓绝的夏天之后，我自己的生活现在处于一种停顿状态。只可惜，关于图书税大获成功一事，你的祝贺可能还为时尚早。

原来的购买税法案虽然已被撤回；但不久后又作为《财政法案》的一部分被重新引入。根据法案提议，政府应按批发价格的1/6对图书征税。要真是这样的话，我们大多数出版商就会像保龄球瓶一样纷纷倒下。毫无疑问，在最后关头我们还是被放了一马。当然这背后有着一连串的会议、演讲、信件和游说，对此我无从描述。就我个人而言，最后一次做工作是与坎特伯雷大主教和杰克·普里斯特利一起，在“委员会10号会议室”向大约100名议员发表演讲。

……

我……其实对于在图书税这件事情上的成绩并不怎么高兴。业界普遍认为这是我个人的一项重大成就，并将有力地巩固我作为主席的地位。这当然挺好；可苍天啊，弗兰克，在跟那帮公务员斗争了整整一年之后，我真的怀疑自己还有没有足够的精力来把握手头这些机会了。

至于业务上，我们（费伯出版社）或许会每况愈下，而我认为我们已经比大多数出版商强得多了。但现在书市的状况普遍很糟糕。伦敦以及沿海地区的图书销售都受到了严重打击，商业图书馆也一直在步步为营。尽管员工减少了，成本却增加了，管理费用也增加了，没有人手头有余钱可花。这一切都在我的预料之中，而当时大多数出版商还以为他们马上会迎来一段好日子呢。这次战争期间的经济情况与上次恰好相反，天知道什么时候是个头。如果战争持续很长时间，就会出现类似工业社会化的现象。你不能把整个负担都压在私营企业身上，否则就会扼杀它。

……

比尔是周五到的，要在这里待 10 天；不久后艾略特也来了。他们会有 3 天的交集，但汤姆叔叔表示并不介意。他在罗素广场的表现一直非常出色。其他人也都很优秀，但汤姆的“最佳表现”是相当特别的。今年秋天我们可能会派迪克去纽约——目标是卖书[01]。我们想通过这种方式挣到所有的钱——英国政府也是一样。莫利在这里度过了一个漫长的周末，大部分时光都很怡人。他可太需要这 4 天的休息了。我很欣慰地看到他在罗素广场工作很努力，也很出色。如果情况允许，我就在这儿一直待到 9 月 14 日——我想尽可能地养精蓄锐，为下一场任何形式的战斗做准备。

安妮·里德勒是一位诗人，20 世纪 30 年代曾在费伯出版社担任 T. S. 艾略特的秘书。尽管她在与费雯·里德勒结婚后搬到了牛津，但艾略特仍在继续出版她的诗歌，并以各种方式聘用她，经常就手稿问题征求她的意见。

安妮·里德勒写给 T. S. 艾略特的信 1940.8.29

你说的关于外国人的那些话，我听了也特别高兴。就像我朋友伯特霍尔德·沃尔普（最出色、最著名的字体设计师之一，他已经在这里生活了 5 年）这样的反纳粹难民，他 6 月被派往澳大利亚，离开 2 周后亲友才收到消息，对此我们能采取什么措施？政府会把他带回来吗？他母亲和妹妹要靠什么生活？

---

[01] 计划是派理查德·德·拉·梅尔前往纽约，尝试向纽约的出版商出售未装订的“费伯图书”。

杰弗里·费伯，日记条目 1940.9.26 星期四

一早接到斯图尔特的电话，说一颗定时炸弹就落在了办公室外面。开车去他家，我们在那儿开了一次战时会议。临时使用大罗素街 41 号；在空房间里向谢尔顿小姐口授了一两封信。开始把东西搬出罗素广场 24 号。回到牛津。

杰弗里·费伯，日记条目 1940.9.29 星期日

接到一连串关于汉普斯特德爆炸的紧急电话询问。被警告说明天不要回去，等到周二就安全了。

莫利·肯纳利拍摄的罗素广场上那个被未爆炸的炸弹砸开的洞。

杰弗里·费伯，日记条目 1940.10.1 星期二

与伊妮德和安一起开车回到汉普斯特德（女佣们坐火车回），却发现炸弹还没有被拆除。一个巨大的坑，上面装了井架。与皇

家工兵部队的人起了点争执，我们拒绝离开房子。

跑去伦敦买行军床等物件。我离开的这段时间里，他们开着卡车越过花园，在井架上拉起一根绳子，试图移走炸弹。结果井架倒塌，炸弹又落回了坑底。通用警报！但幸好没什么事，炸弹就留在原地，说等明天再来处理。

在“闪电战”中度过了在伦敦的第一晚。我睡女佣的起居室，伊妮德、安和女佣们待在防空掩体里。吵得不行。

杰弗里·费伯，日记条目 1940.10.2 星期三

办公室。开图书委员会会议。回到罗素广场时，定时炸弹已经被移除了。

下午一串炸弹落在了橡树山公园，而且这次真的爆炸了——其中一颗就掉入了我们位于橡树山公园7号的旧居花园里。

杰弗里·费伯，日记条目 1940.10.6 星期日

莫利·肯纳利来吃午饭，还带我们参观了摄政公园里由雷文特洛伯爵夫人芭芭拉·赫顿建造的法式新乔治亚风格的房子。他独自一人住在那儿，有自己的家具，房间设计得像雷文特洛伯爵的卧室一样华丽，还带一个让人瞠目的浴室。他妻子吉恩和女儿戴安娜目前在加州。这地方真的很棒——有点凡尔赛宫的味道。闪电战打响时，他从窗户看到整个伦敦都在燃烧。最奇怪的生活方式。极度奢华的边缘。彻底的孤独。炸弹。

杰弗里·费伯，日记条目 1940.10.19 星期六

格威内思也来家里度过了安静的一晚（从伯蒙德赛的喧嚣中

得到一丝喘息)。晚饭过后炸弹来了——一枚落在花园里，炸毁了小屋。尽管我们的房子离那儿只有20码远[11]，但也只是晃了晃，没有丝毫损伤。水像河流一样从刚刚修好的主管道里流下来，发出奇怪的声音。我急忙跑到路上，想看看昂温家的女佣们怎么样了，结果一头栽进了弹坑，右眼险些被挖出来，真是死里逃生。

杰弗里·费伯，日记条目 1940.10.20 星期日

几乎花了一整天的时间清理车道，以便明天能把车开出来。格威内思和莉莉以及爆破小组的成员们也搭了把手。

一张给“肯纳利先生”的手写便条(未标注日期)

费伯夫人打来电话，留下话：一颗炸弹落在了她家花园里，车开不出来了。如果你愿意去帮他们清理一下，她可以请你吃午饭。

杰弗里·费伯，日记条目 1940.10.21 星期一

女佣们来下了通牒，还是哭着来的！她们周末就离开了，去剑桥，姐妹三人在那儿可以每天一起上班，一起住。这样一来，防空掩体就归伊妮德和我了！顺便说一下，这个所谓的防空掩体就是我们的车库，位处地面以下，两面受保护，第三面靠着房子，与之相连的是一扇通向半地下室里那间女佣起居室的门，第四面则是一排精心建造的枕木，有几英尺[01]厚。这是战争刚开始那会儿就弄好的……后来，就在我们9月返回伦敦之前，我把女佣起

[01] 1英尺约等于0.30米。——编者注

居室改造成了第二个防空掩体，也就是艾略特每周三睡觉的地方。

在没有用人帮忙的情况下，伊妮德生平第一次尝试下厨。她还是相当享受这个过程的。

杰弗里·费伯，日记条目 1940.10.23 星期三

时隔许久，办公室里终于来水了，伊妮德在这儿洗了个澡。

杰弗里·费伯，日记条目 1940.10.30 星期三

艾略特会留下来过夜。他现在跟莫里斯一家（3位女士，包括霍普[01]在内）住在乡下，周三早上进城，周四下午再回去。他眼下的日子可是相当滋润——自己吃早餐；午饭前不受打扰；有充分的隐私空间来写作；还能享受舒适与宁静，不用再理会空袭预防委员会那一套了。之前在肯辛顿做空袭预防委员会负责人可让他吃够了苦头。

杰弗里·费伯写给弗兰克·莫利的信 1941.1.13

距离我上次写信已经很久了——太久了。收到你的上一封来信是在3周前，我今天早上终于把给你的回信放在了办公桌上。圣诞节前我把它带到威尔士，然后又带了回来。所以你不能说我没有好好对待这封信。不过，你对我也知根知底。另外，在威尔士的3周里，莫利有两周成了我们的座上宾。像这样的佳客绝对是可遇不可求。但我给自己设置了一个挑战（也完成得相当不错），

[01] 诗人霍普·莫里斯是T. S. 艾略特的一位老朋友，跟弗吉尼亚·伍尔夫也是故交。

就是给莫利找些东西让他每天去射猎——最好是对他来说很陌生的东西。一个人手头有这样的事情干，其他工作自然就靠边站了。我见证了莫利平生第一次射中鹧鸪、松鸡、鹬、丘鹬和鸽子（我猜的），还有绿鸻。我不确定他在夏天打没打到过一只野兔。他甚至或许就在我眼皮底下第一次杀死了一只兔子；但即便真是如此，他也没有表现出来。他还试图第一次杀死秃鹰，不过……我敲了敲他的枪管（打个比方，实际上我是大喊了一声）——因为秃鹰是一种受保护的鸟类。尽管当地人说并不是，而且权威的“绿头鸭主人”也认为秃鹰应该出现在所有小型宴会上——万灵学院庆祝活动的开幕式上，咱们“主人”不是常用“狮鹫、大鸨、火鸡、阉鸡”等响亮的字眼来贬低这些鸟吗？就为了突显那独一无二的“绿头鸭”[12]。

如果上面这些内容看起来有点不疼不痒，那是因为：一、我很累；二、耳边一直有种沉闷的“砰砰”声，听起来像是远处的防空炮火——我之所以为此感到烦躁，是因为到目前为止（确切地说是下午6点23分）还没有响起任何警报。但我刚刚才恍然大悟，原来那不过是萨利在我的更衣室地板上啃一根大骨头！你可能还记得，那间更衣室就在我书房的正上方，那是我写作的地方！现在砰砰声已经变成了清晰的啃骨头的声音，错不了了。

……

当然，等收到信的那天，你可能已经听说了伦敦城里遭受的袭击，还有帕特诺斯特街的凋零[13]。用你在报纸上能够读到的东西来填充我这封信是没有意义的——我想至少“史上著名的英国图书贸易中心遭到毁灭”这样的消息在纽约也肯定会有报道。我们星期六才从泰·格林处回来，今天是星期一，我还没机会出去看看外面的损失情况。不过伊妮德和汤姆（小汤姆）今天下午倒是去转了转。伊妮德说，那景象实在悲惨，但也令人震撼。圣保罗大教堂几乎纹丝不动——只丢了一扇窗户，没什么别的损失——在苍凉的废墟中依旧巍然矗立。她说，它能让你窒息。那栋见证了我刚踏入出版行业时的岁月（如今依然稚嫩）的建筑——阿门角（Amen Corner）——已经不复存在了。马路对面就是我们的旧居——橡树山公园 7 号[01]——我们在那儿度过了几年非常快乐的家庭时光，孩子们在那里头玩耍，玫瑰沿着摇摇欲坠的藤架盛开。当我看到那花园里的残骸时，一种奇怪的怨恨情绪油然而生；老实说，我年轻时在阿门角那里过得并不快乐；但面对这样一个地方的消失，我竟感受到了同样的怨恨。这是一场与每个人都息息相关、谁都难免有切肤之痛的战争。一切要紧之事对抗着一切不那么要紧之事。也许开门见山并非坏事——前提是我们得赢到底。你会注意到，我从不只讲“赢”这一个字。

……

这次毁灭性的袭击对整个图书行业来说其实是件好事，尽管朗文出版社那些人受到的打击十分惨重，因为这场袭击导致他们失去了大部分的老书和经典书库存。可书市在 1940 年的表现并不算太差；谈不上如火如荼，也还过得去。而关于《性和生活》（*Sex and Life*）[02]，弗兰克，（也请原谅我当初把它摊到你头上！）我想最

[01] 几年前，费伯一家从汉普斯特德的橡树山公园 7 号搬到了 1 号。

[02]《性和生活》并不像标题暗示的那样颇具挑逗意味（此类书一般也很少“表里如一”）。此书由两位德国医生写成，销路并没有预期那么好。按照我个人的理解，信中这一段表明此书最初是弗兰克·莫利向费伯出版社推荐的。

后结果应该会挺好。不过，本来财政大臣就要对我们的利润征收高达50%的税，现在储蓄贷款协会还要从里头扣除不止“2 000”。当然，除非布雷尔·许布希藏着一大堆令人垂涎的美元。如果你见到他，请转告他，无论罗斯福的新法案进展如何，我们对美元的个人需求是一天甚于一天。

杰弗里·费伯写给弗兰克·莫利的信　1941.5.15

罗素广场在上周六的空袭中幸免于难，但我们对面桑豪街（Thornhaugh Street）另一边的两栋房子被烧毁了，还有一栋……[01]门框之类的部件。如今你可能已经注意到伦敦的惨状了。最让我难过的主要还是威斯敏斯特公学（Westminster School）的倒塌——那么大的学校，如此著名的宿舍——还有土耳其浴室也没了，他们还欠我大概2英镑的浴费，这钱我想多半是要不回来了！我们到切尔滕纳姆（Cheltenham）匆匆看望了我母亲，在那边的房子里帮我妹妹整理东西，她们准备不带家具把它租出去。晚上9点半左右回到家，精疲力竭。我猜闪电战大约是在11点15分真正开始的。反正就在我和伊妮德正要去楼上睡觉之际，我艰难地做出决定：最好还是下到我们的防空掩体（之前是车库）里去。但我从顶层的窗户往下看了一会儿，从那儿放眼望去，可以看到整个伦敦的广阔景色。这绝对是一种奇观——郁郁葱葱的树木和耸立的教堂尖顶周围是一片火海；璀璨月华之下，巨大的烟云在晴空中翻腾。美得这样摄人心魄，以至于让人很难意识到它背后的肇始，

---

[01] 此处被信件审查人员删去。

或为之感到悲伤。

……

业绩方面还不错。但目前由于特兰德[01]被迫临时停产，好几本新书只能推迟，这让我们有些懈怠。1940年的总利润大概会有4 500英镑。艾略特很在状态，其他人也是一样。克劳利现在已经成了理事。“小妖精”[02]有了个儿子（当然我是指又生了一个），克劳利也跟上了步伐。周二晚上，迪克（这是真事儿）对卡塔说“我希望戈林今晚能来”（最时髦的伦敦笑话[03]），仅仅过了5分钟，一名飞行员背着降落伞落在了他家的花园里。但那是一个英国飞行员，也没受伤，所以没什么劲。我母亲倒是开始奇迹般地康复，但她再不能干太多活儿了，估计会在养老院度过余生。我知道，这都是些前言不搭后语的消息，但你还能期望什么呢？

我希望在今年夏天或秋天的“费伯书单”中会有一本名为《两个世界之间》[04]（*Between Two Worlds*）[见马修·阿诺德的《查尔特寺院》（*Grande Chartreuse*）]的浅黄色诗集，收录了杰弗里·费伯的诗。很抱歉这么草草告知你，但我认为还是这样最好。艾略特同意出版这些作品还有序言，尽管他有两三次反悔的机会。里头有一段有点长的序言，我想你会感兴趣的；虽然我也知道诗歌并

---

[01] 拉蒂莫·特兰德（Latimer Trend）是一家印刷公司，费伯出版社最终收购了该公司的股份。

[02] “小妖精”是社里人对查尔斯·斯图尔特的昵称。

[03] 关于鲁道夫·赫斯于1941年5月10日独自飞往苏格兰的故事。（鲁道夫·沃尔特·理查德·赫斯，Rudolf Walter Richard Hess，1894年4月26日—1987年8月17日），纳粹德国政治人物，“二战”爆发后，被希特勒指定为继承人。1941年5月10日于战时搭乘飞机私自逃至英国，被部分历史学家认为是第二次世界大战中攸关战争“发动与结束”的最大谜团之一，英国当局至今仍未公布相关档案。

[04]《两个世界之间》在出版前书名被改为《被埋葬的溪流：诗集，1908—1941》。这两个名字都来自马修·阿诺德的诗作，分别是《写于查尔特寺院的诗章》（*Stanzas from the Grande Chartreuse*）和《被埋葬的生命》（*The Buried Life*）。

不是你喜欢的文学类型。但我还是认为这些内容确实结合成了一个具有某种“相关性”（用你最喜欢的一个词来描述）的整体。

杰弗里·费伯写给史丹利·罗宾森的信 1941.7.2

迄今为止，今年咱们的销售业绩一直形势喜人。这倒是令人颇为尴尬，因为随着战争的持续，出版商面临的一个困扰就是，补充库存或许会越来越难。纸张问题也日益严重。幸运的是，至少短期内，社里似乎还处于相当有利的位置。但就在咱们刚要准备收获过去15年辛勤工作的成果之际，战争轰然而至，还带来了沉重的税收负担，也让咱们无法如我所愿继续积累这份可观的储蓄，确实有点令人难以接受。但无论如何，与许多其他行业相比，我们已经有太多值得感恩之处。

杰弗里·费伯，日记条目 1941.8.23 星期六

今早同意了安与艾伦订婚的事情。

英国供应部纸张控制处的T.布朗写给杰弗里·费伯的信 1941.9.22

因为咱们在电话里激烈争吵一事，你还特意写了封信来道歉，这点我很是欣赏。我觉得我也有必要为自己令人不快的言语向你道歉。其实，当天挂掉电话之后，我还有点后悔，为什么没把更大的脾气发出来；但现在我很庆幸自己控制住了——在当今的商业世界里，你要承受的东西已经够多了，不需要我们在义务之外给你徒增考验。

然而，我时常也觉得自己有理由发火。过去的12个月里，我这个部门的工作量急剧增加，把我压得都喘不过气来，似乎永远

也赶不上进度。电话整天响个不停，好像我不得不承受供应日渐削减带来的冲击，而眼下削减供应又是十分必要的。我有时候想，我大概会彻底疯掉；我甚至怀疑自己是不是其实已经疯了。

一年半以前刚实行配给制的时候，生活要愉快得多，这点我赞同你的看法——我的工作当然也更容易：供应相对充足，哪个出版商或其他任何需要用纸的人想额外要一点纸张，基本在许可审批上也没有太大的困难。但随着限制和许可证逐步收紧，再加上比例降低了，关于配额的抗议和争论自然就大大增加了。我很能理解一个人为自己的事业存续而奋起抗争，对此我也抱以充分的同情；但你会发现成天跟各种“抗议”周旋是个很累人的工作。

我可以举两个例子：制袋商的纸张供应量已降至战前用量的15%，期刊出版商的许可配额为战前用量的20%，这是我必须打交道的两个特殊群体，不用说，他们受到的打击尤其沉重。而且毫无疑问，随着供应逐渐减少，抗议和请愿就像潮水般涌过来。与其他行业相比，目前为止我还没有收到太多图书出版商的抗议；但随着限制进一步收紧，我恐怕牢骚肯定会增加。

基于这一点，我想如果我们双方再次出现意见分歧，必定能更理解彼此的处境，从而平和地展开讨论。

向你致以亲切的问候，并再次感谢你的来信。

1944 年费伯出版社图书委员会的一张照片被刊登在同年 3 月的《图片邮报》(*Picture Post*) 上，标题为："决定如何使用纸张配给的会议"。从左至右依次为：T. S. 艾略特、莫利・肯纳利、杰弗里・费伯、威廉・克劳利、理查德・德・拉・梅尔（低着头）、查尔斯・斯图尔特以及杰弗里的秘书康斯坦斯・谢尔顿（背对着镜头）。

杰弗里·费伯写给经纪人威廉·华特的信　1941.10.17

很抱歉，恐怕我们无法出版米林夫人的《玻璃屋》(*The Glass House*)。我真的不知道该说些什么，我们认为这是一种一厢情愿的想法，而且在当前这个时局之下是十分不妥当的。你读过这本书吗？书里假设战争已经结束，盟军取得了胜利，而希特勒和他的同伙则被扒光了衣服，赤身裸体地被囚禁在柏林的一座玻璃房子里。结局是德国人不再尊敬他们了。

查尔斯·斯图尔特写给英国劳工部职业介绍经理的信　1941.10.30

鉴于其特殊资质，我们希望聘用西 2 区林登花园 31 号的伯特霍尔德・沃尔普先生为印刷工兼设计师。沃尔普先生要求我们通知您，因为他拿的是自由职业许可证。

由此，安妮・里德勒在 1940 年 8 月写给 T. S. 艾略特的信中提出的那个问题终于有了答案。伯特霍尔德・沃尔普作为敌国侨民在澳大利亚待了大约一年之后，于 1941 年获准返回伦敦。在战时难以雇到艺术家的情况下，他优雅的印刷设计堪称完美，并在接下来的 30 年里继续主导费伯出版社书目的封面风格。特别是他经常使用自己设计的“艾尔伯图斯”（Albertus）字体，以至于人们都开始称其为“费伯体”。

伯特霍尔德·沃尔普在新雇主办公室外留影。

杰弗里·费伯，日记条目 1941.12.10 星期三

跟斯彭德一家吃晚饭，还有艾略特。娜塔莎[01]弹了《告别奏鸣曲》。

杰弗里·费伯，日记条目 1942.1.3 星期六

经过一次彻底的犯罪交易，我们用那辆没有执照和保险的沃克斯豪尔车取来了伊妮德的半头猪！

杰弗里·费伯，日记条目 1942.1.23 星期五

跟艾略特长谈至深夜，都是些老生常谈。

杰弗里·费伯写给弗兰克·莫利的信 1942.3.26

谢谢你关于《被埋葬的溪流》(*The Buried Stream*)的来信，也很感激你在这上头花了如此多的心思。我知道，这不是你的文风；正如安妮·里德勒所说，这也不是她的文风。或许比起新诗，用旧诗来形容它更适合。至于我本人，我觉得我已在《暗河》(*Dark River*)[02]中做了总结；但经过白天劳作的日积月累，这条溪流已然重新流回了地下。我收到了不少有眼光的人写来的信，部分甚至是我从没想过能够发现此书价值的人。这本诗集目前已经卖出去了大约1 200册，还会继续卖下去。不过，评论令人颇为失望，也没有人看到序言里的闪光点。

---

[01] 娜塔莎·斯彭德，原名利特文，是一位杰出的钢琴家。

[02]《暗河》写于1940年，是杰弗里的《被埋葬的溪流：诗集，1908—1941》中的最后一首诗。

……

我估计咱们1941年的利润将超过20 000英镑，其中近一半将作为超额利润税上缴国库，其余一半则作为普通所得税。如果1942年能把初期的势头延续下去，那1941年的业绩就相形见绌了。而这并非幸事，这是一场噩梦，库存即将耗尽，纸张也越来越少，尽管我们很幸运地获得了另一家公司纸张配额的部分使用权（经纸张控制处同意），故而能比原本可能的情况减少一些损失。用工方面则成了比纸张更棘手的问题。照目前来看，我们所有年轻的女雇员似乎都要被带走了。汤姆叔叔和其他人都与你记忆中差不离，不过他现在装了两颗假牙，说话时就像橡树山公园那间屋子厨房里的哨子（表示晚餐准备好了），效率极高，而且滑稽可笑；莫利·肯纳利不如过去年轻了，在家乡卫队训练过后，他不得不去找米莉抚平背部的伤痛。

莫利·肯纳利（彼时在泰·格林）写给杰弗里·费伯的信　1942.4.16

哒啦啦！哒啦啦！哒啦啦！这是我在摆弄我的录音机呢，可惜你不能像梅尔顿小姐一样听到这些悦耳的音符。此刻我还在汤姆叔叔面前演示——他今天上了《泰晤士报》国内新闻摘要的头条，这会儿正在通读关于他演讲的报道[01]，好确保他说的是自己真正想说的话。他还有个口信让我给你转达：

“我也没什么特别要讲的。十分感谢你们一家发来的电报，但

[01] 摘自《泰晤士报》文章：T. S. 艾略特昨日在古典协会（Classical Association）上发表了题为“古典文学与文学家”（*The Classics and the Man of Literature*）的演讲，他认为，保持古典教育对于保持英国文学的连续性至关重要。

愿我回去以后能予以回报。”

汤姆叔叔几乎没有怯场的样子，一定是因为他在戏剧界的丰富经验让他在口述录音一事上胸有成竹。

那笔预算似乎并未怎么影响咱们出版社的地位，不过既然能保证拿到 20% 的退款[01]，倒也不错。无论如何，得知所得税不会增加，还是大大松了一口气。

……

我们几乎所有人都很想念你。我说“几乎”是因为有些人显然不知道你外出了，他们每天早上都会把你房间里的电炉子打开，尽管我已经尽力阻止了；我甚至还一度尝试将它拆下来放在一个墙角，但没有用。所以我现在干脆把它锁在你的橱柜里。

杰弗里·费伯写给弗兰克·莫利的信 1942.5.14

我这儿真正的大新闻是，我已经把泰·格林那间屋子卖给了（或者说正在办理出售手续）海军少将乔治·弗雷泽阁下。他是索尔顿勋爵（Lord Saltoun）的弟弟，一个非常出色的小伙子，还有两个小儿子。能够放心地把泰·格林交到合适的下家手上，无论是对燕麦园[02]还是对我们的邻居都算有个好交代。这件事的意义非常重大。但一想到你再也不必为了把兔子赶出花园而扭伤脚踝，想到我们再也不会在兰格拉诺格被潮水卷走，再也不用凿开岩石来给你的福特车开路，再也不能拿古老的城堡来激发奥利弗的灵

[01] 政府在战后将退还 20% 的超额利润税，以资助重建。

[02] 燕麦园是当时泰·格林小屋里花园的名字。

感，还是颇为难过。

我们离开泰·格林后的下一个住处现在还不确定。我是希望学院能在苏塞克斯买下一处名为明斯特德的庄园——那地方靠近米德赫斯特，大约占地 670 英亩[01]，还带一个极好的农场和一片射击场，离唐斯就 3 英里[02] 远。若一切顺利，我就能租下这所房子，周一至周五则住在 23 号公寓里。其实呢，我太希望这事儿能成，所以不敢多嘴。此时此刻院长和多恩[14] 正在去那儿的路上，我的命运即将取决于院长的一念之间了。（幸运的是，太阳出来了，而且当地的长官是珀斯郡人。）

汤姆叔叔（你知道吗？）以英国文化使者的身份去瑞典了。据我所知，他的访问非常成功，讲座也一个接着一个。他确实见识了这大千世界，对吧？但愿他们没有像在葡萄牙那样给他喂得太饱！我想他下周就会回到这儿来，届时我会跟他问清楚《小吉丁》（*Little Gidding*）的事。

杰弗里·费伯，日记条目 1942.6.13 星期六

尽管遇到了一些阻力，但明斯特德庄园方案还是通过了。

由于战时条件所限，杰弗里无法维持泰·格林的开销，幸运的是万灵学院出手为这位财务管理员解了燃眉之急。在继续任职期间，杰弗里一直坚持他在给弗兰克的信中描述的那一方案——周一至周五住在罗素广场 23 号顶层的一套公寓里，然后周末再回到明斯特德。他在那里开始沉迷于饲养纯种牛这一昂贵的爱好。

---

[01] 1 英亩约等于 4046.86 平方米。——编者注

[02] 1 英里约等于 1.61 千米。——编者注

费伯-费伯出版社书目，1942 年秋季

《小吉丁》(*Litte Gidding*)
T. S. 艾略特

《小吉丁》是“四重奏”系列的第四首诗，也是最后一首。前三首《燃烧的诺顿》《东库克》和《干枯的打捞》已经发表。

杰弗里·费伯，日记条目 1942.8.13 星期四

与艾略特和斯彭德一家吃饭，还见到了朱利安·赫胥黎[15]和 E. M. 福斯特[16]［“巧得很！”——两三年前他跟我参加了同一个关于新闻自由的代表团，向内政大臣萨姆·霍尔汇报；那天我在雪地里滑倒了，他把我扶起来，然后在《新政治家》(*The New Stateman*)上写了一篇关于这件事情的文章］。

杰弗里·费伯写给弗兰克·莫利的信 1942.10.26

一大卷一大卷的包装纸把罗素广场 24 号的入口都塞满了。楼梯下面东西乱糟糟的，让人想清点都下不去手。不过现在我们要把罗素广场 23 号整个盘过来了。大家还在就谁去哪儿争执不休；分配和利用额外空间的计划也受到阻碍，因为眼下很难进行必要的调整。过去一段时间里，克劳利和他的一些手下就住在隔壁。这层有一条新通道能从一所房子到另一所房子；中间会经过电梯，为此还从莫利（之前的弗兰克·莫利）的房间里腾出了一块空间。我们如今业务做得很大（所谓的“大”是参照我们战前的标准），大伙儿都在连轴转，发票都欠了好几个星期。但我不能再继续跟你唠叨这类消息，否则就停不下来了。

杰弗里·费伯写给弗兰克·莫利的信 1942.11.19

“我个人觉得”(迪克·德·拉·梅尔也老把这句挂嘴边),要不是有汤姆(斯特恩斯·艾略特)在身边,这场战争肯定会比现在更难熬。(注意:我补上了他俩的姓名全称,是因为迪克和汤姆这两个名字不写全称时只能指迪克·费伯和汤姆·费伯!)

我信中看似轻描淡写,但实际上艾伦·华特的死给整个费伯家族带来了沉重的打击。他于2日在埃及被害。我们(我)是上周四晚上通过电话从比尔那里得知了这个消息。当天晚上,伊妮德通过安在萨默维尔的一个朋友(关系非常亲密的年轻好友)得知此事。她(伊妮德)第二天早上赶赴牛津,陪着安一起哭了很久。这其实对她们二人都有好处。自从发生了这件事,我还没见过安。从她与旁人的通信来看,她已经接受了事实,就像作为一个女儿在这种绝望面前能够接受事实的那种状态。但是,但是,但是……这种事情发生在自己孩子身上,简直如同下了地狱,比割肉还疼——写下这句话后我立马想把它划掉。转念一想,还是留着吧:欺骗性的语言往往最接近事实,尽管我很清楚,安还会过上另一种生活,而且很可能会是更好的生活,以补偿她所失去的生活。我坚信这一点。但现在我真恨不得伏案痛哭一场。

杰弗里·费伯,日记条目 1943.3.18 星期四

过去两年里,费伯出版社从希德和沃德出版社[17](Sheed & Ward)的配额中获得了额外的纸张。而眼下后者正跟纸张控制处打嘴仗,很可能会失去这份配额。这一旦成真,那对我们而言就意味着战时经济的崩溃。其他出版商也不会表示任何同情——因为我们已经走过“运”了。那就这样吧:如果这是命中注定的,那

我们听天由命。但费伯出版社同时还受到各方面的掣肘——除了超额利润税以外，“上帝的帮助”也突然被撤销——而那些老牌企业，甚至乔纳森·凯普这样的出版社，都没有受到影响。这样的事情，特别是对于那些总是逆流而上，却在动荡中无法获利的人来说，很难上升到哲学层面来思考。

同年下半年，杰弗里获得了成为万灵学院院长的机会。但他如果接受了这一职位就无法继续经营费伯出版社，于是写信给弗兰克·莫利，看能否把他诱回伦敦（莫利彼时已加入了罗斯福总统的全国战时劳工委员会）。信中还强调，尽管杰弗里在当年早些时候的信中提到各种不确定性，但该出版社仍在继续蓬勃发展。

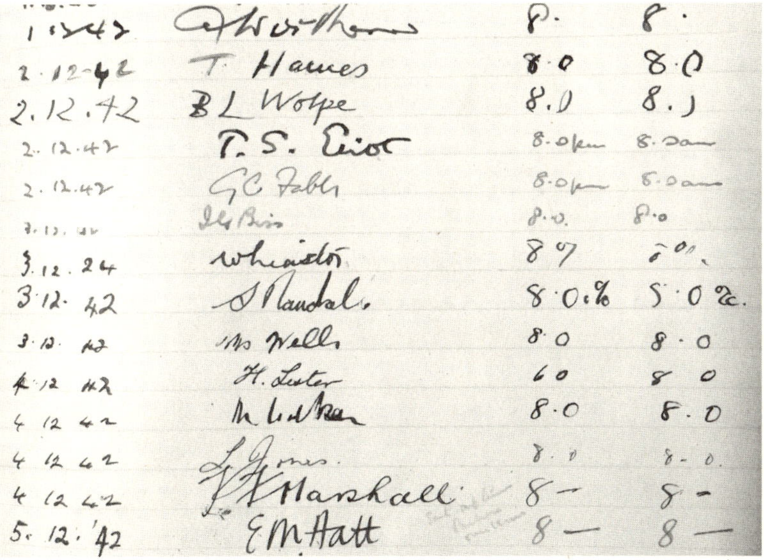

1942 年 12 月的消防观察员登记册。空袭持续期间，每一位不在战时服役的员工都必须密切注意罗素广场屋顶上掉下来的燃烧弹。通常杰弗里都和 T. S. 艾略特一起进行观察工作。

杰弗里·费伯写给弗兰克·莫利的信 1943.8.18

总之，我可以问你个问题吗？只是假设——假设我说："你能否（尽快）以（比如）执行副主席的身份（不管怎么措辞都行）回到费伯出版社（而且在任何事务上都有绝对的最终决定权）？"你的回答是"能"还是"不能"（根据条款！），以及（如果能）最早何时能实现？

接下来我会详细解释，但要是你能给我一个尽可能全面的回答，我会很感激的。

跟哈考特–布雷斯出版社不同，我不会向你承诺任何优待条件，我也做不到。在超额利润税的束缚之下，我不清楚社里能给你提供何种待遇。但如果情况日趋严重，我们会着手处理。我可以斗胆开这个口：估计每年至少会有2 500英镑（包括利润分成）——这是1941年国内税收专员批给迪克和斯图尔特的数额。1942年应该能多批一些，但眼下还不好说，我们的账户也还处于冻结状态。

但战时报酬是人为限制的东西。战后可能发生的事情也都取决于未知的因素。当前民众对书籍的需求正在飙升，远远超出了所有人的想象和满足程度——可到那时候这种需求又会如何变化？天晓得。但有一点是明确的：费伯出版社眼下正在浪尖上驰骋，除非我们自己错失良机，否则前景定会是所有人梦寐以求的。如今的营业额比过去你在的时候至少高一倍。一旦纸张更充足，这个数字可以轻易翻倍。我没有夸张。

弗兰克拒绝了他的提议。而杰弗里的答复也清楚表明，在这种情况下他已经将迪克·德·拉·梅尔视为自己的接班人了。唯一难以接受这一点的人可能是查尔斯·斯图尔特，他一度还是德·拉·梅尔的经理。另外，现在可能也到了弗兰克放弃理事职位的时候了。

杰弗里·费伯写给弗兰克·莫利的信 1943.10.22

关于费伯出版社，现在我已经有99%的把握，事情会按你给我的回信中所说的那样发展，而不可能走上另外一条路。给你写完信后，我和迪克简单谈了一次，探了探他的口风；很明显，他已经自视为权力的合适继承人。我并没有向他暗示过自己的想法——或者说即便有任何暗示的话，也是往反方向使劲。这其实不太公平，因为我本来就已经下定决心，除了你以外，唯一的人选就是迪克，不可能是任何其他人（除非出现和我给你的信中完全相反的情况）。后来我又分别与艾略特和莫利·肯纳利谈了话——查尔斯·斯图尔特那边还没来得及谈。从日期上来看，两次谈话都是在我收到你的电报或信件之前，而这两次谈话都让我确认了自己的决定。相当幸运，也很有说服力。汤姆和莫利都表示同意。

至于莫利，我觉得他是时候该凭自己的能力担任理事一职了（我也亲口对他本人说过），而不是只当你的候补理事。他还在美国的时候我们就很想念他，如果广告业务回到战前的规模（当然，目前是了无生机的），社里应该会更加需要他。这就引出了下一步的问题：你难道不认为眼下或许就是切断正式联系的最好时机？当初你离开，消除了一些本可能滋生的谣言和怀疑。但如今人们很容易认为哈考特-布雷斯出版社和费伯出版社之间有一种比友谊更深的联系（省省吧！），对你我而言，这种谣传或许有点危险。

……

我们刚拿到1942年的审计账目！利润（更确切地说是我们过去称之为利润的部分）有56 600英镑，其中超额利润税至少就占了48 000英镑——而根据国内税收署给迪克和斯图尔特的审批，从利润分成中扣除的数额说不定还更多。我反正是一分利润都拿不到。在扣除15%的股息和所得税后，储备金增加了整整300英镑。但与此同时乔纳森·凯普出版社却在战争中靠那套《智慧七柱》赚得盆满钵满——那就是他的超额利润税"标准"[01]。你觉得不公平，但能有什么脾气吗？我估计1943年咱们的"利润"甚至能接近100 000英镑，而不止50 000英镑了。不过反正最终的收成也差不多。

不管怎么说，这算是一个磨炼耐性的好机会。

……

最近伦敦晚上正在疯狂上演闪电战。除了有几个人晚上倒了霉，没有什么大损失可言。奇怪的是人们现在居然觉得"这就是德国佬撕破脸了"！

杰弗里·费伯写给弗兰克·莫利的信 1944.2.29

你现在肯定认不出罗素广场了。花园中已经寸草不生（栏杆很久以前就不见了），那儿变成了一条杂乱的通道，行人熙熙攘攘。花园下面一半是防空掩体（据我所知从未有人使用），一半成了直布罗陀人的足球场。在罗素广场的常客看来，后者倒是别有一番风景。但他们的人数很快就被涌入这里的美国士兵超越了，就像伦敦的其他角落一样（牛津也是如此）。小伙子们人都不错，就是钱太多了。我高兴的是，上周的突袭没有给我们造成任何伤害，那景象倒是蔚为壮观。

---

[01] 超额利润税是参照战前"标准"利润计算的。因为此前《智慧七柱》的大卖，乔纳森·凯普出版社的利润标准本来就高，这就意味着它战时需要支付的超额利润税减少了。

杰弗里·费伯，日记条目 1944.6.16 星期五

夜里我听到一些奇怪的飞机声，意识到那些“无人机”已经抵达伦敦上空。有一个防空气球飞得很低，刚好越过罗素广场24号房子的屋顶。我看到其中一个球的飞行高度大约是1 000英尺。没看到任何爆炸。倒是有不少疯狂的射击。伊妮德全程都睡得很安稳。我承认自己心是悬着的，虽然其实并不怎么害怕。

杰弗里·费伯，日记条目 1944.6.20 星期二

昨天（星期一）中午时分，一点钟不到，一枚炸弹飞来落在古奇街以南的托特纳姆法院路附近。大家一开始都以为会砸中咱们！破坏不小。

杰弗里·费伯，日记条目 1944.6.21 星期三

真是凄惨的一晚。就在快到12点我准备上床睡觉的时候，警报响了。汤姆和我一块儿爬起来去当“消防观察员”，一直到3点后，我们才决定再睡个回笼觉。又看到两枚炸弹在空中炸开。每隔几分钟就来一个。没有枪声。离我们也不近。没睡多久。9点左右才安全了。白天又有几次警报。

杰弗里·费伯，日记条目 1944.6.23 星期五

斯图尔特10∶30左右打来电话，说昨晚一枚炸弹落到了罗素广场，我们便从哈斯勒米尔坐12∶20的车赶了过去。那玩意儿大概是凌晨3点落在了广场的正中央；广场上满是落叶，树木光秃秃的，肯定被烧死了。所有房子都没了门窗，好在罗素广场23号和24号两栋房子没有受到真正严重的损坏。不少房间里的天花板

倒是掉下来了，乱糟糟一团。想想看，要是我昨晚在这儿加班过夜，肯定会受重伤——天花板掉下来正好砸到我的床上。这地方至少几个星期内不适合住人了。没有人受伤；可李斯特太太[01]再也站不起来了。于是我把她和双胞胎带回了明斯特德，至少可以在那儿过周末。路易丝·科克伦（莫利）[02]也跟我们一起回来过周末。我们的火车刚刚又躲过了一枚飞弹。

T. S. 艾略特写给乔治·奥威尔先生的信 1944.7.13

关于《动物农场》，我知道你想尽快有个准信，但此事至少需要两位理事决定，不可能在一周内完成。要不是考虑到时间紧迫，我本该请主席也来把把关。但另一位理事在大方向上跟我意见是一致的——我们都认为这是一篇杰出的作品；寓言处理得非常巧妙，叙事方面也能一直吸引读者的兴趣——自《格列佛游记》以来很少有作品能做到这一点。

然而另一方面，我们不认为（我相信其他理事也不会赞同）这是批评当前政治局势的正确角度。

……

我很遗憾，因为我知道无论哪家出版了这本书，自然就有机会出版你未来的作品，而我很尊重你的作品，因为它是一部体系完整的佳作。

[01] 李斯特夫妇是罗素广场 23 号和 24 号的管理员，也住在楼里。

[02] 路易丝·科克伦是弗兰克·莫利的侄女，早期英国广播公司（BBC）儿童电视节目《短尾巴的小伙伴们》（*Rag, Tag and Bobtail*）的创作者。

使我最受触动的是最后一段：拒绝了《动物农场》(主要因为该书冒犯了我们彼时的盟友苏联)，也就意味着艾略特拒绝了日后的《1984》。

与社里的许多年轻员工一样，费伯出版社的生产主管大卫·布兰德也加入了英国皇家空军，成为轰炸机司令部的一名领航员。当他的飞机在德国上空被击落时，每个人都担心最坏的情况可能发生了；但下面这封由他父亲收到后转寄给迪克·德·拉·梅尔的信，表明他至少还活着。

大卫·布兰德写给父亲的信 1944.9.9

这段时间您一定很焦虑，但我很好，非常好。我的地址是德国的史塔拉格洛福特3号。

……

请转告大家我很安全。我们被击落了……[01] 所有人都逃了出来，只受了轻伤。我们在这儿(红十字会的地方)待遇不错，吃得也很好。

弗兰克或许已经对杰弗里表示过他不能回伦敦了，但T. S. 艾略特仍坚持试图说服他。在分析公司未来发展的势头时，他思路清晰表现得不同凡响。

T. S. 艾略特写给弗兰克·莫利的信 1944.9.19

杰弗里和我热烈欢迎你回来，这点毋庸赘言。但撇开个人感情不谈，我们是真的认为需要你这样的人才，而且将来会更加需要。

---

[01] 此处被信件审查人员删去。

在我们看来，没有其他人能填补类似的位置，这样的人根本不可能出现。在过去没有你的这 5 年里，我们恰好干得还不错。从某种角度来看，业务顺其自然地推进，我是说，事实证明当初符合费伯出版社特色的扩张政策是正确的；炸弹也没砸中我们；迪克争取纸张配额的能力无人能出其右；而我们非常想要出版的那些书也恰好适合市场的需要，让我们在未来的某些图书产品线中占据有利地位。但眼下我主要担心两件事。我和杰弗里已经到了清楚动脉最终会硬化的年纪——但社里的其他人还没有意识到这一点，这就更说明问题了。要是你能学会遵从医嘱，应该会比我或者杰弗里多活个十几年，来适应这不断变化的世界，还能与年轻一代的读者和作家保持联系。一个人如果太年轻的话，不适合待在这里：那相当于跳过了一个必要的环节。我担心的是等 20 年以后，当迪克和朋友们都被时代淘汰了时，他却依然认为自己想要出版的东西是读者真正渴望和需要的（而他的朋友们仍可以提供作品）。我也愿意相信，咱们出版社未来能继续保持当前的常青树地位（在社会和文化方面，商业上也是一样），至少会持续一两代人吧。

我的另一个担忧是，社里需要像你这样的人才（特别是以我们如此之大的出版规模），能够始终对我们的书目全面把控（目前还没有哪个部门能做到这一点）、注意到某些产品线的缺陷和弱点，特别是如果我们某一类型的书籍出版得太多，也能及时指出——还要对我们的出版模式进行监察并施加影响。生产部门和发行部门的管理都需要高超的技巧。我们似乎曾经一度把所有东西都放进了温室，而下一秒又好像把一切都投进了肥料池。我总觉得大家都认为（或者说是下意识地认为）我是个过于挑剔的高品位专家；至于杰弗里，他做的其实并不是份主席的工作——不是最终仲裁者的工作，而是要由一个与其他人处于平等地位的人靠说服来完成的工作。（顺便说一句，我衷心希望杰弗里有足够的时间来关注我所谓的出版业在政治方面的事务——除去那些外部利益，我指的是上对国家、下对黎民这种普遍意义上的出版界代表，在这点上他比伦敦城里的任何人都更有资格。）

弗兰克依然不为所动。与此同时，出版社转向了扩张策略。杰弗里在一次与贝德福德房地产公司共同召开的会议上大发脾气，之后杰弗里觉得公司必须搬离罗素广场。经万灵学院督察员约翰·多恩建议，他预见到了战后伦敦房产的短缺，于是决定先下手为强。

杰弗里·费伯写给理查德·德·拉·梅尔的信 1944.12.15

我昨天去了格罗夫纳广场 10 号。若是多恩的报告令人满意，而你和大家都同意的话，我想立即报价。

杰弗里·费伯写给弗兰克·莫利的信 1945.2.14

费伯出版社已经签下了格罗夫纳广场 10 号和 11 号的契约，这是已故的莫因勋爵在伦敦的住所——不，是宫殿。如无意外，这个地方看来就是我们的了，出版社会在一两年内搬过去——前提是得进行一些必要的改造。当然，这可能得花不止一两年的时间。

下面是一封长信的简短摘录，是杰弗里一天深夜里喝“巴黎之花”香槟时写给弗兰克·莫利的。从中可以看出 T. S. 艾略特对猫的持久沉迷。

杰弗里·费伯写给弗兰克·莫利的信　1945.3.20

写到这儿被摩根给搅和了。你还不知道摩根是谁吧，他是一只巨大黝黑、笨重而深情的猫，大概是两年前自己跑到这个地方来的。汤姆叔叔刚刚过来，不怀好意地把他引到我房间里来。我花了差不多 15 分钟才把他弄出去！

杰弗里·费伯写给弗兰克·莫利的信　1945.4.29

4 月 17 日那天是星期二，我乘坐“飞翔的苏格兰人”号从爱丁堡返回伦敦。就在第二天早上，查尔斯·斯图尔特遇难。我当天一点多才得到这个消息，办公室里其他人也是那时才知道。

那是一次意外，这一点不存在争议。他刚把全家人带回格伦洛赫路；周三早上又带着最愉快的心情告别他们，来到办公室。你知道的，他的视力越来越差，那天戴了一副新眼镜。他经常习惯性地身体前倾盯着进站的地铁，看是不是自己那班。发生事故的贝尔赛斯公园地铁站的站台，受战时建筑改造（我想是修建为管道工准备的小便池）影响而变得相当狭窄、十分危险。他一定是没注意站台的边缘，在火车进站时又将身体前倾去看，结果失足掉了下去。我听说他当场就没命了。

他的死对我们所有人而言都是一记重击。你完全可以想象，在罗素广场 24 号里，我们要填补由此产生的空缺是多么困难啊。他属于那种活着的时候不会主动站到台前，可如果有一天不在了，你会愿意付出任何代价让他回来的人。我一番探寻，渐渐发现了他是如何以自己安静、谦逊的方式与罗素广场的工作人员、各类作家以及外界人士打交道的。过去两个星期里，我的大部分时间都被回信给占满了，来信的内容大同小异：“跟他做生意很愉快”“很高兴来伦敦跟他见面”“他总是那么和善，没什么太麻烦人的地方”。我注意到许多信中都有这样一句话：“我（我们）与斯图尔特先生做了多年的生意，对他十分尊敬。”他在尼尔·冈恩心目中的地位更是超出我（或许也超出你）的想象。

……

上周四，我和艾略特、迪克一道与威斯敏斯特银行总经理查尔斯·利德伯里爵士在洛斯伯里的总部共进午餐，你要是也在场就好了。我们请求银行支持出版社搬到格罗夫纳广场，以及其他扩张计划。在查尔斯爵士的指令下，银行对我们进行了仔细的审核。那真是一个伟大的时刻。我们不仅通过了审核，而且对查尔斯爵士本人也很是钦佩。我已经许久没有遇到如此活跃、风趣、健谈的人了——其实他算得上是自我在圣地亚哥[01]与美国海军吉尔林上校（Captain Geering）共进午餐以来认识的最佳谈话对象了。与众不同，但个性十足、独断专行。

查尔斯·斯图尔特不幸离世意味着杰弗里只能招募一位新的总经理来接替他。1945 年 5 月 8 日这一天，杰弗里面试了一位最有希望的候选人——彼得·杜·索托伊。40 年后，后者在给汤姆·费伯的信中写道：“我们当天的会面定在下午 3 点，那正是丘吉尔向全国广播宣布欧洲战争结束的时刻。”杰弗里打电话告诉彼得，无论如何都要在约定的时间赶到。届时办公室是关着的，但他会亲自下来开门。于是他们二人坐在杰弗里的办公室里，一起收听了丘吉尔的广播。

[01] 1943 年，杰弗里曾作为英国出版商协会代表团的一员赴美考察。

对于彼得接下来在费伯出版社的职业生涯而言，那似乎是一个好兆头：“我感觉自己已经属于这家公司40年了。”

译者注

1 全名约翰·梅纳德·凯恩斯（1883—1946），最有影响的现代经济学家之一；因开创了经济学的“凯恩斯革命”而称著于世，被后人称为“宏观经济学之父”。

2 莉迪亚·乐甫歌娃（1892—1981），俄国著名芭蕾舞者；1925 年与凯恩斯结婚。

3 一种炼铁的设施，也是当时最具规模经济效益的炼铁法。

4 这一系列小说中最著名的一部，它通过描写剑桥大学的一个学院在选举院长之前的一系列事情，讨论了其内部的政治问题。

5 原文 barrage balloons，为一种连接金属线的大型气球，主要用于地面防空；可迫使俯冲轰炸机飞得较高（约 1 500 米），从而减少高射炮瞄准所需的时间（因为战斗机越高，高射炮需要移动的角度越小）。1938 年，英国建立了皇家空军气球部队来保护大城市或重要地区，如工厂区、码头或海港。到了 1940 年，皇家空军气球部队已拥有 1 400 个气球，其中三分之一部署于伦敦地区。

6 从 1939 年 9 月 1 日起，英国空袭预防委员会实施“灯火管制”。所有私人住宅、商业场所和工厂都需要安装厚重的窗帘和百叶窗，防止因光线外泄而成为敌方轰炸机的潜在目标。

7 布莱基和索恩出版社（Blackie & Son），是一家在苏格兰格拉斯哥和英国伦敦经营的出版社；1890 年创立，1991 年停业。

8 第二次世界大战期间，自 1940 年 4 月 9 日挪威政府收到来自纳粹德国发出的最后通牒，至 6 月 10 日挪威被占领，共耗时 63 天。这两个月的时间里，挪威军队与德军展开了一场又一场的生死对决。1940 年 5 月 10 日，德国对荷兰发动了进攻，仅过了 5 天荷兰便宣布投降。

9 比弗布鲁克（1879—1964），原名威廉·马克斯韦尔·艾特肯。1917 年至 1923 年，他名下有伦敦的三大报纸：《每日快报》（*Daily Express*）、《星期日周报》（*Sunday Express*）及《旗帜晚报》（*Evening Standard*）。1940 年 5 月，比弗布鲁克由丘吉尔邀请进入内阁任飞机生产大臣。

10 保留职业（Reserved Occupations，也称为基本服务）是一种被认为对一个国家足够重要的职业，从事该类职业的人可免除（事实上是禁止）服兵役。全面战争中，大多数适龄男子都会被征召入伍，但那些从事对国家和战争至关重要的工作的人则是例外。例如在第二次世界大战中，英国的保留（或预定）职业计划涵盖了 500 万人，典型类别包括医生、铁路工人等，具体岗位取决于战争和国家的具体需要。

11 1 码约等于 0.91 米。

12 绿头鸭作为牛津大学万灵学院吉祥物一般的存在，其形象布满了学院建筑的各个角落，包括雕塑、墙壁装饰，甚至连电话、台灯等日常用品都部分采用了绿头鸭的样子。绿头鸭仪式则是牛津大学万灵学院的一个古老传统，一百年举行一次。该仪式上，万灵学院的研究员们晚宴后举着燃烧的火把在学院里游行，由坐在椅子上的“绿头鸭主人”领队，寻找一只据说在 1437 年学院建成时从学院地基上飞出来的巨大绿头鸭。游行队伍的最前方有一个人举棍子，顶端绑一只绿头鸭。据称最开始用的是活鸭，后改为死鸭，最后又改为绿头鸭形状的木雕。该仪式最近一次举行是在 2001 年，此前一次为 1901 年。

13 原文 Paternoster Row，位于伦敦圣保罗大教堂建筑群北侧，为彼时伦敦出版业的中心，在“二战”期间的伦敦大轰炸中遭到严重破坏。

14 前文曾经提到 J. J. 多恩为万灵学院的督察员。

15 朱利安·索雷尔·赫胥黎爵士（1887—1975），英国生物学家、作家、人道主义者。曾担任第一届联合国教育科学文化组织总干事，也是世界自然基金会创始成员之一。作为生物学家，他提倡自然选择，为 20 世纪中叶现代综合理论的重要代表人物。

16 爱德华·摩根·福斯特（1879—1970），英国小说家、散文家。曾荣获英国最古老的文学奖詹姆斯·泰特·布莱克纪念奖。美国艺术文学院还曾设立 E. M. 福斯特奖，以纪念这位伟大的作家。

17 由天主教活动家弗兰克·希德和梅茜·沃德于 1926 年在伦敦创立，总部于 1933 年迁至纽约。

第五章

1945—1950

“它给我上了宝贵的一课”

随着战争结束，费伯出版社终于松了一口气，也开始重振信心。尽管在战时经济状况下遇到了种种难题，但它依然在蓬勃发展。如今，费伯出版社终于能够迎回那些业务熟练的员工，回到一个不再有超额利润税和纸张配给制的世界。

正是秉着这种乐观的精神，费伯出版社甚至没等战争结束就买下了印刷公司拉蒂莫·特兰德的控股权；随后又开展了进一步的投资。美术与雕刻有限责任公司（Fine Art Engravers Ltd）生产印刷用的木版，其质量是决定艺术类书籍印刷成色的关键，而这类书目正是费伯出版社书单的重要组成部分。法马有限责任公司（Fama Ltd）是与库尔特·马施勒共同成立的合资企业，拥有大量四色印刷版，20 世纪 30 年代这些印刷版还曾被艺术杂志《阿波罗》（*Apollo*）使用过。此外，费伯出版社还以 33 000 英镑的价格拿下了格罗夫纳广场 10 号和 11 号的长期租约。他们本打算立即搬离罗素广场，唯一的障碍是英国工程部不允许对那里进行必要的改动。

费伯出版社在出版业务方面也显出了这股子乘胜追击的劲头。从航空部复员后，彼得·杜·索托伊终于在1946年1月1日加入了出版社。他发现，社里的出版计划几乎没有考虑到战时繁荣已经结束这一因素。例如，菲利斯·博顿的新小说印刷了50 000册，定价则“基本上留给销售总监来确定，而并未根据预估的销售价格来计算可能的利润（或损失）”。

当然，出版业的好日子到头了。和平年代里，书籍再一次被迫要与其他娱乐形式展开竞争。那些字小纸薄的战时库存书已经滞销，读者的口味也发生了变化：没人愿意再看费伯出版社在战争期间出版的那些军事类图书，农业类的书也没了吸引力。战时的繁荣也使该出版社几乎没有长销书，销售额从1946年的407 000英镑跌至次年的311 000英镑。费伯出版社必须适应新的现实。

如今杰弗里自己也快60岁了。经过战争年代的洗礼，他处事看起来稍微从容了一些，但偶尔也很容易判断失误。本章的最后将会提到，他没能留住费伯出版社最重要的一位作家。随着新一代作家和经纪人走向台前，费伯出版社发展的步伐似乎出现了失调的迹象。

ff

理查德·德·拉·梅尔写给大卫·布兰德的信 1945.7.30

听说你现在自由了，我很高兴——这既是为你本人，也是为了我们出版社，因为大家都很期待你回来工作。难以用言语形容，我有多想念你的协助。

……

我还要补充的是，其他几位理事也完全同意我关于你复工后职位的意见。你离开我们加入皇家空军时担任的是生产部门负责人，那么我们希望你仍以生产部门负责人的身份回来。

费伯-费伯出版社书目，1945 年秋季

《普洛斯彼罗的房间》(*Prospero's Cell*)
劳伦斯・达雷尔

这是一本讲科孚岛的书，某种程度上还是一份"指南"(达雷尔先生会在书中顺便告诉你，在那儿该吃什么喝什么，以及如何索要这些吃喝之物)，也算是日记，摘自作者在岛上数年的居住记录。达雷尔先生对这座岛有着深入、广泛且独特的认识和了解。他在书中展现了一幅城镇和乡村的画卷，并愉快地回顾了一些外国居民和他们在当地的朋友战争之前的生活。

杰弗里・费伯写给尊敬的 J. B. 海因德议员的信 1945.10.31

很高兴上周六在明斯特德与您相识。在我看来，这次到访只有一个遗憾，那就是我的皮夹子丢失了——现在肯定就躺在我们的某头奶牛肚子里！

弗兰克・莫利在纽约写给 T. S. 艾略特的信 1946.2.14

这份报道(或者类似的内容)你可能已经看过了。我是从今天早上的《纽约时报》裁下来的，但一直没来得及寄出去，因为我要赶一班(最累人的)去里士满的火车。

《庞德被判精神"不健全"》
该裁定使作家免于受审

2 月 13 日，美国联合通讯社华盛顿分社报道：联邦地区法院陪审团今天裁定，60 岁的外籍诗人埃兹拉·庞德精神不健全。该裁定使庞德免于因其战时在意大利发表的作品和言论而受到叛国罪指控。

艾伦·普林格尔在战时服役结束后回到了费伯出版社。借用杰弗里·费伯的一句话——尽管他从未被视为可能“点燃泰晤士河”的人，但显然还是一位才华横溢的编辑，并最终与劳伦斯·达雷尔建立了深厚的友谊。从下面这封信中可以看出，费伯出版社最初是朝着小说家的方向打造菲利普·拉金[1]并出版其作品的。

艾伦·普林格尔写给经纪人彼得·华特的信 1946.6.14

按照上周的安排，我跟菲利普·拉金见了面，还讨论了我们对《冬天的王国》(*The Kingdom of Winter*)提出的一些必要的修改建议。他把手稿带走了，说打算仔细考虑一下，尽可能接受我们的建议。

艾伦·普林格尔写给菲利普·拉金的信 1946.8.29

总之，我们认为《冬天里的女孩》比《冬天的王国》更适合做书名。

1946 年，罗伯特·鲍勃·吉鲁加入纽约的哈考特-布雷斯出版社，成了弗兰克·莫利的属下，而后者将他介绍给了 T. S. 艾略特。不到一年，吉鲁就拿到了罗伯特·洛威尔的第二本诗集《威利爵爷的城堡》(*Lord Weary's Castle*)[2]；并向艾略特提议让费伯出版社成为洛威尔的作品在英国的出版商。

T. S. 艾略特写给鲍勃·吉鲁的信，寄往哈考特-布雷斯出版社 1946.9.24

我终于彻底领悟了《威利爵爷的城堡》。罗伯特·洛威尔的风格总体上已经成型，但我认为，目前光凭这一册诗集就把他作为诗人推出去，时机还不够成熟。其实，本着顾及双方的实用性原则，我想还是应该先等他多出几册诗，再汇编成一部更厚的集子呈现给读者。

洛威尔遵从了这一建议。在《威利爵爷的城堡》获得普利策诗歌奖后，他拒绝了其他蜂拥而至的英国出版商邀请。1947 年，当弗兰克·莫利离开纽约回到伦敦时（但并非回到费伯出版社，那个机会已经错过了），鲍勃·吉鲁已是艾略特在美国的铁杆合作出版商兼“星探”。

T. S. 艾略特写给安妮·里德勒的信 1946.11.25

虽然我们目前解决了诺曼·尼科尔森的问题，劳伦斯·达雷尔又冒了出来。但这次情况显然迥异于之前，因为据我对达雷尔的了解，他但凡寄来书稿就有信心要马上出版。

<u>费伯-费伯出版社书目，1947 年春夏季</u>

《冬天里的女孩》
菲利普·拉金

这位 1943 年从牛津大学毕业的年轻作家已经出版了一部诗集，还有一本小说，很值得期待。

艾伦·普林格尔写给菲利普·拉金的信 1947.8.7

我有一些好消息要告诉你，但部分情况可能也会让你失望。

《冬天里的女孩》销路很不错，完全符合我们的期待——5 000 本库存卖得只剩下 1 本了。但我们并不打算重印。这不仅是出于纸张、装订和印刷方面的生产状况——我们必须对重印进行相当严格的配给——还因为根据我们的判断，眼下读者的需求还达不到重印的标准。此事我认为还是直截了当告诉你为好，也便于你对当前的状况有充分的理解。重点是，这本书表现极佳，也为将来打下了良好的基础。

我只能佩服艾伦·普林格尔的“厚颜无耻”——他竟试图说服菲利普·拉金其作品绝版是一件好事。

C. P. 斯诺写给彼得·杜·索托伊的信　1947.10.17

我刚收到了《光明与黑暗》的样书。很喜欢这本书的外观——尽管我对这类事情的判断也没有什么参考价值。

彼得·杜·索托伊写给 C. P. 斯诺的信　1947.11.13

我们对此书的销量十分满意。第一版很快就会售罄，我们打算马上重印。这真是不简单呢，特别是在书市情势大不如前的当下。

C. P. 斯诺写给彼得·杜·索托伊的信　1947.11.14

我希望各个书店里都已经备好了足够数量的书来迎接圣诞节的顾客——此书目前似乎不容易买到；我自己唯一一次亲眼看到的纸质书，还是在当时寄给《纽约时报》读书俱乐部成员的包裹里（经他人告知，我的作品在那里十分受欢迎）。让你的人知道，作为一个严肃的小说家，我的作品可读性很高，这可不寻常；也极少有人具备这样的慧眼。我坚信这本书一定会持续畅销。

费伯-费伯出版社书目，1948 年春季

《白衣女神》(*The White Goddess*)
罗伯特·格雷夫斯

这是一本惊奇怪诞、令人瞠目结舌而难以名状的书，必定经过大量的阅读以及对民间传说、神话、宗教和魔法等怪诞领域的潜心研究才著成……格雷夫斯先生……是埃涅阿斯进入冥界的真正追随者。

艾伦·普林格尔写给菲利普·拉金的信 1948.2.3

很抱歉，你的新诗集《被光明所困》我们决定不出价了；我正准备把它退给华特。但这些诗我个人读起来十分享受，我们也十分期待读到你的新小说。

费伯出版社的人过了许久才意识到，菲利普·拉金不会再写小说了。

杰弗里·费伯写给彼得·杜·索托伊的信 1948.3.4

威廉·克劳利病得“很严重”。他有腹膜炎，周二爆发的溃疡也恶化了，需要立即动手术……倒不是说他就不回来上班了；也很有可能他还会好好地干上许多年。

……

但假如克劳利真有什么意外，那我们就得考虑下一步的打算。小克劳利要是发现自己在合理的时间内被剥夺了继承父亲职位的机会，而被社里引进的一个新人替代了，这对于年轻的克劳利是说不过去的，毕竟他父亲为我们社做出了伟大的贡献。

……

我很肯定，小克劳利有能力成为我们社里的一员。他年轻、缺乏经验，这些虽然算是严重缺陷，但并非不可逾越的障碍。

他会在工作实践中学习和成长——只要我们信任他。我盼着能给他一切机会来展示他的勇气。

结果，威廉·克劳利，也就是后来大家熟知的“克劳利爸爸”（Papa Crawley）活了下来，并继续担任销售总监一职，直到 1961 年退休。然而，读者可以从这封信以及接下来几年的其他信件中看到，杰弗里已然将费伯出版社视为一个子承父业之地。

费伯-费伯出版社书目，1948 年秋季

《文化定义札记》（*Notes towards the Definition of Culture*）
T. S. 艾略特

其首要目的是说服读者在使用“文化”一词（以及“文明”一词）之前，先要着力弄清该词的含义。

理事会会议记录 1948.10.5

费伯先生报告称，根据上一次理事会会议的决定，他与贝德福德庄园的管家见了面。按照贝德福德地产目前的规模，也鉴于现有租约尚未到期，管家考虑了我们的提议后，友善地表示愿向社里提供罗素广场 23 号和 24 号的新租约，租期为 21 年。目前尚未给出正式报价，预计将在未来几天内收到。

鉴于此，他已指示约翰·D. 伍德公司转手格罗夫纳广场 10 号和 11 号的租约。经过谈判，他们的客户沃尔先生提出以 95 000 英镑的价格盘下租约，前提是还有几个技术细节需要达成一致。

初涉地产投资，出版社就从中获得了大约 60 000 英镑的利润，十分喜人。在图书出版利润大幅下滑之际，这笔钱尤为珍贵。

瑞典文学院发给“T. S. 艾略特夫人”的电报　1948.11.4

瑞典文学院将授予您今年的诺贝尔文学奖并诚邀您参加12月10日的小说庆典请电告瑞典文学院秘书厄斯特林·伯尔舒塞特·斯德哥尔摩博士我们届时是否有幸能与您见面

收到这封电报时，艾略特正在普林斯顿大学访问。这趟行程中他还与罗伯特·洛威尔见了面；后者随后给“汤姆叔叔”写了一封信，并署名“卡尔”。信中表明，两人的会面可谓一次思想的碰撞。两年后，费伯出版社出版了洛威尔的第一本书《诗集 1938—1949》。

艾略特在斯德哥尔摩接受诺贝尔文学奖。同年他还获得了“功绩勋章”，或许这更让他自豪。

罗伯特·洛威尔写给 T. S. 艾略特的信　1948　**感恩节**

我这儿还有一些诗要放在出版社那本集子里一起出版——两

首是我为卡瓦纳一家重写的[01]，总共大约500行。我曾想过把它叫作“征服者夏普”（取自《百鸟议会》的序言），但也许还是单纯叫“诗歌”更合适。其中一首较长的诗从未发表过，还需要花点力气打磨——我几乎有一年没碰它了——但我会尽快把手稿送到费伯出版社交给你。此外我还列了一个单子，里头有几首《威利爵爷的城堡》里的诗，我觉得也应该收录进去。

上次咱俩道别时，我有一种从未体验过的美妙感觉——仿佛万种情愫一下子涌上心头；咱俩已经是一辈子的挚友。甚念。

费伯-费伯出版社书目，1949年秋季

《芬尼根的守灵夜》（*Finnegans Wake*）
詹姆斯·乔伊斯

对于詹姆斯·乔伊斯的这部杰作我们不打算赘述了，但费伯出版社在此愉快地宣布：它终于即将再一次跟读者见面。

尽管费伯出版社在介绍《芬尼根的守灵夜》时一如既往地羞于启齿，但此书被允许绝版，这一点恰恰体现了纸张配给制度带来的影响。

彼得·杜·索托伊写给C.P.斯诺的信 1949.7.12

我们刚刚听说《希望时光》（*Time of Hope*）得到了图书协会的推荐，估计你肯定想第一时间得知这个消息。我们对此感到很高兴，衷心希望你也一样。

---

[01]《卡瓦纳家族的磨坊》（*Mills of the Kavanaughs*）是罗伯特·洛威尔的第三本诗集。

图书协会在战后是一个十分有影响力的读书俱乐部。能被其推荐无疑是一种荣誉，更能提升书的销量，但真正的目标是入选“图书协会精选之作”。

C. P. 斯诺写给彼得·杜·索托伊的信 1949.7.14

谢谢你的来信。但我感觉倒是有点像埃斯库罗斯获得三等奖时收到祝贺似的[01]。倘若接下来的三部（都比前三部调子更轻松）一部都没被选中，也不给个解释，我会很生气。

杰弗里·费伯写给理查德·德·拉·梅尔的信 1949.8.24

我们（伊妮德和我，还有彼得和艾伦）看过《鸡尾酒会》的最后一次彩排，貌似此剧在爱丁堡的首演十分成功。一位年过六旬之人在戏剧领域中展示出如此不凡的创造力和成果，我认为堪称壮举。26 年前我就知道，汤姆前途无量。但那时我怎么也没想到会有这么了不起。

瓦莱丽·弗莱彻写给费伯-费伯出版社的信 1949.8.25

我间接得知，贵社需要一位私人秘书。或许可以考虑一下我。

彼得·杜·索托伊写给瓦莱丽·弗莱彻的信 1949.8.30

我很高兴任命你为艾略特先生的秘书；如昨天向你描述的，

[01] 根据普鲁塔克的记载，在一年一度的雅典剧本创作比赛中，希腊悲剧作家埃斯库罗斯被年轻的对手索福克勒斯击败，如遭晴天霹雳，随后满心厌恶地离开了雅典。

薪水是每周 6 英镑 10 先令。另外我跟你提过，这一职位将承担与我们社里整体书目有关的一定量的编辑工作。

T. S. 艾略特写给安妮·里德勒的信　1949.8.31

我们现在雇用了一位瓦列里·弗莱彻[3]小姐，她给查尔斯·摩根[01]当过一年的秘书。但鉴于她似乎并不太在乎这段经历，我也不打算提这茬了。

A.G. 斯特里特的《农夫的荣耀》和沃尔特·德·拉·梅尔的书中都曾用过格温·雷夫拉特的木刻画。因此，当她开始写一本自己童年在剑桥的回忆录时，便自然会向迪克·德·拉·梅尔寻求建议。

格温·雷夫拉特写给理查德·德·拉·梅尔的信　1949.10.6

我一直在考虑写本自传，好用来放我那些插图，所以冒昧地给你寄了一个小片段（不是开头，也不是结尾），看你觉得是否可能有朝一日配上大量图片来出版。我实在讨厌写作，也懒得写；除非能写得足够好，好到可以出版的那种。我担心的是，自己写的东西可能太轻率了，让人心生厌恶，因此也想知道那些外面的“文人”对此有何看法。我并不打算将这本书写成那种时间上连贯的自传，而是想让本书由一系列独立的章节组成，如体育、宗教、艺术、关系等。

关于这类书，迪克一般都会听听妻子卡塔的意见，尤其是她和格温·雷夫拉特本就是老朋友。

---

[01] 查尔斯·摩根是一位小说家和剧作家，生前声名显赫；但其声誉自 1957 年去世后有所下降。

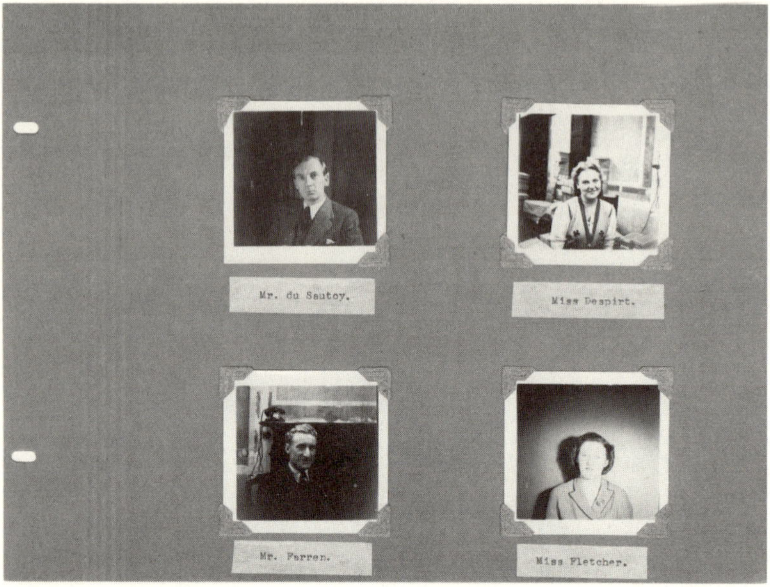

这是出版社员工相册中的一页，其中就有 T. S. 艾略特的新秘书以及把这份工作安排给她的那个人。据莫利・肯纳利说，一开始艾略特把这个后来成为他第二任妻子的女人描述为“鹰钩鼻金发女郎”。

理查德・德・拉・梅尔写给格温・雷夫拉特的信 1949.10.14

卡塔和我——不用说，我已经征求过她的意见——都被你的想法迷住了。你应该写一本自传，我们两人都很欣赏你关于礼仪的初步讨论。我还把它拿给杰弗里・费伯看了，他也认为这个点子不错，他读了第一章，觉得很喜欢。

此书在 1952 年以《碧河彼时：我的剑桥童年》(*Period Piece*) 之名出版，并成为当年的畅销书，至今仍在印刷。

艾伦·普林格尔写给菲利普·拉金的信　1950.2.20

似乎许久没有收到你的来信了，我一直在想，是否有关于你新小说的任何消息（尤其是很多人都来询问你的作品进展如何）。当然，几年的时间对于菲利普·拉金的小说创作而言并不算长，但“杳无音讯”就让等待显得特别漫长！

菲利普·拉金写给艾伦·普林格尔的信　1950.2.26

答案恐怕很简单，那就是我一直在努力写小说，但没有写完，而且写不写完似乎也无所谓了。

1950 年初，杰弗里和伊妮德在 T. S. 艾略特陪同下乘坐“爱丁堡城堡号”前往南非。这次假期大概为艾略特提供了丰富的素材——他打算再拿主席开一次玩笑。

T. S. 艾略特以“法学博士、理学士、牧师约翰·麦克黑格”的名义写给杰弗里·费伯的信 1950.2.28

亲爱的朋友：

你或许听过我的名字，还有我在全国范围内发起的这场“禁酒运动”。

过去 15 年里，我每年都会周游英国，发表一系列演讲，宣传饮酒的害处。今年我受邀至新西兰演讲，范围预计将覆盖那个伟大国家的全境。我将于 4 月 14 日搭乘“朗伊塔塔号”客船出发。

在此前的旅途中，我的助手诺曼·福蒂斯丘一直陪伴左右。诺曼是个可悲的年轻人——他出身名门望族，但由于过度沉迷于啤酒、威士忌、杜松子酒、朗姆酒和其他烈性饮料，生活彻底被毁了。

诺曼本来会跟我一同出席演讲——我让他坐在讲台上，嘴角耷拉，用布满血丝的蒙眬眼睛盯着观众，好被我现场指成一个活生生的酗酒例子。

不幸的是，去年冬天，可怜的诺曼去世了。但我从你在“爱丁堡城堡号”上的一位旅伴那里得知了你的名字，便想知道你愿不愿意代替那可怜的诺曼，陪我一起旅行？

你诚挚的朋友

约翰·麦克黑格

理事会会议记录 1950.5.11

费伯先生表示，希望理事会能考虑一下他儿子理查德·费伯先生的未来。正如理事会所知，其子参加了外交部入职考试，而结果要等到7月份才能出来。与此同时，他自1月份起便一直在社里的几个部门工作，而且在费伯先生看来干得相当不错。他希望自己的儿子最终能决定继续留在这一行业，毕竟能有下一代家庭成员积极从事出版工作也是为人之父的正常愿望。理事会完全支持费伯先生的想法，并愿向理查德·费伯先生提供一个编辑类的职位，年薪600英镑。如果他现在就入职，则有望一年后升任理事，社里还会考虑进一步加薪。

理事会会议记录 1950.6.7

主席表示，其子理查德·费伯先生已成功通过外交部入职考试，因此进入出版业的可能性已经不大了。

C. P. 斯诺仍坚信，费伯出版社应该再下点儿功夫推动他作品的销量。他还雇了一位经纪人，斯宾塞·柯蒂斯·布朗。

彼得·杜·索托伊写给斯宾塞·柯蒂斯·布朗的信 1950.7.20

如您所知，我们已经拿到了C.P.斯诺的《院长》手稿，如今杰弗里·费伯正在过目。

另外我们热忱欢迎您本人和斯诺先生在方便的时候与我们出版社的代表开一次会，讨论此书的营销及其他相关事宜。

杰弗里·费伯写给彼得·杜·索托伊的信 1950.9.10

我仍然认为，经过这一系列的争论和抗议，再加上我们对斯诺的费心取悦，他还是想要加快进度，这就是他的错误了。我想他是误解了——并且在某种程度上低估了——自己的作品。……

若他眼下一味刺激销量以求大卖，那么我猜会有以下几种结果：(1)他可能会如愿以偿，而且受此影响——从今往后他就笃定自己所写的东西必须得讨好读者；(2)他可能不会如愿以偿，并且在失败受挫的阴影之下，写作风格开始转向内敛、沮丧；(3)他可能一半如愿，一半失意，然后开始摇摆不定。

其实在我看来，他根本不该操这些心。就应该按自己设计好的路去走，而不是像眼下这样搞砸与出版商的关系。可惜啊，柯蒂斯·布朗没有告诉他这一点，而是玩起了文学经纪人的无用游戏——袖手旁观看热闹。

斯宾塞·柯蒂斯·布朗写给彼得·杜·索托伊的信 1950.9.14

我们星期一那天和斯诺谈话的时候，希望您没嫌我麻烦。我相信您也认为我们接下来有两个现实目标：(1)让您的推销员们对这本书感兴趣；(2)您的推销员们让各大书商对这本书感兴趣。要想实现这两个目标，我认为你们需要提早制定好出版计划。

……

顺便提一句，你们首次印刷10 000册在我看来还是有点太保守了。我以为要是其他出版商肯定至少会印20 000册。这样说来，就更得抓紧安排重印和重装之事宜了。

……

从战前到战后，出版业有一个巨大变化，那就是现如今出色的作者的书才能卖得最好——这点你显然最清楚。比如柯林斯出版社可以卖出45 000多本罗斯·麦考利的作品，乔纳森·凯普出版社可以卖出 35 000 多本伊丽莎白·鲍恩的作品，这要在战前都是难以想象的。我相信斯诺的书要想达到这个数字也不难，你肯定也相信这一点，而且也会为实现这个目标充满干劲。

彼得·杜·索托伊写给柯蒂斯·布朗的信 1950.9.18

非常感谢您 9 月 14 日的来信，也感谢您费心与斯诺前来讨论《院长》的销售计划。我很高兴在此重申，无论是对于此书还是斯诺的其他作品，费伯出版社都将尽其所能，以饱满的热情实现销售成功，并会为媒体宣传和书展活动制定周密计划。

到了 9 月 21 日，费伯出版社取消了《院长》的出版计划，并将手稿还给了斯宾塞·柯蒂斯·布朗。他转头把这本书卖给了麦克米伦出版社，后者将其标上“图书协会精选之作”的噱头，卖成了 C. P. 斯诺的第一本畅销书。事情的缘由是这样的：杰弗里在一个星期五（大概是 9 月 15 日）的下午口授了一封愤怒的信件给斯诺。他的秘书后来承认，她几乎想把这封信先留过周末，到星期一早上再看看杰弗里是否真的想寄出去。但她没有这么做——信寄出后，斯诺与费伯出版社分道扬镳。然而，这些往来信件已经丢失。如今世人只能从杰弗里 10 年后的一封信中的回忆来了解这场“争吵”：“他指责我是一个效率低下的糟糕出版商，还拒绝给他足够的支持。我倒是真的看错了人，还以为他是个真正卓越的小说家，对自己的水平有及时、足够的自知，而无须去参考‘畅销’与否。但如果我错了，那么斯诺对自己才能的判断也错了——至少我是这么认为的。我常为自己在斯诺这件事上犯下的错误而深感懊悔。关于作家和出版商自身的局限性，它给我上了宝贵的一课；但我不想让此事毁了我的余生。”

译者注

1 菲利普·拉金（1922—1985），20世纪后半叶英国著名诗人、小说家、爵士乐评论家。1955年以第二部诗集《受骗较少者》获得关注，之后又出版了《降灵节婚礼》和《高窗》。1984年曾被授予英国桂冠诗人称号，但被他本人谢绝。

2 罗伯特·洛威尔（1917—1977），美国诗人，素以高超复杂的抒情诗、丰富的语言运用及社会批评而著称。他出身于波士顿的名门世家，曾在哈佛大学求学；“二战”期间因拒服兵役遭监禁；晚年常住英国。他从诗集《人生研究》开始写作“自白诗”，主要探索过去与现在、个人与社会的关系，也触及20世纪60年代的重大社会政治事件。

3 此处原文是艾略特误将 Valerie 拼成 Valery，翻译时用了音近的字。

第六章

1951—1960

“天赋胜于品位”

20世纪50年代初期，费伯出版社仍走在探索的路上。社里倒不是没有吸引人的作家，而是很难摆脱这样一种印象：经过一场又一场的财务危机，一旦现任领导层卸任，大家对出版社应该如何继续经营下去就没有明确的概念了。一个标志性节点便是杰弗里荣登1954年的新年授勋名单，被授予了爵士头衔；此事可被视作他职业生涯的完美收官，同时也预示着出版社的未来。

不过，当1960年杰弗里最终将理事会主席一职移交给迪克·德·拉·梅尔之时，社里做了两个关乎存亡的关键决定：第一是要开始出版自己的平装书。回过头看，精装书出版商竟然把畅销书的版权卖给平装书出版商，从而心甘情愿地把其中大部分利润都让给了后者，也是颇为令人瞠目。当然，前者在卖版权的时候无疑是能大捞一笔的；而且他们似乎认为，平装书出版与精装书出版有着天壤之别，需要一套迥异的本事。1958年，费伯出版社决定发行一些试验性的平装书；不管其出发点为何，这在当时英国的众多出版商之中可谓开了先河。

另一个重要举措则是对查尔斯·蒙蒂思的任命。1952 年 7 月，蒙蒂思给杰弗里写了第一封信。一年多以后，他收到了费伯出版社的任命。在他上任后，费伯出版社的文学出版事业仿佛找到了新的方向——又一批作家纷纷加入，其分量甚至与艾略特在 20 世纪 30 年代引进的那些相当。而蒙蒂思的加盟恰恰也证明了，杰弗里真正擅长的与其说是出版，倒不如说是挑人。另一方面，T. S. 艾略特不仅无私地鼓励社里任用蒙蒂思，而且在后者刚进费伯出版社的头几年里还为其提供了十分有益的建议与支持，在这一阶段发挥了良好的作用。蒙蒂思认为，为了区别于出版社此前的产品线，倒不如冒险启用新作家；而在这点上，艾略特也支持他的判断。

等到 20 世纪 50 年代后期，T. S. 艾略特会有自己的石破天惊之举；但我们还是先从一些其他公司无可匹敌的东西讲起：一份由诺贝尔文学奖得主撰写的宣传文案。这首诗的主角“摩根”就是杰弗里在 1945 年写给弗兰克·莫利的信中提到的那只猫。全诗后来被收录在《老负鼠的猫经》里，而其中第一节和最后一节（如下所示）就是为了营销宣传之用。

ff

费伯-费伯出版社图书新闻　1951

社里的一位理事对摩根有着特殊的感情，在监督火情的那些艰难的夜晚，是摩根安慰了他。他跟它分享自己的生活。几天前，摩根略带羞怯地把下面这番话交给了他。

《“摩根”猫的自我介绍》

我曾是一只在公海上航行的大海盗
如今已经退休，成了一名指挥官：
这就是为什么你会看到
我在布卢姆斯伯里广场上闲庭信步看大门。
……
所以，你要是来跟费伯（或者另一个费伯）做生意
那我给你个建议——一个特别有价值的建议：
去跟看大门的这只猫交个朋友
这样你会节省不少时间，也能省不少力气。

要说谁能胜任费伯出版社的第二位掌门人，那非杰弗里的妻子伊妮德莫属。她与其他理事的妻子一样，也会与丈夫一起阅读手稿。我很庆幸地找到了下面这份她手写的图书评估报告。其中提到的书如今仍在出版；从中还能看出，费伯出版社当时正在尝试打造国际化书目。

伊妮德·费伯关于阿莫斯·图图奥拉所著的《棕榈酒鬼》[1]（*The Palm-Wine Drinkard*）一书的报告　1951.1.4

此书读毕，我深感惊奇迷幻——不禁想起了安德鲁·朗[01]收集的一些传说，尽管这本书更像是噩梦——我很想了解作者的一些履历，想知道他到底以为自己在写什么，或者想写什么。

[01] 安德鲁·朗是一位苏格兰民间传说收集者。

T. S. 艾略特关于《棕榈酒鬼，以及他在死人镇的死酒保》的报告 1951.2.20

我大概很难称其为“真正的天才之作”，因为它太不寻常了，无法归入任何类别。这是一个西非本土作家写的故事，讲了一堆神鬼符咒，悠长而散漫。西非人的想象力令人毛骨悚然，在这个故事当中更是像变化无常的噩梦一样上下翻腾。实际上，作者似乎就是在一种~~梦的意识~~有意识的梦境中写作的。

阿莫斯·图图奥拉当时还随手稿附上了一封信，里头提到他对自己的英文语法水平很不放心；艾伦·普林格尔便回了如下一封信让他安心。往后的 25 年里，艾伦也一直担任他作品的编辑。

艾伦·普林格尔写给阿莫斯·图图奥拉的信 1951.6.21

拉特沃思出版社（Lutterworth Press）把您的手稿《棕榈酒鬼》转交给了我们。大家极有兴致地读完了，十分希望能够替您出版。

……

关于文本——您使用的英语的确与我们国家常用的书面英语不完全一样；但正因为如此，要是强迫您循规蹈矩、必须符合所有的语法和拼写规则，那才是遗憾。正如只有您这样一位西非人方能讲出这样一个怪异的故事，您的写作风格亦是自有其魅力的。因此，我们建议审稿人员在排版之前先把手稿通读一遍，改正明显的抄写错误以及偶然的遗漏、混乱或前后不一致之处，但必须保留那些虽然严格来说是错误的，却比正确的表达更生动的地方。这点您大可放心，对此书我们胸有成竹，也希望您能相信我们的判断。

阿莫斯·图图奥拉写给艾伦·普林格尔的信 1951.6.27

你在来信中提到愿意出版手稿，还提到会对我的英文错误进行更正等，我很高兴。总之，从你我双方之共同益处考虑，我愿意把一切都托付给你来处理；你们是这方面的专家，所以也无须把印刷校样寄给我来更正了。

艾伦·普林格尔写给劳伦斯·达雷尔的信 1951.8.31

非常感谢你的贺卡，也有劳你说服自家兄弟，等他第一本关于喀麦隆动物标本采集之行的书写完以后，就把手稿寄过来。我期待尽快读到这本《超载的方舟》(*The Overcrowded Ark*)。

艾伦·普林格尔写给杰拉尔德·达雷尔的信 1952.3.20

很高兴告诉你，社里对《超载的方舟》一书赞不绝口，也盼望能立即出版。尽管您费时耗力收集的都是一些人们闻所未闻的生物，但都不影响这本书如此有趣、引人入胜。

杰拉尔德·达雷尔写给艾伦·普林格尔的信 1952.4.3

很高兴得知，你们决定预付我 100 英镑作为版税，其他条件对我来说也很公平。唯一使我有些疑虑的是，这笔预付款的支付方式——正如上次讲过的，我希望能签约后全额支付。鉴于我目前的经济困境，这笔钱能帮我渡过难关，专心创作那本讲南美之行的书。

莫利·肯纳利写给杰拉尔德·达雷尔的信 1952.5.23

我已确保在序言中加入你的教名——前几天我和制作部门就

达雷尔的书谈过一次，结果发现我说的是你哥哥，而他们说的是你！

艾伦·普林格尔决定，给《超载的方舟》里提到的那些珍禽异兽配上插图，效果会更好。他因此委托了一位名叫萨宾·鲍尔的瑞士艺术家来绘制插图；结果却发现，由于艺术家的一丝不苟，自己不得不等上很长时间。

那年夏天，费伯出版社又遭受了一次财务危机。杰弗里在家中卧病在床，脚部受感染，还患有痢疾。关于此事，他最先得知的最坏的情况，来自迪克·德·拉·梅尔的一封信。

理查德·德·拉·梅尔写给杰弗里·费伯的信 1952.6.19

过去几周里，我一直在密切关注社里账面现金的状况，倍感担忧。虽然起初西蒙斯[01]比较乐观，认为秋季之前情势便会自动好转；但目前看来这已经不太现实了。因此我也赞同你的想法，必须立即采取行动。我正在尽力考虑此事，为下周五的理事会会议做准备，要是你身体情况允许的话，我真心希望你能来参加。

……

接下来，得谈谈去年的损失——实在是让人触目惊心。当西蒙斯告诉我的时候，我都不敢相信自己的耳朵，估计他本人也觉得难以置信，一开始还以为算错了。

……

[01] 莱斯利·西蒙斯曾在 1937—1973 年担任费伯出版社的秘书兼首席会计。

我很清楚，这是因为我们把太多的钱都花在了一些眼下和短期内都不会盈利的书（包括新书和再版书）上。在我看来，社里目前亟须改变策略，必须把新书的数量减少到更容易管理的水平；在这点上，我希望大家能够达成共识。

这一紧急情况使得杰弗里·费伯和 T. S. 艾略特不得不赶紧注入现金救急；前者通过短期贷款，后者则购买了出版社的股票。就在这个当口，杰弗里收到了查尔斯·蒙蒂思的一封信。此人乃一位年轻的万灵学院成员，在“二战”中与日本人作战时受过伤，现为执业出庭律师。

查尔斯·蒙蒂思写给杰弗里·费伯的信 1952.7.7

我早就想给您写信了，但一直在踌躇——其实眼下提笔之际我依然在踌躇——因为我自觉可能会毫无理由地辜负咱们的友谊以及您对我的善意。若果真如此，请您原谅。

我写信来是为了就一件事情征求您的建议。此事一直困扰着我，断断续续有很长一段时间了。简而言之就是一个终极命题：我到底要干什么？（我实在不喜欢“职业”这个华而不实的词。）

在踏入律师行业之前，我总在怀疑这个职业是否适合我；而最终决定干下去，估计很大程度上就是个错误。

……

但当我试图寻找自己真正向往的领域时，发现竟找不到一个精确的表述，只能无可救药地称之为“跟文学有关”。我大概是想说：要是能写作，那估计就是我最心仪的职业。但也可能还有另一层意思（请原谅我这些反复唠叨）——我只有在“书香环绕”的氛围中才会真正快乐：买书、读书、谈论书，就像回到家一样幸

查尔斯·蒙蒂思坐在牛津大学万灵学院前的草坪上。

福惬意；这种感觉我从未在别的事情上找到过。

而这一切——您肯定已经猜到了——自然就让我想到了出版行业。故特意来请教您，包括入行的可能性以及未来发展前景等等；如您能点拨一二，不胜感激。除了前面已经赘述过的“书生气”之外，我自认为还具备一定的常识和管理能力。当然，对于出版行业，我了解得还很浅，因此无法断定这个想法是值得追寻下去，还是应该直接放弃。要么就想点别的，或者带着几分厌恶继续去当律师？（此处我应该解释一下：我所说的进入“出版行业”自然是指在出版社找到一份工作。我之所以犹豫了这么久才给您写信，正是因为我知道这封信看起来就会是一封求职信。但说实话，我原意并非如此——至少目前不是。我确实是需要把情况摸得更透彻才能做决定。)

杰弗里的答复无疑充满善意，但态度却显得不是那么积极。

查尔斯·蒙蒂思写给杰弗里·费伯的信 1952.7.18

对您的来信，我说不出地感激；不仅是因为您在信里提到的所有进入出版行业的方法，更重要的还有——但愿这么讲不会令人难堪——您的同情和理解。我欠您一大份人情。

普遍意义上来说，出版界并不好进，这点我之前有模糊的了解，而现在我有了更清晰的了解。您跟我讲自己出版社的情况，对此不消说我有多感激。就像之前提到的，我第一封信并非为求职而写；但若时机成熟，我果真决定进军出版界，则自然只会有您这一家公司是我愿意效力的。假如未能如愿，我也完全接受；但如果您碰巧在别的地方听到有合适的机会，能请您告诉我吗？

事情似乎就这样告一段落。但几个月后，在财务危机的余波之下，T. S. 艾略特不得不给杰弗里写了一封信。信中闪耀着智慧的光芒——而最初杰弗里并未意识到这一点。

T. S. 艾略特写给杰弗里·费伯的信 1952.10.18

我随信附上了一些便条，但愿不会冒犯你。这些不算是深思熟虑后的表态，你就当它是我在某个场合下可能开展的谈话摘要，还有待商榷。

……

我知道你正忙着在股票和贷款之间分配新一批的资金，还有一些大方向上的计划。我也意识到，对咱们这个机构的运行方式做一些改进，将来会很有帮助。这样一来，就算从前当银行职员时学到的那一丁点儿关于数字和系统方面的技能现在都还给老师了，我也不用再担心。我的关注点最终会落到“个性”二字上，这才是一家私营有限责任公司，特别是一家出版公司最看重的东西。正因为如此，这张便条只能给你看。

……

我记得曾对你说过（你可能已经忘了），你手里根本就没有这个“理事会”，那些所谓的“理事”也只是名义上的理事。你麾下只是多个部门的经理，而他们每个人都只会从自己部门的角度来看待社里的业务。这点必定是有待商榷的。我倒不是说他们就不配当理事。举个例子，克劳利自然应该是理事会的一员，但从他接受的训练和经验来看，他的首要角色还是一名销售经理。德·拉·梅尔应该进入理事会，这也没错；但从技能和经验来看，他的首要角色则是一名生产经理。肯纳利加入理事会当然也是对的，但由于脾气暴躁和缺乏自信，他更像一位普通的雇员。（站在莫利·肯纳利的立场，我必须说一句：他或许跟我有同样的担忧，或者至少有一部分是类似的。我从未跟他讨论过这些事情。）还有杜·索托伊，我认为他比上述任何一位理事都更有成为理事的潜质（我是说他能够从整个出版社利益的角度来考虑问题）。最后说到我自己，作为一个微不足道的部门经理，我负责的书籍品类赚不来大钱，只能尽可能减少损失。

所谓理事会，实际还是图书委员会说了算。

……

我认为，“希望下一场危机来临时我们还能吸引到外部资金”，这种想法是不切实际的，除非投资的前提条件涉及外部力量对出版社的彻底控制。当然，假如我是一个外部投资者，但深谙出版业内部情况，我做梦都不会向这行投入一分钱。

除了将一些新书归入“1954年及以后”的书目以外，社里是否已经（或有可能）尝试将项目规模减小到我们手头资源能够承受的程度？

眼下看来，即便我们能挺过接下来的两三年，未来又会怎样？你我都是准备好要退休的人了。我说的“退休”是指，如果我写的下一部戏大获成功，我或许就会考虑放弃在社里的薪水，（未来几年里）只要求一个房间，以及一名秘书来协助写作。但是这五年时间里，我们能够拿到什么样的书呢？

只要迪克在，我们就理应能够在园艺和农业类书籍方面保持领先地位（我个人认为，这比投资昂贵的艺术类书籍要安全得多，因为保不齐哪天艺术类书突然就滞销了）。但目前看来，社里还没有任何拥有足够的教育水平、社会人脉资源或品位的年轻人，能让我们始终走在行业之先。我已经准备好在适当的时候退出理事会，让一位具备以上条件的年轻人（比如40多岁的人）来接替我的位置；但这样的人你现在上哪儿去找呢？

当然，眼下生产和销售部门的工作压力都很大，两边都不可能对单独一本书给予足够的关注；社里生产的图书数目也远远超出了我们的宣传能力所能覆盖的数量。

我之所以会有这样的感觉，部分肯定归因于精力随着年龄渐长而下降，再加上还有那么多事情占用我的时间。另外一个让我缺乏热情的原因是，面对出版社这份庞大而杂乱的书单，我觉得自己只要尽可能少添书目，就是最大的贡献了。

杰弗里·费伯写给 T. S. 艾略特的信 1952.10.24

关于个性，你知道我同意你说的大部分内容（不是全部）；但这又能给我们带来什么呢？对手下的人我只能人尽其才，要么就干脆开除。我想你之前说的那些话，大概都是因为把人的暗处看得太清楚，明处却太模糊。

……

“假如我是一个外部投资者，但深谙出版业内部情况，我做梦都不会向这行投入一分钱。”

这话可太冷酷无情了，特别是考虑到你本人数月前的慷慨相助。当然更伤人的还是你后面提到的那句，说自己不愿再为社里这份庞大而杂乱的书单做贡献了。我斗胆问一句，一个人说出这些话，是否主要是为了达到震惊和刺痛别人的效果，而并非代表他自己的真实意愿？如若不是，那一定是你已经对自己和咱们曾经共同创造的成果以及眼下正在从事的事业彻底失去了信心与兴趣。对我而言，那将是一场灭顶之灾——你倒是有自己伟大的成就可以慢慢回顾；而我除了费伯出版社，什么都没有。

这个我就不细说了。但请允许我表个态——我不同意你的悲观看法。或许某种程度上是因为我承受不起；但另一方面，我的确认为社里的状况基本上还算稳定；资金方面的数字也只是一个误导性的指标。为了向你证明这一点，我本该对出版社在整个战争期间和战后的运营状况做一个全盘分析；但这个工作量太大了，我一时半会儿做不来。我承认，我们犯过一些严重的错误——对此我们不能只一句简单的指责了事——但大家都从中吸取了教训，并且在实践中不断成长、避免再犯；而你的批评之词似乎对这点置若罔闻，让我很难过。

关于未来。你说得很对，我们还没有找到一位能让出版社在大众文学领域名列前茅的更年轻的接班人。这也是我一直担心的事情。大约 4 个月前，查尔斯·蒙蒂思（万灵学院成员，非常能干，30 多岁，北爱尔兰人，从事法律行业但并不热爱这一行，却热衷于我们做的这类东西）问我可否为他在出版业找工作提供建议和帮助。我琢磨，他可能会是我们的合适人选。（你还记得他写的那份报告吗？是关于那本叫《乔伊斯的都柏林》[01] 还是什么名字的书。）我和迪克讨论了这个人（他和你我一样担心这方面的问题），迪克认为值得认真考虑；但我没有采取下一步行动，一方面是为了等有机会跟他在万灵学院好好谈谈；另一方面也是因为钱的问题。既然你在来信中直指要害，看来这次任命势在必行了。

T. S. 艾略特写给杰弗里·费伯的信　1952.10.26

从你的信中，我感觉你把我的话当成了对你个人的评判，以及对出版社运营方式的严厉谴责，对此我很抱歉。另外，我也很惭愧，在谈及未来融资一事时提到了自己的资金贡献——这两件事本不该相提并论。由于涉及外部支持，我应该耻于从这笔投资（或投资加贷款）中获利。我只是想强调一点——而这点在你的回信中并未提及——对于靠吸引外部资金来应对下一场危机这件事情，我们不应该过度乐观。至于我个人的贡献，的确，这个时候提出撂挑子或许是不忠诚、不光彩的。等到下一次再发生紧急状况，我或许能再凑个几千块，但远远达不到之前的数额了。考虑到我

---

[01]《乔伊斯的都柏林》(*Joyce's Dublin*) 是加拿大文学学者休·肯纳的作品，费伯出版社后来并未出版。

欠你的——远超你所知的程度——这个挑子我不能撂下。

总而言之，我主要是想强调一点：你身为理事会中仅有的三位能够把握出版社发展全局的强势人物（其他人在某种程度上受各自部门繁重的工作所限，还做不到这点）之一，我有时认为你过于仁慈宽容了，还不够“专制”。

如果你确实认为，随着事态的发展，社里依靠手头的资本能够熬过接下来两年（当然，前提是要忽略国家灾难的影响——要是把这点也考虑进来，我们就会陷入瘫痪，根本无法做生意！），那我无话可说。

……

回到刚才讲过的一点。我觉得，一个人要是语出伤人，一定是因为他曾经受到过伤害。你在来信中说：“你倒是有自己伟大的成就可以慢慢回顾；而我除了费伯出版社，什么都没有。”你或许不认为这句话会伤害到我。（但我恰恰认为你还是有几件功绩值得回顾呢。）而我的反驳很简单，无法字斟句酌，只能这么讲：我的确有很多东西可以回顾、审视，但这一切对像我这样充满阴郁的加尔文主义气质之人而言，一点儿也不值得宽慰。

这句话还触及了我的另一个痛点。我时常感觉自己在费伯出版社的用武之地都已成为过去——我无法再承担更多的工作：外界责任带来的压力越来越大，这意味着我要不断争取足够的时间，要么留给费伯出版社，要么留给我自己的写作（所谓“自己的写作”，我指的当然是写我自己想写的东西）。但长久以来我一直在考虑，自己领到的薪水可能太多了。其实，我的工资在某种程度上算是一种挽留费：社里能以此留住我，让我不至于跑到别的出版社去（这并不代表我有丝毫的意愿要这么干，也没有人想要我；

而且我猜除了我本人以外，任何人都不曾有过类似的想法。）我自然不想再在这方面多花心思，但如果我的薪水能降到750英镑或600英镑左右，更符合我在社里发挥的真正价值，我可能会感觉更舒心些。

当然，即便如此，估计也不可能再增加一个理事的名额。（话说到这儿，我们恰好又遇到了普林格尔的问题。）我记得蒙蒂思写的那份关于乔伊斯的书的报告，令人钦佩；要是万灵学院的这条人脉能够延续下去，那就太好了。但我想知道：（1）他平素和什么样的人来往？（2）他能把钱投入咱们的事业里吗？（我考虑的不是社里对钱的需求，而是此人是否愿意将自己的钱置于风险之中，又期待换取何种地位和利益）。我猜他估计会像鲁珀特·哈特-戴维斯[01]一样（尽管我对达夫·库珀的世界并不感兴趣）；我本就很怀疑鲁珀特的商业意识是否可靠，另外他的脾气估计也很难对付：这方面简直就跟鲁珀特如出一辙！

每当读到这封信，我对T. S. 艾略特的印象就更加深刻。“普林格尔的问题”指的是如果彼时另有编辑被提拔至艾伦·普林格尔的位置之上，后者可能会有何种反应。

杰弗里·费伯写给T.S.艾略特的信　1952.10.28

非常感谢你的答复，我也为自己发了那么多牢骚感到羞愧。要怪就怪我感冒了，近一个星期都睡不好觉。

---

[01] 鲁珀特·哈特-戴维斯（Rupert Hart-Davis）是一位英国出版商，拥有自己的出版社。他同时也是政治家达夫·库珀的外甥。

在艾略特的支持下，杰弗里给查尔斯·蒙蒂思回了信。

查尔斯·蒙蒂思写给杰弗里·费伯的信 1952.11.10

没错。我上次对您说过，若是能在费伯出版社谋得一职，我定会感激涕零。在这一点上我的态度非常诚恳。如您所知，此事我已深思熟虑；而且我越想越觉得，比起干律师，出版行业定会是个让人愉快而满意的职业。同时我也自认为能够胜任——至少我已经具备了一些必要的素质；但最终还得由您来评判。

当然，我也明白，您目前还没到确定录用我的时候（即使是试探性的承诺）；但您不仅给我讲解了费伯出版社的整体架构，还分析了目前社里可能提供的工作岗位之性质，对于这一切我已经不胜感激。即便此事最终没有结果，我也会永远感激您。

……

因此，如果 T. S. 艾略特先生想见我，那么我自然也十分高兴与他见面（尽管我得承认，到时候我可能会有点紧张害怕——并不是说我把他想象成了一个可怕的人，而是因为那将会成为一场最关键的面试）。

T. S. 艾略特写给查尔斯·蒙蒂思的信 1952.11.17

我可以在下周安排午餐——在那之前我很忙——但我想晚餐或许会更令人愉快，也更适合安静地交谈。那么我就把日子定在一周后，12 月 11 日星期四的晚上如何？地点我建议在“雅典娜”餐厅，7 点以后任何时间都行。那儿的吃食一般，但比“加里克”餐厅更适合聊天，“加里克”餐厅在周四晚上总是客满。

艾伦·普林格尔写给萨宾·鲍尔的信 1952.12.1

《超载的方舟》迟迟出不来，主要是在等您的插图，大家都挺着急。我想知道，您能否抓紧完工并寄给我？

查尔斯·蒙蒂思写给杰弗里·费伯的信 1952.12.17

感谢您的来信。我自认为这次会面很顺利。那是个愉快的夜晚，我跟T. S. 艾略特先生也很投缘。但我自然难免会有疑虑和担忧，故而您的来信对我是一种极大的宽慰和重要的保证。

杰拉尔德·达雷尔写给艾伦·普林格尔的信 1953.1.13

对了，我想有必要跟你说一句——我已经请柯蒂斯·布朗来担任我的经纪人，因为我要赶在夏天之前出国。

萨宾·鲍尔的插图上一再拖延，使费伯出版社不得不推迟出版《超载的方舟》。这可能是杰拉尔德·达雷尔决定任命经纪人的原因之一；而他选择了斯宾塞·柯蒂斯·布朗，这一点本该是对费伯出版社敲响的警钟。

与此同时，对查尔斯·蒙蒂思的招募似乎正沿着既定轨道缓慢进行。然而，彼时万灵学院的院长约翰·斯帕罗却以下面这封颇为夸张的信来横插了一杠子。

约翰·斯帕罗写给杰弗里·费伯的信 1953.2.12

查尔斯不久前跟我讲了他的想法和计划，也让我知晓了他的最新情况。就在T. S. 艾略特与他共进午餐前不久的一次晚宴上，我就挨着艾略特坐，但并未跟他提起任何关于查尔斯的事情；因为他既没有问我，我也并无资格干涉。当然，若我讲了真实想法，估计也会令人十分不快。第二天晚饭时，我坐在约翰·海沃德[01]旁边，并从他那里得知，至少从艾略特这边看来，此事已经定了。面对当时约翰的询问，我说出了自己的看法，而且我自觉这么做无可厚非。至于当时具体说了些什么，老实讲我不记得了，但一定都是肺腑之言（即便还有所保留——我是说，我只讲出了一部分肺腑之言）。保密来讲* 是这样的：我认为查尔斯完全有足够的能力（不仅仅是身体上的）和分量（唉！还是难免用词不当），他对当代文学饱含真正的热忱与了解，他有天赋（我必须指出，是天赋而不是品位）；他如此热衷于出版，入行后也定会如鱼得水。

我想他绝不会让你失望，你也不会后悔起用他。

但我认为（这才是保密的部分）他身上的确少了一种不同凡响的气质，而且不是少了一点点。当时我或许还向约翰提到过，此人粗糙的品位** 竟然入了以“吹毛求疵”著名的艾略特的法眼，这确实让我很是惊讶。

……

有“*”的地方是我特意标注出来给你和你的合伙人看的，如果你愿意告诉他们的话。

标了“**”的地方是想告诉你，我的措辞可能要比原本要表达的意思稍强烈一些！

杰弗里把此信给 T. S. 艾略特看了。

---

[01] 约翰·海沃德在 1946 年至 1957 年与 T. S. 艾略特合住一套公寓。

T. S. 艾略特写给杰弗里·费伯的信　1953.2.14

我认为还是要认真考虑约翰·斯帕罗的意见，即查尔斯具备的是天赋而不是品位。据我对他的观察，此言或许不假。但我不确定的是，对一家出版社的偿付能力而言，天赋是否就真不如品位有价值。（我本人在某些领域还算有点天赋，但“品位”这种东西在某种程度上是我的缺陷。）我很好奇，如果约翰如我们一样熟悉出版行业，他是否也会“吹毛求疵”——这行里有多少人是既有品位又有天赋的？又有多少人会因为“粗糙的品质”而被一个所谓“吹毛求疵”的人彻底否定？我想不通。查尔斯是缺乏品位的，这点没错；但仅凭那一次面试，我绝不会想到用“平庸”二字来形容他；而且（最重要的是）如果有人说他“粗俗”，我第一个不答应。

杰弗里·费伯写给查尔斯·蒙蒂思的信　1953.2.16

在牛津大学见到你时，我能感觉到，你对事情的进展缓慢有些烦心。

但我向你保证，这一点上没必要担心。办事不能操之过急，至少，着急是最不明智的。但我已经催促德·拉·梅尔尽快和你联系了。你收到他的消息了吗？我很理解那种漫长等待的痛苦；但恐怕眼下这是唯一的办法，除非我用级别去压他——但你应该明白，我最讨厌这种行径。

团队中要想引入一名新成员，往往会遇到不少阻碍；因为既有成员早已习惯了彼此的特点。再说了，一旦你加盟，无论对你自己还是对我们出版社而言，都会是不可挽回的一步。因此请别怪我没有把脚踩在油门上，尤其鉴于我天生就是一个倾向于迅速做出决定、对长时间的拖延感到极不耐烦之人。而且千万不要认为表面的平静之下就没有波涛涌动。

杰弗里·费伯写给贾尔斯·德·拉·梅尔的信 1953.3.7

愿你在伊顿公学愉快地度过最后一个学期，然后顺利进入海军过渡（我记得是海军，没错吧？）；等到了牛津大学以后，你一定将拥有三年幸福而卓有成效的时光。等毕业后，如果你感兴趣而费伯出版社也仍在运营中，我希望罗素广场会有地方放下为你而准备的一桌一椅。

贾尔斯·德·拉·梅尔于1960年加入费伯出版社，在10年间晋升至理事一职。作为一名非小说类作品的编辑，他此后专门负责艺术类书籍，出版了一些优秀的作品，还推出了几位重磅作者。但由于我需要专注于社里持续出版的书目，因此在费伯出版社接下来的故事里，贾尔斯的身影将只会一闪而过。

艾伦·普林格尔关于杰拉尔德·达雷尔所著《前往阿德文彻的三张单程票》（*Three Singles to Adventure*）一书的报告

杰拉尔德·达雷尔去当时的英属圭亚那收集动物标本的故事在我看来趣味十足——里头满是奇怪的鸟类、兽类和鱼类，笔触幽默，描写精彩。另外，他的写作水平通过磨炼似乎已有较大长进，故而此书要比他那本《超载的方舟》更为精炼可读。

……

虽然萨宾·鲍尔的作品令人钦佩，但我认为还是应该试着找一位画风更轻松、让读者更容易理解的插画师，关键是还要能够及时出成果。V. H. 德拉蒙德会画动物吗？

达雷尔在来信中称，他想要350英镑的预付款，签约后即付，因为他今年夏天要去澳大利亚，为彼得·斯科特和“塞文野禽信托基金”收集鸭子和鹅的标本，而旅费就指望这第二本书的版税了。眼下关于这笔预付款还有一两个问题没有解决——如果我没有看走眼，此书正是社里所需要的那种作品（美国书除外）。但另一方面，作为“双壁之作”中面世的第二本，即便它比《超载的方舟》强，销路估计也不会十分理想；而且这一次我们最多只能拿到英国国内的版权[01]。至于未来的安排，他在电话中曾提到自己还有另一本书（或者是其中的一部分），风格跟之前的不太一样，并已就宣发方面征求了柯蒂斯·布朗的意见；我目前掌握的情况就是这样，但咱们可以先向他要来，以备不时之需。

作为此书的拥趸，我建议社里考虑给他预付 250 英镑。

但这个数字还不够。后续之事在杰弗里·费伯写给斯坦利·昂温的下面这封信中有详细陈述——费伯出版社和斯宾塞·柯蒂斯·布朗均同意让昂温成为双方争端的“仲裁者”。

杰弗里·费伯写给斯坦利·昂温爵士的信　1953.4.2

3 月 12 日那天，我们写信给斯宾塞·柯蒂斯·布朗，提出了一些条件——我们可以提供作者要求的 350 英镑预付款，但会分成两部分：一部分是第二本书的 200 英镑预付款，另一部分是前一本书的第二笔 150 英镑预付款。两笔钱都可在 4 月 5 日签约之后支付。我们认为，这一提议是为了满足作者愿望的一次合理尝试。

[01] 艾伦·普林格尔的意思是，现在杰拉尔德·达雷尔有了柯蒂斯·布朗，这位经纪人将会负责处理其作品在美国和其他地方的版权问题。

……

但斯宾塞·柯蒂斯·布朗在3月18日的回信中拒绝了第一次提议；我们便接着谈判。

……

与此同时，斯宾塞·柯蒂斯·布朗在我们不知情的情况下向鲁珀特·哈特-戴维斯提供了此书的书稿，并提出了具体条款：15%的固定版税，以及400英镑的预付款。而这次与哈特-戴维斯的接触就发生在我们的第一次报价被作者拒绝之后——斯宾塞·柯蒂斯·布朗于3月18日向我们传达了被拒绝的消息，但紧接着在3月20日的信中便宣布哈特-戴维斯接受了此书。而其实他头一天，也就是19日就已收到我们的第二份报价并通知了作者，但并未告知我们此书已被提供给另一家出版社。

当我们（从3月20日斯宾塞·柯蒂斯·布朗的来信中）得知哈特-戴维斯已经与之接洽并同意了其提出的相关条款，我们就表态，愿意以相同的条件把这本书争取回来。

第二天，杰弗里给查尔斯·蒙蒂思写信谈了另一件事。

杰弗里·费伯写给查尔斯·蒙蒂思的信 1953.4.3

星期三我们开了个会。虽然并未得出明确的结论，但我至少可以告诉你，我们正在认真积极地考虑邀请你加入理事会。另外有两位理事还没有见过你——我们的销售经理W. J. 克劳利以及莫利·肯纳利，他主要担任宣传和日常编辑工作，还负责维系社里与几位作家的关系。你得跟他们见个面，彼得·杜·索托伊会尽快安排此事。

……

我们也许应该建议你先到理事会“试用”一年。在此期间，咱们双方都有充裕的时间来考虑这一安排是否合适。如果一切顺利——我讲的“顺利”并不是指这一年你必须给社里做出一本赚钱的畅销书（因为那是不可能的！），而是指如果你愿意留在理事会，各位理事也希望你留下来，那么我们打算为你提供一个理事的位置，还会适度加薪（尽管加不了太多）。我想，社里或许认为有必要让普林格尔也担任理事一职，甚至这一任命可能会在你加入出版社的同时生效，否则他难免会觉得自己在社里忠心耿耿、兢兢业业干了这么多年，到头来却被搁置一边，给后起之秀腾位置。

艾伦·普林格尔写给斯宾塞·柯蒂斯·布朗的信 1953.4.9

我们当然已经收到了斯坦利·昂温爵士作为“仲裁者”的裁决；我在此也把《前往阿德文彻的三张单程票》的打印稿一并寄还给你。

杰拉尔德·达雷尔的经纪人出手凌厉，让费伯出版社从此失去了这位作家。除了那本《超载的方舟》仍在该社出版，接下来30年里他写出的畅销书都流向了别处。

几年内连续失掉C. P. 斯诺和杰拉尔德·达雷尔两位重磅作家，让人清晰地感觉到这个出版社已经开始迷失方向，无法适应柯蒂斯·布朗等经纪人所擅长的那种更积极的谈判方式。幸好，不到一个月，杰弗里终于写信给查尔斯·蒙蒂思，让他在9月份加入费伯出版社。这封信早已丢失，但好在约翰·斯帕罗和查尔斯·蒙蒂思的回复都留存了下来。

约翰·斯帕罗写给杰弗里·费伯的信 1953.5.9

我该说什么呢？恐怕我的想法并非你认为的那样坚定。如果要我说，我绝对不会“反对”你们雇查尔斯这个人。其实我那天对约翰·海沃德讲过的话只是饭后闲谈——从各种意义上讲都是——是在假设你已经雇了他的情况下说出来的，算是对假定的既成事实的一种闲谈而已。

……

我的确对约翰·海沃德表达过关于查尔斯之思想和人格品性的看法（虽然无疑过于激烈且富含情感色彩），但如果我眼下推翻自己说过的话，那是不真诚的。在我看来，此人的思想和品格确实不够优秀、独特，还不是一般的平庸。而且我认为，他的善良本性恐怕也即将退化成一种沉闷的温和，令其变成一个肥胖油滑、自负的中年男人。我只是说存在这种“可能”——好让他保持警惕：警惕到每一个脚趾（如果他的脚趾还在的话）。这样一来，终有一天会云开雾散——我指的是他的灵魂；我对贵公司倒并不担心。他以后定能施展拳脚，让你们双方都不会后悔这一选择。

无论如何，从约翰·斯帕罗拿查尔斯的脚趾开玩笑（指的是他在战场上留下的伤）就能看出，此人品性很成问题。

查尔斯·蒙蒂思写给杰弗里·费伯的信 1953.5.11

非常非常感谢。我无法用语言描述此刻内心的喜悦以及对您的感激。

那年9月，为迎接查尔斯·蒙蒂思的到来，杰弗里和T. S. 艾略特做了一项准备工作。他们在一份正式备忘录中表示，同意艾略特（当时快 65 岁了）接下来减少对出版社工作的参与，好为这位年轻同事让路。

杰弗里·费伯与 T. S. 艾略特之间的协议备忘录

T. S. 艾略特还认为，一年以后他不应再是法律意义上的“实职理事”，并将他的工资降至只保留“理事基础薪金”，比如每年 150 英镑或 200 英镑。无论降到多少，他只希望能保留一间办公室，以及一名兼职服务的秘书（在合理范围内，她需要优先听他差遣）。

T. S. 艾略特提出自己今后将在一定程度上参与图书委员会的工作（须经批准）。他将按近期一贯的频率出席相关会议，直到莫利·肯纳利回来。到那以后，他建议安排自己每周三下午留在出版社，以便在讨论那些需要征求他意见的事项时召唤他去参加。备忘录中尚未决定午餐是否还会为他保留席位（原文如此）。

……

随着这两次连续的身份变化（此外他随后也可能从理事变成股东），T. S. 艾略特希望能慢慢减少自己在社里诗歌与文学部门的工作，直至完全停止。但他也意识到：（1）作家们愿意与一直为他们服务的理事保持联系，且部分作家在这一点上比其他人更敏感；（2）他本人将不得不转而承担神学部门的一些工作。他也想研究政治哲学，但并不会介入政治话题。

在这份正式的备忘录之外，两人之间还有更为私密而深情的信件往来。

杰弗里·费伯写给 T. S. 艾略特的信 1953.9.22

有些话必须说明白，好写进咱们的会议记录里。但那些记录再详尽，也不可能写下我对你真正的亏欠。即便我活到能给自己写自传的那天，我也永远无法以不惹恼你的方式满足我自己的良心。我大概向来是能够为你所用的（或许还有些越俎代庖了），其实我知道你也从没有忘记这一点；我有幸为你的成就贡献了绵薄之力，而你总是高估了它的价值。话已至此，汤姆，让我们把掌声送给那位介绍咱俩认识的伯乐——查尔斯·惠布利（他绝想不到效果会这么好）。

我们都是有所保留的人，都不轻易放下防备说出自己的心里话。那就让我来先开这个口：汤姆，就一句话——先把诗歌、出版和戏剧这些都放到一边（这一放东西可不少呢！）——除了在婚姻上的好运，我从未遇到过比遇见你更美好的事情。那大概是25年前，在查尔斯·惠布利的安排下。（或许比那还早吧？我记得是1924年，在拉德布罗克从林路，还是个冬天。那时正赶上迪克出生，伊妮德产后在一家疗养院养病。咱俩当时还就“芭蕾”有过一次相当生硬的交谈！）

对了，查尔斯·蒙蒂思明天（其实已经是今天了）就要来图书委员会“列席”参会了。

T. S. 艾略特写给杰弗里·费伯的信 1953.9.23

至于其他方面，我只能说，你的来信让我感到无比的自豪和愉快——对此即便我索尽枯肠也不足以形容。至于我欠你的债，你也无法想象——我个人的一些私事，至今想来依然十分痛苦，因此我也从未向他人透露过一个字；而要谈到我欠你的人情，则不得不提起这些回忆。一位恩人在适当的时候出现，在他所知甚少的人身上赌了一把，将其从绝望的境地中解救了出来，而这位恩人却毫不自知。但无论如何，被救的人不胜感激。

我清晰地记得咱们第一次见面的场景——至少如今还有一张清晰的快照保存在我的记忆相册里。我想当时咱俩都有些局促：当时我的确如此。而且我还要全神贯注地向别人推销我的服务！但无论如何，那天确实给我留下了极好的印象；但我当时绝对想不到，自己带着疑虑和不安去面试时遇到的这个人，日后竟成了我极少数值得信赖（以咱俩间特殊的方式）的亲密朋友之一。

当时查尔斯·蒙蒂思应该还在他试用期的头几周，大概是需要在去牛津的火车上读点东西打发时间，他便从一堆作家主动寄来的手稿中抓起了最上面的一捆。上面的折角说明许多出版社或许已经看过这份书稿但拒绝了。下面这封随手稿附上的信看起来也并不乐观。

威廉·戈尔丁写给费伯–费伯出版社的信　1953.9.14

特向贵社寄去我的小说《内心深处的陌生人》（*Strangers From Within*）打印稿。此书可被视为对日常景象的一种寓言式解读。我希望你们能出版。

费伯出版社的审稿员已经看过这份书稿。她把评价写在了戈尔丁来信的左上角。

反正车上也没有别的内容可读，蒙蒂思看完第一章后，还是继续把这份“垃圾又无聊”的书稿读了下去。他发现了一些更有意思的东西。

查尔斯·蒙蒂思写给威廉·戈尔丁的信　1953.10.15

这本《内心深处的陌生人》的书稿我们恐怕耽误了太久；这次去信给您就是想表明，我们很感兴趣，但还未就此做任何决定。

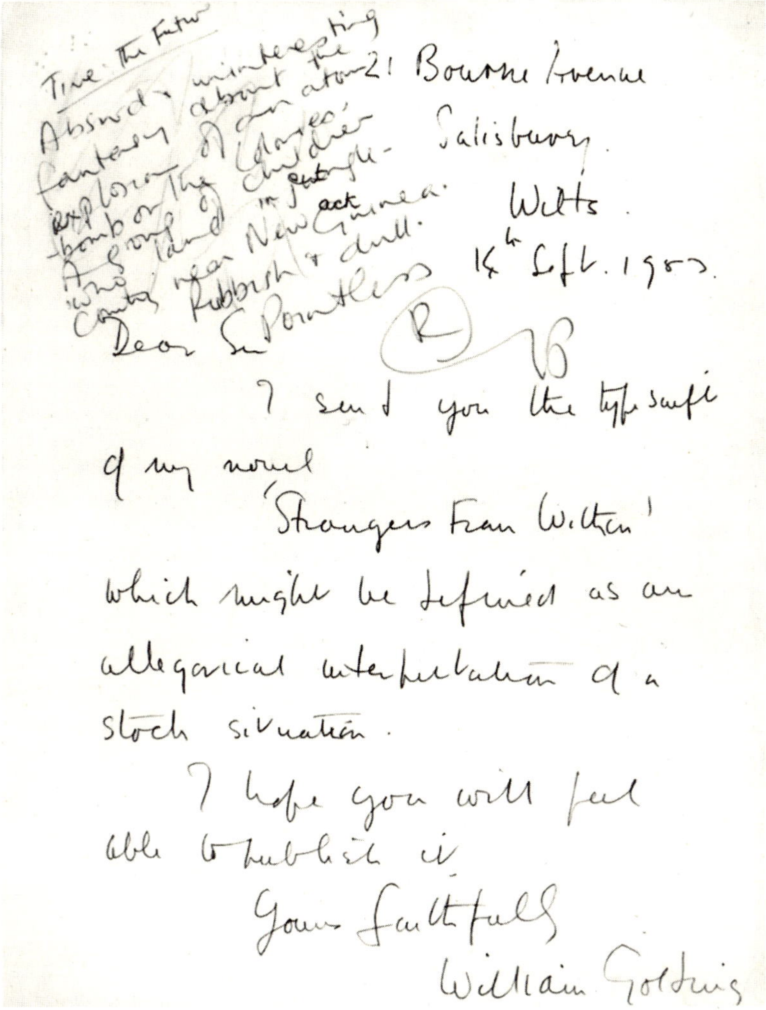

Time: The Future
Absurd & uninteresting fantasy about the explosion of an atom bomb on the Colonies. A group of children who land in jungle country near New Guinea. Rubbish & dull. Pointless.
R

21 Bourne Avenue
Salisbury.
Wilts.
14th Sept. 1953.

Dear Sir

I send you the typescript of my novel
'Strangers from Within'
which might be defined as an allegorical interpretation of a stock situation.

I hope you will feel able to publish it.

Yours faithfully
William Golding

“未来倒计时。关于一颗原子弹在殖民地爆炸的幻想。荒谬且无趣。一群小孩在新几内亚附近的丛林国家着陆。垃圾又无聊。毫无意义。退稿。”

希望能尽快给您一个更明确的答复。

理事会会议记录 1953.10.29

费伯先生报告称，艾略特先生遗憾地决定退出图书委员会，其位置将由查尔斯·蒙蒂思先生取代。但如果有需要，社里可随时咨询艾略特先生的意见。

查尔斯·蒙蒂思写给菲利普·拉金的信 1953.11.5

亨利·麦克尔[01]肯定已经告诉过你，我为何急于与你取得联系：其实就是因为我最近读到《冬天里的女孩》一书，十分震撼。巧的是，就在我读完一两天后，某日与J. D. 斯科特共进午餐，他竟也很自然地提起这本书，称其是一部很优秀的作品；他记得里头不少细节，还好奇什么时候会有续集出版。

拿到你的名片之后，我找艾伦·普林格尔谈了谈，他给我看了你提到的那封信。我十分理解并同情你的处境；当一切要么走向死路，要么根本不成形的时候，若仍要继续强求，则一定是十分痛苦的。

我能否冒昧地提个建议？如果你觉得这建议愚蠢且冒失，请当我没说。你跟艾伦提过，那些小说你实际上已经开始动笔写了，只是要么没能写完，要么认为不值得写完。你觉得，我能先看一眼你的这些初步尝试吗？如果咱俩能产生共鸣，或许对你接下来

[01] 亨利·麦克尔是贝尔法斯特女王大学的著名化学家，曾在牛津大学读研究生，也是查尔斯·蒙蒂思和菲利普·拉金的共同好友。

的努力会有帮助。

菲利普·拉金写给查尔斯·蒙蒂思的信 1953.11.8

你建议我向你展示我的那些失败之作，这在我看来其实无比仁慈和慷慨；如果我不接受，那绝非因为我认为这个建议是愚蠢、冒失的。说实话，收到你的来信后，我的确把自己最后一篇，也是最有希望的一篇“失败之作”拿出来，通读了一遍。读完我发现有不少可纠正之处，仿佛真是你那“共鸣”的魔法在冥冥之中化腐朽为神奇了。

……

顺便说一句，我要借此机会问一个商业问题：我偶尔会写诗，现在刚把一部诗集（里头大概有六七首诗）交给了一家叫“幻想出版社”（The Fantasy Press）的小公司。应该说几乎没有掺杂什么个人经济利益。这不会让你担心吧？我只是觉得，理论上我有必要将自己的每一本新书都介绍给你，但这几乎算不上一本书。

我很高兴收到你的来信，这在很大程度上消除了费伯出版社过去在我心目中那个“求全责备的父亲”的印象。

查尔斯·蒙蒂思写给菲利普·拉金的信 1953.11.10

就诗歌而言，我们毫不反对你把诗集交给幻想出版社。而且说实话，即便我们想反对，也没有权利反对：我看了你合同里的选择权条款，里头写明只涉及小说。

查尔斯·蒙蒂思写给威廉·戈尔丁的信 1953.11.27

正如我在 10 月 15 日的信中向你提到的，我们出版社对《内心深处的陌生人》很感兴趣，我也很愿意和你谈谈这本书。

查尔斯·蒙蒂思写给詹姆斯·莫里斯夫人的信 1953.12.3

冒昧地给您写信，是因为我从《泰晤士报》上看到，您丈夫目前在美国，不久后您也将前去与他会合。

那么届时请您转告他，我们这里所有人都十分钦佩他从珠穆朗玛峰发回的报道；不知道是否有机会说服他为费伯出版社写下这段探险经历？

威廉·戈尔丁写给查尔斯·蒙蒂思的信 1953.12.6

以下是我的小说修订后的一些片段，也就是开头、中间和结尾部分。你会看到，我去掉了“序言”“插曲”“尾声”这些单独的篇章，并将其融入正文中。另外，第一章现在以小猪和拉尔夫的相遇作为开篇，我会把他们相遇的过程（至少是有必要交代的内容）以对话的形式呈现出来。

下一个要处理的就是西蒙，也更难处理。

……

你觉得《悲泣的孩童》（*A Cry of Children*）这个书名怎么样？至少有两层意思，比之前那个名字要好一点。

杰弗里·费伯写给理查德·德·拉·梅尔的信 1953.12.23

出于各种原因，我不得不告知大家一件惊人之事——我即将出现在新年授勋名单上，被授予骑士头衔。因此，我觉得有必要在名单公布之前先让你知道——在这方面，我的所为远没有你父亲那么谨慎。但毕竟比起骑士头衔，功绩勋章才是大家梦寐以求的。

……

我回到公寓去找伊妮德时，她正在下楼梯，两手各拿一个包，准备去滑铁卢车站赶 9 点 20 分的列车。我让她猜了三次——不管她猜了什么，当我告诉她这个好消息时，她惊得倒在楼梯上，两个包都掉了，然后喊道（很遗憾，一位令人尊敬的英国主妇在震惊过头之际竟然蹦出了一句美国俚语）“你开什么玩笑！[2]”

查尔斯·蒙蒂思写给威廉·戈尔丁的信 1954.2.11

很高兴终于能写信告诉你这个好消息——社里已经决定，接下你这本小说。虽然我眼下还不能打包票，但希望我们在今年秋天就能够出版。

查尔斯·蒙蒂思写给图书委员会的信 1954.2.19

威廉·戈尔丁的小说

关于书名。艾伦·普林格尔建议叫《蝇王》，我个人也觉得挺好，概括了这本小说的中心内容。也有其他备选的名字，我列了份单子，届时将呈交图书委员会。

查尔斯·蒙蒂思写给詹姆斯·莫里斯的信 1954.2.26

您妻子向我解释说，《泰晤士报》那边使用了某种否决权；我答应她，看看能做些什么让他们让步。但我写此信便是为了告诉您，我们进行了缜密的研究调查，但看来似乎没有挽回的希望了。不消说我有多么遗憾。我只想表示，如果您还打算写本别的书（比如就写您这趟到美国去的见闻），请考虑给我们一个机会，费伯出版社将不胜感激。

1954年的头三个月里，杰弗里·费伯和伊妮德再次到访了南非。

杰弗里·费伯致费伯–费伯出版社全体员工的信 1954.4.6 星期二晚

离开社里三个多月后，今天早上我回到办公室，在桌上发现了一个文件夹，上面精心写着我姓名的首字母，里面是一张卡片，写着“杰弗里·费伯爵士，1954年新年”，有你们每个人的签名。下面还放着两张密纹唱片——显然是你们送我的礼物。

真不知该怎么感谢你们。我无法逐一去表示感谢，唯一的办法就是把我对你们所有人的谢意贴在布告栏上。但区区几行字，又能说清楚什么呢？30年前，我出任彼时的科学出版社主席，那家公司后来更名为“费伯–格怀尔出版社”。大约25年前，费伯出版社在这过往的基础上开始了新的征程。我经常被别人问起，这“另一位费伯”到底是谁？从此以后我将这样回答：这个名字代表了所有使我能够实现25年前为自己定下的目标的那些人，无论是理事还是员工。

我最近获得了一项殊荣。这份荣誉既属于我，也属于你们；我很高兴你们也因此感到欢欣。你们送的这份礼物让我深受感动。愿同道精神永远与我们同在。

查尔斯·蒙蒂思写给威廉·戈尔丁的信 1954.5.20

我刚读完了《蝇王》的排版样，写这封信只是想让你知道，我更坚定了对这本书的热爱！虽然到现在我已经读了四五遍，而且每一次修改后的版本都看过，但还是对校样不忍释卷。而且我欣喜地发现，社里其他几位以前从未读过此书的同事也跟我有同样的感受；事实上，已经有两个人都跟我抱怨说，他们读完做了噩梦！

多棒的一本书啊！衷心祝贺你。

杰弗里·费伯，呈交理事会的书面建议 1954.6.29

大家应该还记得1953年4月3日那天我向查尔斯·蒙蒂思表示，如果我们邀请他加入费伯出版社，将会有一年的试用期；若一切进展顺利，社里将“授予他理事一职，薪水也会增加一些，但不会太多”。

……

自从查尔斯加入费伯出版社以来，我一直相当小心，尽量不与他过多交谈。但我曾两次问过他是否喜欢这份工作，一次是在他和我们一起工作了大约6到8周时，另一次是在最近。而每一次他都报以同样的答案：“我从未感到如此幸福。”

当然，前面我去了一趟非洲，这意味着相比理事会其他成员，我跟他相处的时间要少一些。但我的所见所闻足以让我打定主意；我也想知道其他理事在多大程度上认同（或反对）我的想法。

……

我一直在犹豫是否要在这份书面建议中把自己的想法说出来，就怕各位理事因此受到过多的影响。但经过深思熟虑后，我认为这是我的职责所在。因此我就在此开门见山了——查尔斯是出版社来之不易的一件绝世珍宝，社里应该在今年9月份给予他理事的身份。

……

到8月份我就65岁了，我可不想一直折腾到累倒为止。通常意义上的“退休”对我而言似乎不太现实；而且我估计但凡我还干得动，从主席的位置上退下来，对社里的业务就会不利。“费伯”

这个名字也是颇具商业价值的。因此，考虑到自己的身体和精神状况，我提议，我就按现在的状态（拿同样的薪水）再干5年。到了70岁，我打算放松一下；实际上就是退休，但还继续担任名义上的主席，只不过薪水有所减少（比如降到现有薪水的一半）。至于我将在社里具体扮演什么角色，则必须取决于环境和我自己的能力。比方说，我会继续参加图书委员会的会议吗？我不知道这个问题的答案，也给不出其他类似问题的答案；但我会十分乐意接受坦率的建议——这里讲的坦率是真正的坦率，而不仅是善意的建议。

莫利·肯纳利写给杰弗里·费伯的信 1954.7.1

先说查尔斯。他今年年底应被任命为理事，在这点上我不认为有任何问题——也该是时候了。此人已证明自己给社里带来了宝贵的人才资源，工作也充满了热情；他显然很享受这份职业，故这份热情对他而言也是自然流露出来的。还有一点同样关键，他喜欢与文学界人士交往；而我们中的一些人随着年龄的增长，相当回避这件事情（而并非抽不出空）。就凭这一条，他就是我们需要的人，再加上他现在已经开始从事出版工作，这一方面在他的人生中只会愈加蓬勃发展。因此我可以预见，其兴趣将来只会增长而不会减少。

当然，重中之重还是他能在本职工作中表现出色——阅读、编辑、写报告、了解文学界的发展状况——说实话，他在出版方面简直如鱼得水，而且只用如此短的时间就适应了这一职业，实在令人惊叹。

对于一个新加入的外来者而言，偶尔遇到点摩擦再正常不过——在他身上我还没有觉察到这一点，估计是个好兆头。最近我一直在尝试开汽车，对此深有感触。

……

至于你提到变老和即将退休这件事情，简直不值得去想，不过想想你到时会有更多的空闲时间，这倒还值得高兴。如果你想休息，就必须去休息，哪怕接下来5年不再定期来图书委员会开会——我不觉得这是天大的事情。另一方面，在你外出的日子里，迪克确实担起了主席的责任，而不像他还是普通员工时那样只顾强调自己的弱点。

杰弗里·费伯写给查尔斯·蒙蒂思的信 1954.9.10

你的理事任命将于10月6日下达，这是我们下一次理事会会议最早、最可行的日期。

……

“试用期”就此结束，为你高兴。我希望自己能多活几年，亲眼看到你展翅高飞！

查尔斯·蒙蒂思写给杰弗里·费伯的信 1954.10.7

非常感谢您的便笺。我应该无须再赘言自己心里的喜悦。对于这份工作我衷心热爱，也万分感激——这些相信您都知道。

詹姆斯·莫里斯写给查尔斯·蒙蒂思的信 1954.10.21

你也许还记得，很久很久以前，2月26日那天，你曾写信给我，说你就那本珠峰之行的书替我回击了《泰晤士报》。还未感谢你的来信，我实在是太无礼了。但妻子最近提醒我，你在信尾曾提到，或许能帮我出一本关于美国的书；不知你此言是不是开玩笑，但实际上我的确计划写一部自己美国之旅的游记，想看看你是否有兴趣。我开车穿越了美国的48个州，还定期为《泰晤士报》写了文章，我想这些内容已经形成了出书所需的结构。

费伯出版社与简·莫里斯的合作已经有60多年了——最近一次出版他（她）[3]的作品是2018年的《心之眼》（*In My Mind's Eye*）。

<u>费伯-费伯出版社书目，1955年春夏季</u>

《攫权》（*The Usurpers*）
切斯瓦夫·米洛什[4]

由采莉纳·维涅乌斯卡[5]译自波兰语
切斯瓦夫·米洛什小说的根源来自现代欧洲的悲痛。故事从华沙起义中的英雄主义和混乱恐怖开始（而当时苏联红军被迫停滞在维斯瓦河），写到被苏联占领时期的压抑黑暗，再到一个被毒害和感染的世界。在这个世界里，一切都被模棱两可的“双重思维”笼罩，正直和诚实已成为危险的怪癖。

这本小说是费伯出版社出版的唯一一本米洛什的书，但这意味着当后者在1980年获得诺贝尔文学奖之际（主要是因为他的诗歌），出版社可以称其为自己的作家。

《蝇王》于1954年9月17日出版。虽然最初卖得比较慢，却收获了不错的口碑，比如E. M. 福斯特就称其为“年度杰出小说”。

查尔斯·蒙蒂思写给威廉·戈尔丁的信 1955.1.26

E.M. 福斯特都夸赞了，开心吧！还有我可能忘了告诉你，艾略特前段时间也读过此书，很是欣赏。

罗伯特·格雷夫斯在纽约犹太青年会中心(YMHA Centre)的讲话 1955.2.9

我把《白色女神》依次提供给了我认识的少数声称较为关注诗歌和神话作品的出版商。

第一位出版商表示很遗憾，称由于经费问题他无法向合作伙伴推荐这本不寻常的书。此人不到一个月后死于心脏衰竭。第二个人回信写得相当无礼，大意是他看完此书感觉摸不着头脑，不相信还会有其他人感兴趣。不久之后，他也死了。但第三位出版商，也就是T.S.艾略特，他在信中写道，将要不惜一切代价出版此书。于是，他做到了——后来不仅赚回了自己的钱，而且很快就获得了功绩勋章和诺贝尔文学奖，并在纽约百老汇剧院轰动一时[01]。

唐纳德·布雷斯在纽约退休，导致以其命名的哈考特-布雷斯出版社越来越倾向于专注做教科书。这样的雇主自然也不合鲍勃·吉鲁的意，于是他私下写信给T.S.艾略特，表达了自己的担忧。后者的回应毫不含糊。

T.S.艾略特写给罗伯特·吉鲁的信 1955.2.24

关于此事，眼下我只想再讲一句：要是你本人愿意做出些改变，我支持你。若是这句话在你跟人谈条件或做决定时能派上用场，任君定夺。

---

[01] 此处是指彼时艾略特的诗剧《鸡尾酒会》在美国演出大获成功。

1955年3月24日，吉鲁向哈考特-布雷斯出版社递交了辞呈，第二天就获得了批准。4月1日，他加入了相对年轻的法勒-斯特劳斯-扬出版社。

到他后来从法勒-斯特劳斯-吉鲁出版社主席的位置上退下来时，吉鲁已编辑过7位诺贝尔文学奖得主的作品，其中大多数人都与费伯出版社有密切的联系（但并非费伯出版社的专属作家），这让两家公司都从中获益不少[6]。

查尔斯·蒙蒂思写给塞缪尔·贝克特的英国经纪人罗西卡·科林的信 1955.9.9

你大概还记得，几周前我们在电话里谈过塞缪尔·贝克特的《等待戈多》。你当时告诉我，会去弄清楚此书的英国版权是否仍然可授权。这次给你写信就是想表示我仍然很感兴趣，也十分希望你能把它卖给我们。

查尔斯·蒙蒂思写给罗西卡·科林经纪公司的戴安娜·普莱恩-汤普森的信 1955.10.11

非常感谢您寄给我的《等待戈多》修订稿（乃应张伯伦勋爵的要求修订）。我们现在可以马上着手出版了。你也知道，我们希望此书在明年尽快出版。

约翰·贝里曼曾两次在费伯出版社向T. S. 艾略特兜售自己的诗，但收效甚微。但第三次，他通过鲍勃·吉鲁把诗稿推荐给了查尔斯·蒙蒂思。

查尔斯·蒙蒂思写给罗伯特·吉鲁的信 1955.11.2

你上个月跟我提过约翰·贝里曼的《向布雷兹特里特夫人致敬》(*Homage to Mistress Bradstreet*)。我们已经读了此诗，印象都很深刻，也正在研究。但同时，社里认为这首诗本身或许并非把贝里曼介绍给英语诗歌读者的最好方式(我猜你也预料到了)；因此我们也想看看，能否再了解贝里曼的一些其他作品。实际上我们真正考虑的是(当然，关于这一点还未最终决定)把贝里曼的诗汇编成集，《向布雷兹特里特夫人致敬》则作为其中的核心篇章。

由于费伯出版社此前拒绝了菲利普·拉金在诗歌方面的创作尝试，后者遂转向乔治·哈特利经营的马维尔出版社(Marvell Press)，出版了《受骗较少者》(*The Less Deceived*)，此书后来也让他一举成名。查尔斯·蒙蒂思则是最早买书的读者之一。

查尔斯·蒙蒂思写给菲利普·拉金的信 1955.11.21

就是想告诉你一声，我十分喜欢和欣赏你发表在《旁观者》[7]上的那首《去教堂》。向你送上最诚挚的祝贺。我也确实很期待《受骗较少者》面世。应该不远了吧？我看到乔治·哈特利在最新一期的《聆听》[8]中提及了此事。

蒙蒂思很快就把他拿到的那本《受骗较少者》传给了T.S.艾略特看。后者在一张便条上写下了自己的回复。

查尔斯·蒙蒂思写给T.S.艾略特的信

我猜你或许会感兴趣的——我觉得相当不错。菲利普·拉金是我们之前签约的一位作家。几年前社里曾出版过他的小说《冬天里的女孩》，但从那以后合作就停止了。

是的，他有本事让文字化腐朽为神奇。当然值得鼓励。

有了这颗定心丸，蒙蒂思又给拉金回了信。令人惊讶（也令人印象深刻）的是，他经常把 T. S. 艾略特对某部作品的认可作为他说服潜在作家的重要筹码。

查尔斯·蒙蒂思写给菲利普·拉金的信 1955.12.29

请原谅我再来信叨扰。只是想告诉你，我把《受骗较少者》借给艾略特看了，他看后着实喜欢，并请我向你转达他最诚挚的祝贺。

我想知道，你的下一本诗集大概何时能完成？届时很希望你能考虑给我们一个机会。

查尔斯·蒙蒂思写给塞缪尔·贝克特的信 1956.2.16

请原谅我再来信叨扰——只是想跟你分享个好消息：《等待戈多》大获成功。此书卖得很快，引起了读者广泛的兴趣和讨论。

对了，前几天我想到一个主意——你是否想过出一部个人回忆录之类的书？如果你的确有这个打算，我们很高兴，也希望届时你能给费伯出版社一个机会。

塞缪尔·贝克特写给查尔斯·蒙蒂思的信 1956.2.27

《等待戈多》大卖，的确是个好消息。但我唯一的遗憾是它不完整——某些段落因为有删减而变得毫无意义，其实本可以通过一些轻微改写来弥补。好吧，反正也就这样了。

至于回忆录，恐怕不太可行。如今的我比起 6 个月大的时候也多不了什么回忆。

托姆·冈恩[9]写给费伯-费伯出版社的信　1956.5.26

随信附上一本名为《运动之义》(*The Sense of Movement*)的诗集手稿，希望你们能考虑出版。另外再附上一张5先令的支票，若你们不打算出版，就算是把稿子寄回给我的邮费吧。

查尔斯·蒙蒂思写给约翰·奥斯本的信　1956.6.7

肯定有不少出版社已经给你写过信了；但如果还来得及，我非常希望能有机会与你讨论作品的出版事宜。我昨晚看了《愤怒的回顾》(*Look Back in Anger*)——可以说很久没在剧院里如此享受过一个夜晚了。特此向你表示诚挚的祝贺。

我还突然想到，除了写剧本，其实你或许还可以考虑(不管是在现在还是将来某个时候)尝试写一本小说。若果真如此，请告诉我，费伯出版社将不胜感激。

查尔斯·蒙蒂思写给托姆·冈恩的信　1956.7.6

我们已经开始着手研究《运动之义》。很高兴告诉你，社里对这些诗作十分欣赏，也确实非常希望承担此诗集的出版工作。艾略特先生还让我向你转达对这批诗歌成果的祝贺，并表示他本人读后很是喜欢。感谢你把诗稿寄给我们。

接受26岁的托姆·冈恩是一个重要的信号，表明费伯出版社开始再次进军年轻新诗人的市场。

劳伦斯·达雷尔就《贾斯廷》(*Justine*)一书的封面问题写给伯特霍尔德·沃尔普的信　1956.11.26

谢谢你设计的封面。这显然是你经过艰苦的思考与努力得来的结果——远超我起初期待你投入的心血，我也因此深感良心不安。我原本是想用一些更粗糙的青灰色搭配戈兰茨黄色，但你的设计显然比我的想法更具艺术性。而且既然已经到了这一最后阶段，再挑毛病也说不过去了。不过，我可以请你设法把黄色去掉，改印白色吗？……标题的红色视觉效果很好，但蓝色看起来太灰暗——尽管事实上这倒正是他们常用的伊斯兰人“埋体”清洗时的那种青灰色调。但如果把蓝色换成黑色，视觉冲击力是不是会更强烈些？

接下来，我们能否把“一部小说”[10]这行字去掉，然后把“劳伦斯·达雷尔”几个字弄低一点，让那只手看起来不那么局促？我想这样调整过后，视觉上会更有冲击力。书脊上的涂鸦对我来说没有任何意义。为什么不在书名下再加一只小黑手呢？一只小手，或者几只也行。给你添了这么多麻烦，万分感谢。

请别骂我。我是想为封面设计一种模式，好套用到我接下来一系列小说的出版之中，所以才这样麻烦你。

伯特霍尔德·沃尔普写给劳伦斯·达雷尔的信 1956.11.28

谢谢你的来信，但可惜我星期二才收到，那时候印刷机已经开始印刷封面了，因此不可能进行任何修改，非常抱歉。希望你看到成品时会喜欢。

我绝不是在咒骂你，这你可以放心。该封面的所有细节都是经过精心设计的，甚至连“一部小说”这几个字都受到我们销售部门的高度重视，因为此前你在费伯出版的书都不是小说。此外，通常一些讲手相术的书才会在封面上放一只手掌；为了与之区分，我们用“一部小说”这样的字眼来削弱这一意象。

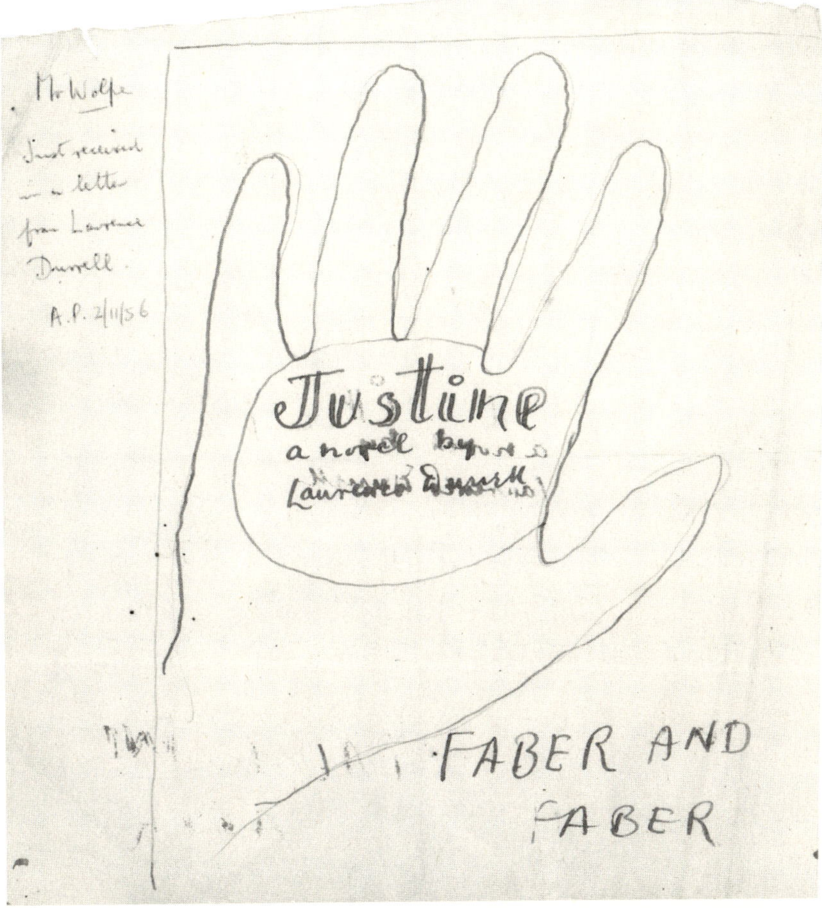

《贾斯廷》是“亚历山大四重奏”（Alexandria Quartet）系列的第一部作品，这个系列后来十分畅销。对该书的封面，劳伦斯·达雷尔有自己的想法，并展示在了这张草图中。正如信里所写的那样，他对伯特霍尔德·沃尔普呈现出的封面并不满意。

白色封面纸太不实用，在书店里搬来搬去很快就会被弄脏。

请原谅我们只能按你之前的建议行事，跟不上你过于灵活的头脑！

费伯–费伯出版社书目，1957年春季

《贾斯廷》
劳伦斯·达雷尔

艾略特曾将《黑皮书》描述为“第一部让我对散文小说的未来充满希望的英国新作家作品”。如今我们相信，《贾斯廷》终于为这条漫漫征程接上了有力的一棒。

T.S.艾略特写给杰弗里·费伯的信 1957.1.9

我很抱歉，不得不对你，还有几乎其他所有人，隐瞒到最后一刻。我对所有人隐瞒了这一计划（除了像希金森[01]这样协助我执行计划的人，我这封信就是托付他转交给你的），但有3个充分的理由。

当你收到这封信的时候，我和妻子已经于3周前出发，在去往蔚蓝海岸[11]的路上了。我要娶瓦莱丽·弗莱彻，没错，就是那位陪伴了我近8年的秘书。我俩全心全意地爱着对方，我也知道自己很幸运。

杰弗里·费伯写给T.S.艾略特的信 1957.1.11

希金森昨天把你的信给我带来了，脸上的表情看起来还很严

[01] 戈登·希金森多年来一直是T.S.艾略特的私人律师。

肃（其实他是困了，这也很正常）。我当时想不出他来找我能有什么事。Paene Cecidissem——这是一个西塞罗式的短语，也就是我的文学导师常说的"你可以用一根羽毛把我打倒"——当我打开你的信的那一刻，就是这种感觉。

信里的消息让我欣喜若狂——我也马上转达给了社里的每一个人，以免他们（各位理事、安，还有西蒙斯）觉得自己一直被蒙在鼓里，还要等看到今早《泰晤士报》上的公告才知情。我在此向你和瓦莱丽致以最热烈的祝贺。愿你们度过一次愉快的蜜月，不受媒体打扰；当然还有，婚姻幸福、长久。

希金森和约翰肯定会告诉你，婚礼的消息是昨天被透露给《每日快报》（*Daily Express*）的——他们觉得是一位司机说出去的。只有《每日邮报》（*Daily Mail*）昨天深夜打来电话向我求证；好在我已经决定撒谎了，而且我也是这么做的——他们问我是否知情、是否参加了你们的婚礼。我毫不犹豫地回答："我当然知情啦，但我还不习惯早上5点钟起床去参加别人的婚礼。"今天早上我打电话给希金森，跟他讲了这件事。他说已经在《每日邮报》上读到了我的表态，还夸我处理得游刃有余！

但汤姆，我觉得记录天使[12]必须在咱俩的信用账户里做一个抵消——这次撒的小谎可不该记在我的头上啊！

伊妮德·费伯写给T.S.艾略特的信

你们俩可真是狡猾的老狐狸哟。这是我长久以来听到的最好的消息！向你们两位致以最深情的祝贺。

……

在一个如此灰暗的世界里，想到你们如此幸福，我心里也很暖。

祝福你们俩。

查尔斯·蒙蒂思写给塞缪尔·贝克特的信 1957.1.29

我们去年决定印刷按张伯伦勋爵意见修改的《等待戈多》版本，而非全文，回头想想，甚是不快；但在当时这似乎是最谨慎的做法。内政部时不时地发动一次迫害运动，前段日子又被我们赶上了——几家很有声望的出版社都遭到了刑事起诉，因此我们都如履薄冰。如今回想起来，我们还似乎变得极其胆怯怕事。我所言都不是借口，而充其量只是希望稍稍舒缓你不悦的心情。但请你相信，社里对此事都感到由衷的遗憾。

特德·休斯写给“诗歌部编辑”的信 1957.3.20

我的第一本诗集《雨中鹰》(*The Hawk in the Rain*)里头有40首诗，最近在由纽约市诗歌中心(New York City Poetry Center)主办的英美诗歌比赛里拿了个“首次出版奖”；担任评委的是W. H. 奥登、斯蒂芬·斯彭德和玛丽安·摩尔。

……

我一直很欣赏费伯出版社的诗歌类书目，于是立马想到跟你们联系一下，看贵社是否愿意在英国出版我的书。你们需要的话，我可以把这本诗集再印一份供你们审读。

安·费伯写给特德·休斯的信 1957.3.21

感谢你3月20日的来信。听说你的第一本诗集出版了，我们很感兴趣。没错，我们的确帮几位美国诗人在英国推出过作品，但那都是等他们在这个国家颇有名气以后，我们才将其此前在美国发表过的作品一次性结集出版的。当然，如果你能寄给我们一份哈珀出版社那边即将为你出版的稿件，我们会有兴趣看看。

经历了未婚夫死于战争的悲剧之后，安·费伯写过一部广受好评的小说《画像》(*The Image*)。1952 年，她在一次摩托车事故中受伤，左臂瘫痪。后来，在父亲的大力鼓励下，她来到费伯出版社工作，但可能是受当时普遍的性别观念的阻碍，她未能独立成为一名编辑。

特德·休斯写给安·费伯的信 1957.3.24

随信附上我的诗稿《雨中鹰》，此诗集将于今年 8 月由哈珀出版社出版。

一定是我信中某处让你误以为我是个美国人，但实际上我是英国人，1954 年毕业于剑桥大学彭布罗克学院。

……

我这本《雨中鹰》是在一次公开比赛中被 W. H. 奥登、斯蒂芬·斯彭德和玛丽安·摩尔评为优胜之作，而另一方面费伯出版社确实推出过不少英国年轻诗人的作品，比如托姆·冈恩，因此我才大胆地推测，你们可能会有兴趣出版此诗集。

安·费伯写给特德·休斯的信 1957.3.28

很抱歉，我把你的国籍搞错了。也谢谢你寄来的诗。我们十分乐意考虑出版这些作品，不久后定会再次联系你。

特德·休斯的诗由此就传到了查尔斯·蒙蒂思那里。在他看来，至少值得拿给 T. S. 艾略特过目；后者在蒙蒂思呈交的备忘录底部写下了自己读后的感受。

查尔斯·蒙蒂思写给“艾略特先生”的信 1957.4.9

《雨中鹰》：特德·休斯

不知您是否愿意拨冗一读此诗集？必须承认，我本人此前确实从未听说过“特德·休斯”这个名字；但正如下面这封信中提到的，他是位年轻的英国人，但诗歌作品主要在美国发表。这是他的第一本诗集，刚刚在纽约市诗歌中心主办的一次比赛中获得了“首次出版奖”，大赛的评委是奥登、斯彭德和玛丽安·摩尔。在我看来，这些作品质量参差不齐，但里头还是有不少诗歌挺有意思的。虽然我觉得眼下我们还不到跟他合作的时候，但或许回信一封以示鼓励还是可行的。您认为，咱们是否有必要私下问问斯彭德有关那个奖的其他信息，以及评委们对休斯先生作品的评价？

我个人认为，现在就应该把他拿下。

咱们找个机会谈谈此人。艾略特。

查尔斯·蒙蒂思写给特德·休斯的信 1957.5.9

很高兴告诉你，社里对《雨中鹰》十分欣赏，并希望将其出版。艾略特先生表示他本人很喜欢你的作品，并向你转达他对这些诗的祝贺。

查尔斯·蒙蒂思写给特德·休斯的信 1957.5.30

还有一个小问题。如果在简介中称你为英国人，这样合适吗？我之所以这么问，是因为我突然想到你有可能是威尔士人，也许更愿意被称为威尔士人。我等你的回复。

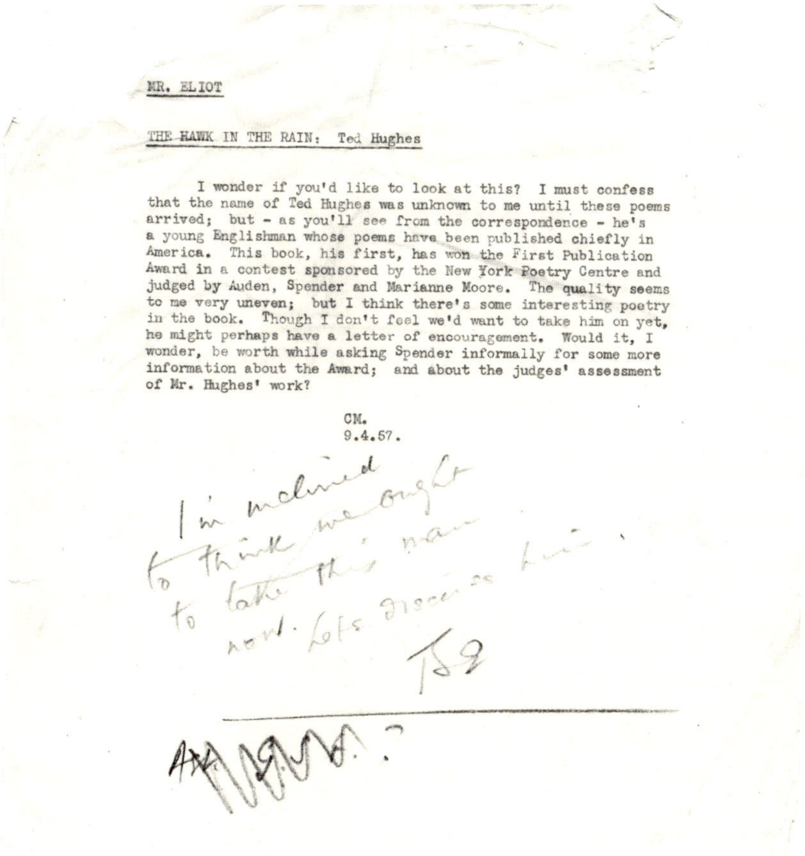

MR. ELIOT

THE HAWK IN THE RAIN: Ted Hughes

I wonder if you'd like to look at this? I must confess that the name of Ted Hughes was unknown to me until these poems arrived; but - as you'll see from the correspondence - he's a young Englishman whose poems have been published chiefly in America. This book, his first, has won the First Publication Award in a contest sponsored by the New York Poetry Centre and judged by Auden, Spender and Marianne Moore. The quality seems to me very uneven; but I think there's some interesting poetry in the book. Though I don't feel we'd want to take him on yet, he might perhaps have a letter of encouragement. Would it, I wonder, be worth while asking Spender informally for some more information about the Award; and about the judges' assessment of Mr. Hughes' work?

CM.
9.4.57.

I'm inclined to think we ought to take this man now. Let's discuss him.

TSE

查尔斯·蒙蒂斯就《雨中鹰》写给艾略特的信

特德·休斯写给查尔斯·蒙蒂思的信 1957.6.1

我很乐意被称为英国人，因为我来自约克郡。

顺便跟您说一声，从现在起至6月18日，我的地址将改为：约克郡赫布登桥，赫普顿斯托尔，灯塔镇。6月18日之后，我会搬到美国：马萨诸塞州韦尔斯利镇埃尔姆伍德路26号，由普拉斯转交。

当时特德·休斯已经与西尔维娅·普拉斯[13]结婚了。她鼓励丈夫将诗作寄给纽约的“首次出版奖”组委会和费伯出版社。她甚至甘当他的打字员。而普拉斯本人声名鹊起还在后面。

关于迈克尔·邦德写的《帕丁顿熊》一书的报告 1957.8.28

这篇关于一个叫布朗的中产阶级家庭收养了一只熊的故事，我认为作者并没有抓住重点。他本意或许是想写得很风趣（除非是我误会了他），但倒霉的总是那只熊——我都能够想象，布朗一家对待此熊就如同他们对待“外国人”一样；而读者的同情心和情感都系在这只熊身上，估计很难与作者一起开怀“笑”出来。此外，布朗一家都是十足的傻瓜——他们让一只对现代便利设施一无所知的熊独自洗澡，搞得熊差点被淹死。他们还把熊弄丢了两次，一次在地铁上，一次是在一家大商场里，仅仅是因为粗心大意，这就是布朗家这对所谓的父母干出来的事情。不，坦率地说，这本书最好的地方就在于它的标题。

好吧。

费伯出版社在来年的春夏季书目中发表了一则重要公告——彼时企鹅出版社在做平装书方面成绩不菲；而美国的一些精装书出版商也

开始生产自己的平装书，而非简单出售版权。观察到这些动向之后，费伯出版社决定也去试水。

费伯-费伯出版社书目，1958 年春夏季

“费伯轻经典系列”与普通平装书稍有区别——不是统一开本和字体大小以便整齐摆放在书架上，而是至臻经典书籍的轻便版本，大多都是按照每本书首次出版时的规格，以最适合的开本和样式再版的。

“费伯轻经典系列”涵盖的领域十分广泛。为了顺应潮流，出版社打算走经济实惠路线推出各类书籍，提供最适合当今读者口味和口袋的低价版本。但在此提醒一句：这一批书籍首印告罄后，出版商不会愿意也不太可能对“费伯轻经典系列”中的任何一本书进行再版。所以，如果你想以 5 先令的价格买到艾略特先生的平装版《诗集》，不要犹豫。此次公告的书目中除了一本，其他都会出布面精装版（但愿能多出几年），但价格要高得多。

以下是首批“费伯轻经典系列”推出的 12 本书：

《攀登 F6》和《在边境》
（*The Ascent of F6 and On the Frontier*）
W. H. 奥登和克里斯托弗·伊舍伍德 合著

《最佳科幻：科幻小说故事》
（*Best SF：Science Fiction Stories*）
埃德蒙·克里斯宾 编

《孔雀馅饼》（*Peacock Pie*）
沃尔特·德·拉·梅尔 著

《时间的实验》（*An Experiment with Time*）
J. W. 邓恩 著

《鸡尾酒会》（*The Cocktail Party*）
T. S. 艾略特 著

杜·索托伊觉得“费伯轻经典系列”（Faber Paper Covered Editions）这个表达冗长得可笑，但用伯特霍尔德·沃尔普设计的艾尔伯图斯字体即“费伯体”写出来，却无疑成了一个强有力的品牌。

《诗集：1909—1935》（*Collected Poems，1909—1935*）
T. S. 艾略特 著

《蝇王》（*Lord of the Flies*）
威廉·戈尔丁 著

《< 新约 > 之谜》（*The Riddle of the New Testament*）
埃德温·霍斯金斯爵士和诺埃尔·戴维合著

《阿奇和梅希塔布尔》（*Archy and Mehitabel*）
唐·马奎斯 著

《谁动了石头？》（*Who Moved the Stone?*）
弗兰克·莫里森 著

《斗胆的空中飞人》
（*The Daring Young Man on the Flying Trapeze*）
威廉·萨洛扬 著

《诗歌之外》（*Verse and Worse*）
阿诺德·西尔科克 编

“平装书不能重印”，即平装本在首次印刷版本（精装本）卖完之前不会重印。

1958 年 9 月 20 日，杰弗里中风了。那年他 69 岁。起初，医生认为他有较大机会康复，杰弗里便在明斯特德度过了余生的大部分时间，其间只去过罗素广场一次。他不在的日子里，接替他的掌舵人选毫无争议——副主席迪克·德·拉·梅尔。

迪克·德·拉·梅尔写给杰弗里·费伯的信 1958.11.27

很高兴在上周四的聚会上见到伊妮德，我真希望你也能参加——但你错过了也别太介意！

……

我在那里遇到一位“格兰德将军”，他当年的工作或多或少与那本瑞典铁矿石的书[01]有关。我跟他谈论起这件事情，还挺有趣。他说，当年那本书的收效出人意料，也对我们在其中发挥的作用表示了祝贺。他还提到，此书仍然被业界视为参考。

伊妮德·费伯写给迪克·德·拉·梅尔的信 1959.1.13

去信只是想告诉你杰弗里的状况。

他正在逐步恢复，但不得不说，有时看起来进展缓慢。我想，或许该私下提醒你一句，他十分渴望一周能在伦敦待上两天一夜。我知道，这与克劳利的事儿类似，你可能不会赞同；但倘若现在就告诉他行不通，必然会让他失去所有的希望。

在《巴黎评论》(*Paris Review*)的一次采访中，美国诗人兼评论家唐纳德·霍尔问T. S. 艾略特，他是否有计划创作更多像《老负鼠的猫经》那样的诗歌。此书现在已是费伯出版社书目中的扛鼎之作。艾略特在回答中提到了一段从未面世的诗句——而后者最终另辟蹊径，大获成功。

[01] 见本书第142页。

艾略特在他的教子结婚 11 天后为图书委员会的一些同事画的漫画。莫利·肯纳利立即将其保存起来，并做了注释。

T. S. 艾略特在 1959 年春夏刊的《巴黎评论》上发表的内容

那些东西确实时不时地会从我脑海里冒出来！我记下过几句这样的诗；另还有一两只残缺的猫，可能永远不会被写出来。有一篇是讲魅力猫的，但结局太灰暗了——这绝对不行。我不能让我的孩子们为一只走上歧途的猫掉眼泪。这只猫她的职业生涯很有问题。

查尔斯·蒙蒂思写给特德·休斯的信 1959.7.3

顺便提一句，其实前几次我写信也是想表示，我十分欣赏西尔维娅在《伦敦杂志》（*The London Magazine*）上发表的诗歌。请代我祝贺她！

那年 9 月，杰弗里和伊妮德最小的孩子汤姆·费伯与我母亲佩妮结婚了。他是杰弗里的儿女中唯一有后代的人（理查德终身未婚，安后来与约翰·科利特也没有孩子）。

理查德·德·拉·梅尔写给杰弗里·费伯的信 1959.10.15

我们今天早上开了个会，考虑明年出平装书的事情。除了对已出版的 22 本平装书进行了全面的研究，我们没做更深入的探究。结果还是挺鼓舞人心的，也很有启发性，但眼下没有时间在信里详细讲了。似乎直到目前我们还没有犯什么重大错误，除了书目里选了《农夫的荣耀》——不过克劳利认为，此书最终肯定还是能够卖完并收回成本的。我们如今必须真正引起重视的，是那些精装本仍然销量不错，但现在看来已经彻底过时了的书。最近卖得最好的要数那本《天文学入门》（*Introduction to Astronomy*），还有几本也相当不错。《诗歌之外》和《蝇王》都已再版；大概用不了多久，我们还要重印《谁动了石头？》。精装版的销售几乎没有受到影响，甚至有几本的精装版销量还有所增加，例如《蝇王》和《诗歌之外》。

威尔逊·哈里斯致费伯-费伯出版社的各位先生 1959.10.24

我刚刚完成了小说《孔雀宫殿》(随信附上)，特给贵社寄去，看是否值得出版。

……

鉴于我眼下情况特殊，如果贵社能早日给出答复，我将不胜感激，这样万一您不感兴趣，我还可以另找别家。希望没有给您带来不便。

查尔斯·蒙蒂思写给特德·休斯的信 1959.10.30

另外我还想知道，西尔维娅写过什么小说吗？如果有的话，我也很愿意拜读。我记得去年在纽约见面时，她告诉我自己正在写一本小说。等写完了，衷心希望她能寄给我看看。

查尔斯的不懈讨要并未成功。西尔维亚·普拉斯的早期诗歌和她的小说《钟形罩》(*The Bell Jar*)(最初以笔名发表)后来均由海涅曼出版社出版。

迪克·德·拉·梅尔写给杰弗里·费伯的信 1959.11.27

彼得和我大约两周前去了一趟哈洛[14](Harlow，我曾跟你提过这个计划)，并跑了很远去参观了朗文出版社的新仓库，然后和他们一起吃了午饭。下午早些时候，我们还去见了哈洛发展公司的经理。

……

回来以后，我们昨天举行了一次理事会会议，讨论了上述这些情况。所有理事都出席了，包括 T. S. 艾略特（令人欣喜）；会议决定——如果你也同意的话——出版社应该搬到哈洛，并立即告知哈洛发展公司为我们保留这片场地。

从 1961 年到 1999 年，费伯出版社的图书都是从其位于哈洛的仓库发行的。社里的会计部门至今仍在那里。

查尔斯·蒙蒂思写给威尔逊·哈里斯的信 1959.12.10

我很抱歉，拖了这么久才给你关于《孔雀宫殿》的回复。每个读过这本书的人——包括我自己——都对它非常感兴趣，而且确实印象深刻。但要做这本书可不容易（我想你也会意识到），我们必须慎重考虑，也许要再过一两周才能有最终结果。我知道，这对你很不公平；因此也想知道，你能宽限我们到下个月再做决定吗？如果可行，我们愿意立即支付你 15 英镑。等到我们真正决定接受此书并与你签订合同之后，这笔钱再从你的版税预付款中扣除。

费伯出版社的确出版了《孔雀宫殿》以及威尔逊·哈里斯日后的所有著作。

查尔斯·蒙蒂思写给威尔逊·哈里斯的信 1960.4.29

不过，鉴于你提到你的财务状况，我想现在有必要跟你谈谈出版你的作品所涉及的整体问题。要是我的语气显得有些居高临下了，请你原谅！你知道，你的作品中彰显出极强的文学性和想象力，让我们印象非常深刻；但我担心的是，书里饱含潜意识中的谜团和形象等元素（但愿能够吸引有眼光的严肃评论家和读者的注意，从而树立你身为作家的声誉），无疑过于“艰涩”。坦白讲，我真无法向你保证此书会有非常大的销量——起码在短期内还不行。

西尔维娅·普拉斯写给她母亲奥里莉亚·普拉斯的信　1960.6.24

昨晚，特德和我参加了费伯出版社为奥登举办的聚会。在那样一个远离酸牛奶和尿布味道的美好夜晚，我带着身为一个家庭主妇的感激之情喝饱了香槟。宴会上，费伯出版社的理事会成员查尔斯·蒙蒂思招呼我到大厅里去——特德正站在那儿，一边是T.

从左往右：路易斯·麦克尼斯、特德·休斯、T. S. 艾略特、W.H. 奥登、斯蒂芬·斯彭德。
（© Mark Gerson）

S. 艾略特、W.H. 奥登和路易斯·麦克尼斯，另一边是斯蒂芬·斯彭德，正在拍照。“三代费伯出版社的诗人都在这儿，齐了！”查尔斯说。我当然也感到无比自豪。特德在那些重量级人物中显得很自在。

到了 1960 年夏天，杰弗里显然不得不放弃主席的位置。

T. S. 艾略特写给理查德·德·拉·梅尔的信 1960.7.2

我知道这个问题很微妙，原因不一。但无论如何，我认为社里都不应该再给杰弗里照发那么多薪水了。要是我们能负担得起，那没问题；但干出版这行有起有落，我怕把太多的钱花在高层身上了。严格来讲，既然你和彼得的薪水该根据你们各自的新身份进行适当调整，主席的薪水也应按比例减少，这才算公平。（我不知道你们的薪水是多少，但你们可以私下告诉我。我只知道，我是自愿把薪水减半的——我现在每年领 500 英镑——这样我们就可以让查尔斯·蒙蒂思加入理事会。当然，他接管了我过去的大部分工作。）

理事会会议记录 1960.7.5

副主席向理事会汇报了他最近与身在明斯特德的主席的一次谈话，杰弗里爵士表示，他打算辞去出版社主席一职，并将于 1960 年 8 月 23 日（他 71 岁生日那天）生效。但他希望保留一个首席理事的位置，好继续为出版社效力。社里十分遗憾地接受了他的辞职申请，并对他继续担任理事的愿望表示欢迎。

……

随后，艾略特先生提议，设立一个新的“公司总裁”职位，并选举杰弗里爵士为公司的第一任总裁。该提议得到了副主席的附议。

……

克劳利先生随后提议，等杰弗里爵士退休后，选举德·拉·梅尔先生为公司主席。艾略特先生附议；该决议获得通过。随后，德·拉·梅尔先生提议，选举杜·索托伊先生为公司副主席。艾略特先生附议，该提议亦获得通过。

杰弗里·费伯写给理查德·德·拉·梅尔的信 1960.7.27

现在看来一切都已就绪，我本人退休以及当选（或者更确切地说，是被任命）总裁的消息大概也很快就会向媒体公布。当然，关键是在于这一流程充分展示了公司的独立以及理事会及其成员的实际权力。而关于我自己，我只想表个态——我时刻准备着以任何方式为公司服务，只要是总裁这个位置的职责所在，而我的健康状况也足够支撑。

阿木拉[01]终于接上了另一位阿木拉的位置！我向你和彼得致以最美好的祝愿。特别是哈洛那边，希望一切进展都如你们所愿，不会遇到麻烦！至少不会有大麻烦！

---

[01] 阿木拉（Amurath）是几代世袭的土耳其苏丹的名字，取自莎士比亚作品《亨利四世》下部。

译者注

1 尼日利亚作家阿莫斯·图图奥拉在 1952 年出版的小说，也是第一本在非洲以外地区用英语出版的非洲题材小说。该书以约鲁巴民间故事为基础，讲述了一个男人跟随他的酿酒者朋友进入死亡之地后展开冒险和奇遇的故事。

2 原文为“You're kidding me !”

3 英国著名变性女作家简·莫里斯被欧洲文学界誉为“20 世纪最优秀的叙事作家”，其著作超过 30 部，包括大量小说、历史与旅行文学作品。但他（她）的人生经历则更为传奇——出生于 1926 年的他原本是一个名叫詹姆斯·莫里斯的男性。然而，莫里斯从小就有性别认同障碍，一直认为自己是个“被困在男性躯壳中的女性”。从 1966 年开始，莫里斯陆续接受了多次变性手术，并最终在结婚 23 年后的 1972 年前往摩洛哥，接受第 6 次变性手术，彻底变成了女人。随后她也将名字改成了更为女性化的简·莫里斯。成功变性之后，莫里斯写下了自传《谜团》和《一个纠缠不清的人生之乐趣》，讲述自己艰难困惑的变性历程。这两本书出版后立即引起巨大轰动，也成为莫里斯的代表作。

4 切斯瓦夫·米洛什（1911—2004）生于立陶宛，波兰著名诗人、翻译家、散文家和外交官。1980 年获诺贝尔文学奖，主要作品有《被禁锢的头脑》《伊斯河谷》《个人的义务》《务尔罗的土地》等。

5 采莉纳·维涅乌斯卡，波兰翻译家，译著不算太多，但参与了几部重磅波兰文学经典的英译；她本人也十分关注波兰文学的对外推广。

6 法勒-斯特劳斯-扬出版社（Farrar, Straus and Young）成立于 1946 年，后来改名为“法勒-斯特劳斯-吉鲁出版社”（Farrar, Straus and Giroux）。该社以出版文学书籍而闻名，其合作作家中不乏普利策奖、国家图书奖和诺贝尔文学奖获得者。

7 《旁观者》（*The Spectator*），1828 年开始发行的一本英国周刊。

8 《聆听》（*Listen*），施坦威公司旗下的一本全球发行的著名音乐类季刊。

9 托姆·冈恩（1929—2004）英国诗人，以早期在英国文坛“现代运动”中写下的诗歌声名鹊起。后移居美国，诗作风格趋于宽松、自由。

10 原文为“a novel by”，见下文中的图片。

11 原文为 Côte d'Azur，位于法国尼斯的一片著名海滩。

12 西方信仰中认为上帝派下来记录人们善恶行为的天使。

13 西尔维娅·普拉斯（1932—1963）是继艾米莉·狄金森和伊丽莎白·毕肖普之后最杰出的美国女诗人，因其富于激情和创造力的重要诗篇留名于世。1963 年自杀，年仅 31 岁。

14 英国某镇，距离伦敦约 30 分钟车程。

第七章

1960—1970

“大家觉得我们太沾沾自喜了”

20世纪60年代，费伯出版社迎来了重大发展——销售额几乎增长3倍；平装书目录也逐年递增。在本杰明·布里顿[1]的鼓励下，费伯出版社开始进军音乐出版这一全新领域。继出版社在哈洛建造自己的仓库之后，到了60年代末，社里又准备搬到布卢姆斯伯里一个专门建造的新办公地点。

费伯出版社的文学类图书出版也在蓬勃发展。威廉·戈尔丁、劳伦斯·达雷尔和特德·休斯等知名作家依旧誉满天下；另外又有两位费伯出版社的作家获得了诺贝尔文学奖：1960年的圣-琼·佩斯和1969年的塞缪尔·贝克特。尽管查尔斯·蒙蒂思不再像20世纪50年代那样活跃，但好在他可以借助弗兰克·派克、玛丽-凯·威尔默斯和罗斯玛丽·戈德等几位年轻编辑的帮助和建议。

然而，并非一切都如表面那般光鲜。彼时的出版业正在悄然变化。1960年，《查泰莱夫人的情人》的风靡开启了一个崭新的时代——费伯出版社一方面更敢于放开手脚，开始出版一些过去根本无法通过审查的文字；但在其他方面，它又被时代远远地抛在了后头。关于这点，读者在如下信件中可窥一斑。1970年，费伯出版社任命了成立以来的第一位女理事罗斯玛丽·戈德；而第二位的出现则要等到近20年之后了。出版社内部几乎一致默认，罗斯玛丽的职责范围理应包括人事管理和烹饪类书目。而在销售和营销方面，该公司似乎面临着被更市场化的竞争对手超越的危险。

庞杂的书目清单助力了出版社的发展。1964年，费伯出版社出版了以下类别的书目：音乐类书籍、中小学和大学教材、农业和园艺书籍、艺术类书籍、诗歌与戏剧、青少年读物、医疗护理类书籍，以及神学、哲学与宗教读物。其中曾经让费伯出版社真正闪光的文学作品反而鲜受关注。

另一方面，销售额的增长也掩盖了日益不稳定的财务状况。由于税收原因，杰弗里·费伯无法给其他理事太多股份，便只能根据利润、按比例向他们发放奖金（迪克·德·拉·梅尔一人就得了12.5%）。或许这便使得出版社内日渐形成了一种气氛——大家不愿意去处理滞销存货，也不想把那些永远无法通过销售额赚回来的预付款冲销。尽管费伯出版社每年都宣布盈利，但透支仍在逐年增加。1970年，银行终于出来叫停这一做法。

所有的业务扩张和管理失败都在同一个人的眼皮底下进行着，这个人就是迪克·德·拉·梅尔。早在20世纪20年代，迪克为出版社带来了第一本畅销书——西格夫里·萨松的《猎狐人回忆录》。接下来的几十年里，他推动制定了卓越的图书制作标准，为费伯出版社的成功做出了不可磨灭的贡献。每一季新书发布，他在费伯出版社书目上列出的书总是比其他任何编辑都要多（尽管其中如今仍在出版的寥寥无几）。最终，他在1960年接过了出版社的管理大权。但悲剧就在于，他久久不肯放手。因此，我把杰弗里写给他的一封信作为这一章的开头。此信大概写于 20 世纪 50 年代，也好让我们对迪克的性格有进一步的了解。

ff

杰弗里·费伯写给迪克·德·拉·梅尔的信

当局者迷。我就斗胆来画一幅人物素描——此人你显然不曾见过。他意志坚定，精力和体力都十分充沛；他思维活跃，常常灵光乍现，并以近乎无穷的机智和毅力为之辩护，甚至（有时）显得肆无忌惮。他极易沉迷于某些特定的领域或事业而无法自拔。

20 世纪 50 年代，迪克·德·拉·梅尔在自己的书桌前。（© Mark Gerson）

但直到最近，他才回过神来——原来他和他的公司并非全知全能——且渐渐体会到了“不”这个字的好处（这是必然的）。如果此人再这样我行我素下去，则其所属的组织中以后将很难有任何让其他人活跃的空间。另外，由于他每做一件事都秉持着同样的精力和决心，故当他提出新的建议或计划时，其他人的神经就难免变得僵硬、紧张。换句话说，他遇到一切阻力都是自食其果。

当然，这幅素描并不完整。因为他恰巧也是最忠诚、最深情的男人——这有时会让事情变得更加棘手。

《金融时报》 1960.10.27

瑞典文学院今天将诺贝尔文学奖授予法国诗人兼外交家圣-琼·佩斯，以表彰其诗歌中的天马行空与令人回味的意象，这些意象以梦幻般的方式反映了我们这个时代的现状。

……

圣-琼·佩斯在文学界享有很高的声誉，其作品被翻译成多种语言，却鲜为大众所知。此人的名声很大程度上源自他1925年发表的一首长诗《阿纳巴斯》，由T.S.艾略特翻译成英文。

在20世纪60年代，费伯出版社还推出了几位重要的文学评论家，包括海伦·加德纳、理查德·埃尔曼、安东尼·布格斯和乔治·斯坦纳。然而，这并不意味着费伯出版社理事会的所有成员都赞同他们出版的每一句话。

T. S. 艾略特就乔治·斯坦纳的《悲剧之死》(*The Death of Tragedy*)一书写给彼得·杜·索托伊的信 1960.11.

感谢你把这本书给我看，你标出的段落我也已经读过了。我并不希望你改动这位作者对我的任何一句评价，因为我宁愿和叶芝、雨果·冯·霍夫曼斯塔尔、克洛岱尔和谷克多[2]一起被诅咒，也“承受不起”这个奇葩的美国人的赞扬——他连得体的英语都说不利落，语言风格还粗鄙不堪。图书委员会得是精神错乱到了什么程度才会接下这份手稿？这恐怕不是一个非医学专业的外行能回答的问题。我们最近刚出版了一本关于伦敦戏剧评论的破书，如今还要对付这么个怪物，实在是可怜。

查尔斯·蒙蒂思写给旅行者俱乐部[3]的R. P. 麦克道尔(R. P. McDouall)的信 1961.1.4

感谢您的来信。非常抱歉，我的客人昨天在午宴上的着装引来了抱怨，对这些抱怨我表示完全理解和同情。

我这位客人名叫托姆·冈恩，是英国最杰出的年轻诗人之一，其作品由我司出版。当我邀请冈恩先生在俱乐部共进午餐时，我完全没有料到他会穿得如此怪异。鉴于他曾就读于比得莱斯大学和剑桥大学三一学院，我便想当然地认为他应该懂得这类社会礼仪；事实上，去年他就曾与我在俱乐部共进午餐，那时他的穿着是十分正统的。但过去几年里，冈恩先生一直住在加利福尼亚；去年他凭借诗歌得了毛姆文学奖之后，在德国又待了几个月，昨天才回来。所以我只能假设，他如此不拘礼节，要么是因为被不拘礼节的加利福尼亚人带坏了（或许他对此也已经习以为常），要么就是旅行途中发生了紧急状况。

那天第一眼看到冈恩先生的穿着时，我第一反应是赶紧带他去别的地方吃午饭；但不凑巧，当天我已经安排了另一位客人同来会面；他来得也太晚，我们便错失了改地方的时机。进退两难之际，我还是做了一个显然错误的决定——厚着脸皮挺过去。

对此我只能表示最诚挚的歉意。如果您能向委员会和投诉的会员转达我的歉意，我将不胜感激。另外，也许我应该补充一句，以后我不会再招待冈恩先生在俱乐部吃午饭了。

托姆·冈恩当时穿的是件皮夹克（保不齐还带着流苏），脚蹬一双牛仔靴。

查尔斯·蒙蒂思写给托姆·冈恩的信　1961.1.10

上周见到你很高兴。因为我现在感冒卧床，便只能在电话里将此信口授给我的秘书，由她为我签字！

几周后，查尔斯·蒙蒂思回到牛津，参加了万灵学院的一次晚宴。期间，他向邻座者哀悼作家西里尔·黑尔："如今他死了，我们就得为费伯出版社再找一位犯罪小说作家。"和蒙蒂思共进晚餐的是文学经纪人伊莱恩·格林。据说她当时回答道："你知道吗，今天早上有人给我寄来一份手稿，估计你可能会喜欢。"

伊莱恩·格林写给查尔斯·蒙蒂思的信　1961.2.27

我手头有一部新的侦探小说，希望你会感兴趣：P. D. 詹姆斯写的《盖住她的脸》（*Cover Her Face*）。前四章需要大刀阔斧地删减；但在娓娓道来的开篇之后，一切渐入佳境。而且在我看来，人物刻画得也特别好。但愿你也赞同。

罗斯玛丽·戈德写给查尔斯·蒙蒂思的信 1961.3.24

1961 年 3 月 24 日，我给 MCA 公司的伊莱恩·格林打了电话，想进一步了解《盖住她的脸》的作者信息。但她表示很可惜，她对那位女性知之甚少，只知道后者在伦敦工作，真名（据伊莱恩·格林猜测）叫怀特。我说我们想见一见作者，和她谈谈篇幅删减等事项。伊莱恩·格林答应周一与她联系，让她给我回电话。我当时就表示，假设作者真能做到大幅删减，社里肯定会有兴趣出价。

罗斯玛丽·戈德写给查尔斯·蒙蒂思的信 1961.3.28

怀特太太（P. D. 詹姆斯）1961 年 3 月 28 日来电。

我跟她说了，只要她能把小说删减到 80 000 字以内，我们就愿意出版；现在她已经把书稿拿回去修改了，计划几周内完成；她还表示，要是删减工作受阻，会提前联系我。我告诉她，必要的时候，出版社其实可以尝试删改，但我们更希望由她本人来操刀。

她满脑子都是新侦探小说的点子；目前在一家精神科门诊部上班，工作单位是西北大都会医院董事会……而且貌似在那儿权力还不小。年纪嘛，40 岁上下，她有个女儿，正在接受培训，准备到威斯敏斯特医院当护士。

……

她这人看上去十分和善，很容易沟通，我相信小说改得也不会差。

查尔斯·蒙蒂思写给约翰·麦加恩的信　1961.3.14

对您的小说发表在这期《*X*》[01] 上的节选，我确实很感兴趣；若您还没有安排出版，请考虑给我们费伯一个机会。

查尔斯·蒙蒂思写给约翰·麦加恩的信　1961.3.29

您寄给我的《军营之夜》节选，社里几位同事已经读过了——当然也包括我自己。很高兴地告诉您，大家都对它印象深刻。因此我们也欣然愿意与您达成协议，等这本小说完成后将其出版。

杰弗里·费伯再次严重中风，并于 1961 年 3 月 31 日（也是耶稣受难日）去世。虽然这可能被视为一个时代的终结，但实际上自 1958 年以来，他在出版社的经营上几乎没有发挥什么作用。我将通过下文中的摘录来展现众人彼时的悲伤；然而，两天后的复活节，即 4 月 2 日，他的第一个孙女——我的姐姐亨丽埃塔出生了。这一巧合无疑具有象征意义。

理事会会议记录　1961.4.5

理事会主席非常遗憾地正式报告了公司总裁杰弗里·费伯爵士去世的消息。会议决定，代表理事会向费伯夫人表示应有的慰问。

另外主席还报告称，W. J. 克劳利先生已决定退居二线，不再参与具体业务，并已提出辞去理事一职，均自 1961 年 4 月 1 日起生效。众理事遗憾地接受了这份辞呈，但很高兴得知他将继续与本公司合作，提供儿童书籍方面的建议。

---

[01]《*X*》是一本文学季刊，在 1959 年至 1962 年间共发行了 7 期。

1961 年 6 月 1 日，威廉・克劳利在常春藤举办退休晚宴。晚宴的菜单上提到一些著名的儿童图书，包括《海盗双胞胎》(*The Pirate Twins*)、《山姆猪》(*Sam Pig*)、《小红引擎》(*The Little Red Engine*) 和《菲洛福斯》(*Filofus*)。

STINCT IS......"
Canapé Diant!
Anana,
GLACE
ilee Orientale
CAFE
1955
FABER paper covered EDITIONS

T. S. 艾略特：刻在 W.J. 克劳利割草机上的几行字，祝他退休快乐

他像一只快乐勤劳的小蜜蜂，

夙兴夜寐，不吃不睡：

就让这台顺从的机器在割草之时，

教会他与格蕾斯[01]享受他们应得的休闲时光吧。

伊妮德·费伯写给艾略特夫妇的信　1961.4.5

汤姆，首先我得跟你说明白一件事——杰弗里知道你总感觉欠了他的人情，但他在第一次中风后去了趟罗素广场 24 号，回来后被你温暖的问候所感动。我还记得他说："汤姆几乎吻了我，见到我也显得由衷的高兴。"其实咱们的生活中有太多的东西交织在一起，甚至无法一一列举。我唯一感到遗憾的是，他的病使他来不及了解瓦莱丽，但我不会让这种遗憾发生在我身上。

T. S. 艾略特在杰弗里·费伯追悼会上的发言　1961.5.10

费伯从事的每一份职业，对他来说都是绅士的职业；其中"出版人"这个头衔尤为恰当。他喜欢好书。作为一个出版人，他心心念念的一件事也就是出版好书；而如果书足够好，就值得在上面赔钱。

……

杰弗里·费伯天赋异禀，他将自己的才能发挥得酣畅淋漓。

---

[01] 格蕾斯·克劳利是威廉·克劳利的妻子。

在诸多方面他都称得上是个幸运儿，特别是婚姻。据我所知，他的妻子是贤内助，甚至在出版方面也是如此，尤其是在我们早年刚踏入这个行当，开始学习如何成为一个好出版人的那些日子里。她与他分享所有的乐趣，杰弗里在生命的最后几年被病痛折磨时，她也是他坚强的后盾和堡垒。

……

我记得杰弗里·费伯在许多场合中的样子，无论是和平时期还是战争时期，无论是工作时还是玩乐时，无论是在陆地上还是在海上，无论是在国内还是国外。我爱戴这个男人，我生命中的一部分也已经随他一同埋进了坟墓里。愿他安息。

查尔斯·蒙蒂思写给菲利普·拉金的信　1961.4.26

我听说了一个小道消息——是安东尼·思韦特讲的！他说你现在可能已经有了足够的新诗来出一本集子，也终于可以摆脱与马维尔出版社的契约了[4]。如果消息属实——我想无须赘言——衷心希望你能把出版的机会留给我们，费伯出版社定会欣然接手。

菲利普·拉金写给查尔斯·蒙蒂思的信　1961.5.10

我与马维尔出版社合同中的优先选择条款现在确已到期，所以安东尼·思韦特说得没错。但他还提到另一点，说我有足够的诗来出另一本诗集，这点我倒是不太确定——我大概还需要点时间再仔细考虑一下，看看手头到底有什么存货。你对这样一批诗作感兴趣，我自然很是欣慰。但我总感觉，现在出版的任何东西都不会比上一本更好（能保持同样水准就不错了），这一点相信届时也会被评论家们广泛议论。所以我真的宁愿再等一段时间，好拿出一些更扎实的东西。

费伯–费伯出版社：新闻稿

费伯夫人已接受邀请，自 1961 年 6 月 7 日起加入费伯–费伯出版有限责任公司的理事会。费伯夫人是公司创始人杰弗里 · 费伯爵士的遗孀，费伯爵士已于今年 3 月去世。

汤姆·费伯写给伊妮德·费伯的信 1961.6.8

首先，大家对您担任理事一事感到无比高兴和激动，也终于松了一口气——之前我们还很沮丧，因为您当时似乎已经决定不再与公司有过多联系，也不再参与选书等事宜。我理解，这主要是您不愿表现得过于急切或多管闲事——但这可谓是一种不合时宜的羞怯。见其他理事主动决定让您更多地参与公司事务，我由衷地感到欣慰。我相信，继续为他们做事，您定会从中收获很多乐趣，而您个人的贡献也绝对值这 500 英镑。另外从纯粹自私的角度来看，我们便仍有理由偶尔到罗素广场去问候斯万小姐[01]，这种感觉很好。此前一想到我们能去那儿的日子就要结束了，大家心里就很难过。但更重要的是，杜格尔[02]曾告诫我，而我今天也借此机会跟您提出来——如果我们还想拥有这家公司（这是毫无疑问的），就不能把自己从公司中分离出去。显然，即便不参与公

[01] 埃塞尔 · 斯万 1925 年起便在费伯–格怀尔出版社担任接待员，直到 1972 年离开。
[02] 杜格尔 · 麦克弗森是杰弗里 · 费伯的律师，并将在 1970 年发挥重要作用。

司的日常运营，股东们也必须承担一些责任，包括在涉及重大决策的问题上掌握话语权。目前来看，我们的确认识公司里的所有人；但随着时间的推移，若众理事当中没有家族代表，就很难保证与公司维持任何形式的联系。对于这一切，我相信您也是洞若观火。所以特此三呼万岁！再说，多得500英镑也绝对错不了。

费伯-费伯出版社书目，1961年秋季

《卿卿如晤》(*A Grief Observed*)
N. W. 克拉克[5]

《卿卿如晤》可谓一部非同寻常的作品。一位丈夫为悼念亡妻而进行的一系列深刻思考，汇集成一个连贯的整体——一个思想成熟的人、一个基督徒，目睹自己深爱的妻子因为无法治愈的疾病，以缓慢、痛苦的方式走向死亡。如今她走了，他以无限的真诚探索着自己内心深处的感情，展露心中的想法。

罗斯玛丽·戈德写给P. D. 詹姆斯（怀特太太）的信 1961.7.4

我想格林太太已经向你转告，我们十分希望出版这本《盖住她的脸》。但我觉得仍有必要亲自给你写一封信，以表达我此刻心里的愉悦。另外，社里拖了这么长时间才给你最后的答复，我也必须为此向你道歉——衷心希望此刻已经得到了你的原谅！

弗兰克·派克关于“约翰·奥顿”[6]所著《刚博尔德·普罗瓦尔的愿景》[7]（*The Vision of Gombold Proval*）一书的报告 1961.7.7

从博得读者一笑这点看来，奥顿先生的作品自然是好的，文中也不是没有讽刺的观点。但我必须承认，此书整体而言比较乏味费解。如果作者能把此书切分成一些时事讽刺小品，我相信效果一定很好。当然，该作品整体上还是不错的，只是有点古怪，不适合出版。不过，要是单为图个乐子，此书绝对值得一读。

约翰·奥顿后来改笔名为“乔·奥顿”。查尔斯·蒙蒂思从未正经把他当作一个小说家或剧作家，却也对他保持着足够的兴趣，还去拜访了他和肯尼斯·哈里维尔在伊斯灵顿的家；但当时两人拿来招待蒙蒂思的却只有沙丁鱼煮米饭[8]。

弗兰克·派克的整个职业生涯都在费伯出版社当编辑——从最初给查尔斯·蒙蒂思当助手到参与制定戏剧类书目，最后成为首席审稿人。

理事会会议记录 1961.12.21

经德·拉·梅尔先生提出动议、肯纳利先生附议，理事会一致同意，任命 P. D. 克劳利先生为公司理事，自 1962 年 1 月 1 日起生效。

由此，按照杰弗里的意愿，彼得·克劳利果真接替了他父亲的位置，成了费伯出版社的销售总监。

约翰·麦加恩写给查尔斯·蒙蒂思的信 1962.2.10

我刚凭尚未出版的一部小说中的部分章节获得了 A. E. 奖[01]。这也是该奖项首次颁给小说作品。

请接受我诚挚的感谢，因为若不是你的坚持，我做梦也不会

[01] A. E. 奖是为了纪念爱尔兰作家和民族主义者乔治·罗素（1867—1935）而设立的。他使用笔名 A. E. 署名的作品就包括保罗·纳什为之绘制插图的一首《阿里尔诗》（见前文中 1929 年 5 月 8 日的通信内容）。

想到要踏上这条道路。

约翰·麦加恩写给查尔斯·蒙蒂思的信 1962.6.15

我随信寄去了这部小说的完成稿，希望你会喜欢。我管它叫《军营》(*The Barracks*)，搜肠刮肚才想到这么个书名。你觉得这名字可行吗？或者你有什么其他的点子？

……

书中对话方面的一些措辞还有待商榷，但愿不会影响出版；因为坦白说，在任何地方它都不具备“性”这个层面的意义——只是代表了社会的崩溃。A. E. 奖组委会的人在这上头放了我一马，他们读到的就是这前 140 页（4 个章节）。

查尔斯·蒙蒂思写给约翰·麦加恩的信 1962.7.6

我刚刚读完《军营》，简直是一流的作品，我心中的喜悦无以复加，只能迫不及待地写信告诉你：对此书我是无限地钦佩和欣赏，衷心祝贺你。

……

还有一件事。原则上来说，我们并不反对把书中对话里偶尔出现的“操他妈的”一词印出来，而且即便印出来，目前来看在国内也不会有任何法律风险。但有一点我还是要提醒你：如果我们果真把这个词白纸黑字印出来，很可能会从两个方面影响本书的销售：一是一些图书馆和书店（特别是在其他省）仍然相当强烈地反对采购含有这类词语和表达的书；更重要的是，要是保留这个词，你这本小说 99% 会在爱尔兰共和国被禁（而且鉴于《军营》一书的内容，这点或许更加值得引起重视）。但我很乐意把最后的决定权交给你自己——如果你坚持要用这个词，那我们就留着它；但这样一来很可能会严重影响销量，若你在做决定时考虑到这一点，我将不胜感激。

约翰·麦加恩写给查尔斯·蒙蒂思的信 1962.7.19

我把书里所有“操他妈的”都过了一遍！里根对话里面的那些我可以全都删掉，除了第3章的三四个，就是医生用来把伊丽莎白打入一个严酷绝望的特定意识世界的那些话。我确实不太知道怎样才能在不影响整部作品的前提下省去这些词，但我也确实不希望影响销量。如果可能的话，我很乐意尝试去找出一个令人满意的折中方案。关于这点，我们能等到见面再详谈吗？

查尔斯·蒙蒂思写给约翰·麦加恩的信 1962.9.20

此信恐怕只能简略一些，因为我正忙得不可开交，想在出发之前把一切工作都理顺。但我很高兴地告诉你，在昨天的编辑会上，大家一致同意，社里将鼓起勇气把“操他妈的”一词完整印出来。和你一样，我也不认为会有什么麻烦。而且在我眼里，这总比印个缩写更理性、更诚实。

理事会会议记录 1962.10.12

据主席报告，此前印制的一系列平装书产生了大量额外开支，造成了社里的资金困难。由此理事会同意，将进一步考虑原定于1963年发行的新一批平装书的出版日期。

费伯出版社第一次接触汤姆·斯托帕德时，他还是布里斯托尔的一名记者。

弗兰克·派克写给汤姆·斯托帕德的信　1962.11.23

不久前，我们出版了一本名为《推介》(*Introduction*)的书，挑选了6位未出版过作品的作者，书中收录每人撰写的3个故事，目的就是让他们有机会同时向公众展示一定量的成果。我们目前正在为出版第二卷收集稿件，《西部日报》(*Western Daily Press*)的安东尼·史密斯向我们推荐了你，称你或许有意加入。

汤姆·斯托帕德写给弗兰克·派克的信　1962.11.28

非常感谢您的来信和关注。当然，我也收到了安东尼·史密斯的"善意提醒"，但并没有什么用。因为我几乎毫无准备，过去几年里注意力基本都放在了编剧上。

……

再次感谢您——顺便提一句，关于小说，我实际上已经开始着手写了，但眼下我还有一部戏剧正等着上演，要是能顺利演下去，我就可以离开新闻行业几个月，把全部时间投入到小说创作中。

约翰·麦加恩写给查尔斯·蒙蒂思的信　1962.11.28

第一部分的校样今天送来了，但我发现"操他妈的"还是印成了首字母缩写(fuck印成了f—)，这让我心里很别扭。这是在理事会做出决定之前印刷的，还是出了什么差错？

查尔斯·蒙蒂思写给约翰·麦加恩的信　1962.11.30

关于那些胆大包天的印刷商，我感到非常抱歉。请你在修改校样的时候，把缩写都改成全拼吧。我们的制作经理大卫·布兰德将亲自与印刷厂联系，以确保不再出任何差错。

汤姆·费伯一生都是剑桥大学的物理学家，也是杰弗里的孩子中唯一未曾在费伯出版社工作过的。但他有一颗绝佳的商业头脑，因而也在自己所在的学院担任财务总监长达数年。或许是因为他是兄弟姐妹中唯一一个有孩子的人，也许是因为他至少留在了英国工作，总之，家族成员中最终只有他最关注出版社的命运。1962 年 12 月，他写信给他母亲，表示同意公司利用发行股票带来的机会，增加在职理事持有的股份份额。

汤姆·费伯写给伊妮德·费伯的信 1962.12.15

显然，德·拉·梅尔和克劳利最好能多拿些股份。或许我们应该意识到一点——此二人越是视公司为己出，在道义上我们就越难以理论上较为有利的价格来出售我们的股份（至少会是当前股份价格的三四倍，我敢肯定）。但我对这点倒是并不担心，因为横竖咱们都不打算卖掉股份。我想，家里已经有足够的钱让您的孙辈过上颇为奢侈的生活（当然，前提是他们不会被这种生活所害）。我猜，他们不会怪我们没抓住机会把手头股份变现成 100 000 或 200 000 英镑，因为他们肯定更不希望看到公司被出售，从而失去在其中工作以及将其继续发展壮大的机会。当然，亨丽埃塔注定是要登上这座舞台的，但也许她的某一位兄弟或表亲也会对文学有所偏爱。

西尔维娅·普拉斯于 1963 年 2 月 11 日离开了人世。

查尔斯·蒙蒂思写给特德·休斯的信 1963.2.15

我们刚刚收到西尔维娅的噩耗，想知道能否为你做些什么？我也和彼得·杜·索托伊谈过了，如果有什么我们能帮得上忙的，请不要犹豫，一定与我们联系。

弗兰克·派克写给汤姆·斯托帕德的信　1963.3.6

不知你此前提到过想为我们写的那篇东西如今进展如何？总之来信是想告诉你一个好消息——鉴于我们手头你写的那篇故事颇有分量，社里很希望能把你的作品收录到《推介 II》之中。

查尔斯·蒙蒂思，备忘录　1963.3.22

1963 年 3 月 22 日这一天，我与菲利普·拉金共进午餐。他一上来就提出打算断绝与 A.P. 华特的关系，以后直接与我们（以及任何其他可能感兴趣的出版商）打交道。我跟他讲了，在这类问题上，我们作为出版商也很难给出什么建议。但我总感觉，实际上他对形势利弊的把握相当精准。彼得·华特让他感到不满的主要原因似乎在于，当他与马维尔出版社就《受骗较少者》一书签订合同时，华特没有给他任何实际的帮助。而从他的角度来看，这份合同实际上带来了非常不利的后果。

……

《吉尔》(*Jill*) 新版本

他明确表示了会将此事托付给我们。他会先把这本书再通读一遍，并从编辑或文体角度做一些细微的改动。此外他还会写一篇导言。

……

新诗集

令我倍感振奋的是，他还主动表示，《吉尔》面市之时，应再推出一本新诗集作为搭配——我立马同意了。他手头已有足够的诗——大概在30到40首之间来出一本集子。他答应我让我在1963年6月30日之前拿到，好准备在1964年春季出版。此外他还想知道，哪些诗篇需要被筛选出去（如果有必要的话）。

《冬天里的女孩》——F.P.C.E.[9]

大体上，他完全赞成这个想法。不过，在华特的问题解决之前，我们显然还无法签订一份板上钉钉的合同。但我坚信，一切定会柳暗花明。

1964年简直像是“拉金之年”。

他只错算了一年。

弗兰克·派克写给“蒙蒂思先生（供图书委员会参考）”的信 1963.9.24

有一天晚上，我在某社交场合遇到了特德·休斯。他和我谈到，是否可能将西尔维娅·普拉斯生命中的最后一批诗作结集出版（他也可能是指出一本包含她所有诗歌的诗集，这也并非不可行）。不管是哪种版本，他都急于拿到不菲的版税；我猜这钱是要赶紧投进给孩子的信托基金之类的。西尔维娅·普拉斯的前几本书都是海涅曼出版社出的，但特德表示，他对该出版社并无特别的忠诚，尽管那边确实给了他12.5%的版税。我强烈感觉到，他的意思是十分希望在其他条件相同的情况下，由我们来出版这本集子（即便给不了他更多版税）。在我看来，他是想把此事告诉我们，但不太确定应如何提出来，故而让我来替他传个话。我感觉，现在到了我们做出互惠表态的时候了。

查尔斯·蒙蒂思写给特德·休斯的信 1963.9.26

弗兰克·派克跟我提到了那天晚上他和你的谈话。来信只是想告诉你：若你有心把西尔维娅的诗提供给我们，费伯出版社百分之百愿意负责出版。从我在各种杂志上读到的诗作来看，这些绝对都是伟大的诗篇。

弗兰克·派克写给“杜·索托伊先生和蒙蒂思先生”的信 1963.12.24

我接到汤姆·斯托帕德的经纪人——弗雷泽-邓洛普公司（Fraser & Dunlop）的肯尼斯·尤因打来的电话。他告诉我，自斯托帕德的一篇小说在《城市》（*Town*）杂志上发表后，他收到了另一家出版商的邀约；这位经纪人认为后者大概是来委托创作小说，以便将来好出版这部作品。他表示，此事我们也有权知情，因为“同等条件下”，他更愿意由费伯出版社来出版这样一本小说；但同时他也必须照顾到汤姆眼下紧张的财务状况。

弗兰克·派克写给肯尼斯·尤因的信 1963.12.24

至于由另一家出版社委托他写一本小说，感谢你提到“同等条件下”更愿意由费伯出版社来出版这样一本小说。但说起“同等条件下”，若没有《推介》一书的约稿，汤姆可能根本不会写出这么多故事，另外也是因为我们寄给《绅士季刊》（*Gentlemen's Quarterly*）的校样引起了他们的兴趣。这两个事实希望你们在比较条件时能够考虑到。

我们在此静候佳音。与此同时，我也会着手研究一下费伯出版社委托汤姆写一部小说的可能性。但恐怕可能性并不大。

塞缪尔·贝克特写给查尔斯·蒙蒂思的信 1964.1.13

我现在把两份《等待戈多》的书稿和一份校对后的《戏剧》

(*Play*)的书稿分开寄还给你们。

我建议《等待戈多》最终采用我校正过的"格罗夫出版社的版本"(是用黑色笔校正的，忽略红色的部分)，必要时可将拼写英语化。

如果我没记错的话，张伯伦勋爵反对出现以下字眼——扣上、耻骨、勃起、拍手、屁股、小便、操和放屁，具体可见"格罗夫出版社的版本"中的第7、8、12、15、21、38、50和52页。

查尔斯·蒙蒂思写给特德·休斯的信 1964.2.14

我理解，关于西尔维娅的诗，你还有一些手续需要与海涅曼出版社那边解决。一旦事情解决，能够亲自出版这些诗作将是费伯出版社最大的愿望。

本杰明·布里顿写给费伯出版社的音乐图书编辑唐纳德·米切尔的信 1964.2.

我有时会梦见费伯出版社，你们可是做音乐的出版社啊！

理查德·德·拉·梅尔写给伊妮德·费伯的信 1964.4.3

在我看来，这可是千载难逢的机会，一旦错失可就太可惜了。只要布里顿能像过去几年那样继续创作新的音乐作品，我觉得就不存在任何风险，反倒利润会非常可观；而且一旦社里的其他业务受挫，这也可被视为一种极其管用的对冲——当然，我目前还没有看到任何受挫的迹象。

伊妮德·费伯写给理查德·德·拉·梅尔的信 1964.4.5

谢谢你的来信。你提到的这种可能性让我十分激动。我觉得这样一来，最初由艾略特等人的出版业绩为社里带来的威望或许能重新树立。

……

我们不敢说布里顿的创作生涯会有多长，至少在未来 10 到 20 年的时间里，出版他的作品显然会带来极其丰厚的利润。但与此同时是否存在这样一种可能：为了筹建一条真正完备的音乐产品线，我们不得不从这笔利润中抽走一大部分，用于平衡那些无法带来相同利润的作曲家的作品？

……

说真的，我想我们都有些小看了眼前的困难。但这一切点燃了我的想象力！而且说实话，我宁愿把钱赔在这上头，也不希望浪费在一些乏味的东西上。

特德·休斯写给查尔斯·蒙蒂思的信 1964.4.7

我正在整理西尔维娅的诗。有两件事本该提一下——我对诗集的封面设计能有一定的发言权吗？很简单，首先是封面和字体的颜色问题。比如我希望封面能做成红色的，字体用黑色或者黄色，最好是黑色，那才符合她的想象。还有一个细节：她一直为自己有一个遥远的蒙古祖先而自豪；而蒙古国的国徽就是一位骑在马背上迎着朝阳前进的骑手。她的成名作《爱丽尔》(*Ariel*，又译作《精灵》)一诗就是写骑马走向日出的。她考虑过在封面上印上那枚小小的国徽，也犹豫过是否用一朵玫瑰更好。

关于封面字体，她一直想要大一些的——海涅曼出版社的那本《巨像》(*Colossus*)就弄得她头疼不已。她喜欢《雨中鹰》的字——又黑又大。

我希望设计师能把以上两点考虑进去。

查尔斯·蒙蒂思写给特德·休斯的信 1964.4.22

《爱丽尔》读毕，实感不俗。只可惜，时间上已经来不及，无法放进社里的秋季推介目录了——但我们能保证在1965年的春天推出。

……

你提到以后可能还会有一个“合集版”，届时我们定会很有兴趣出版。但在此之前，我们必须确保海涅曼出版社把《巨像》的版权正式归还给你。

费伯出版社此时正在打造自己的音乐出版部门，还推出了一批出版社历史上最重磅的作家。但就在这个当口，迪克·德·拉·梅尔似乎染上了某种疾病；我手上的唯一证据就是下面这封彼得·杜·索托伊写的信。此事令人惋惜，但也预示着紧张局势的到来将为这个10年画上句号。

彼得·杜·索托伊写给理查德·德·拉·梅尔的信 1964.4.26

想到你精疲力竭地走到这一步，我很难过；此时逼着你休息一阵子可能会是件好事！愿你心里可以轻松一点。

……

我感觉，总体上我们正试着做两件不太相容的事情——在大规模扩张业务的同时又要与作家保持密切的个人联系。我不确定这两者的结合能持续多久。

新闻稿 1964.5.15

本杰明·布里顿的新作即将由费伯–费伯出版社推出

费伯–费伯出版有限责任公司宣布，该社计划进军音乐出版界，并正在组建一个音乐部，致力于打造一份涵盖新旧音乐风格的顶级音乐作品清单。其首批出版物中将包括本杰明·布里顿的《柯卢河》（*Curlew River*），这是一出适合教堂表演的《圣经》寓言剧，配有威廉·普洛默根据中世纪日本能剧[10]改编的歌词。

……

费伯出版社音乐部将由唐纳德·米切尔先生负责，他目前在《每日电讯报》（*The Daily Telegraph*）负责音乐方面的工作，是研究古斯塔夫·马勒和20世纪音乐的权威。米切尔先生将从1964年9月1日起正式在费伯出版社开展全职工作。

理查德·德·拉·梅尔写给本杰明·布里顿的信 1964.5.24

很高兴我们之间所有的初步安排已经完成，有能力准备继续前进了！但在进一步讨论之前，我还是想向你表示，费伯出版社衷心感谢你带着这样一个提议来找到我们（虽然起初令人颇为惊讶），我们视之如珍宝。

本杰明·布里顿写给理查德·德·拉·梅尔的信 1964.5.26

感谢你的来信，我很感动。对于你们正在进行的这次全新开拓，我十分兴奋，也期待与贵社在未来几年里合作愉快。能与这样一家出色的出版社合作是我的荣幸。

费伯出版社的音乐部门在这个故事的剩余部分里只会扮演一个边缘角色。如今它已成为一家蓬勃发展的独立音乐出版商，享有很高的声誉，而且基本上仍掌控在费伯家族的手里。但毫无疑问，这次“开拓”产生的巨额资金流失也是导致费伯出版社在几年后陷入财务困境的主要原因之一。

这时距离当初《尤利西斯》出版受挫已过去了30年，但费伯出版社仍在为詹姆斯·乔伊斯的审查问题头疼不已。关于这件事，下面的一封律师信可让读者对当时依然存在的制度（尽管有《查泰莱夫人的情人》的判决案例在先）有些许了解。

律师科林·瓦迪厄写给彼得·杜·索托伊的信 1964.7.20

《詹姆斯·乔伊斯的信》第二卷和第三卷

我的意见是，信中所含大量涉及性怪癖和不当行为的描述，极易使那些软弱或不成熟之人遭到腐化而堕落。在我看来，那些正常行为的描述倒是不太会使他人腐化或堕落，但此类描述在信中极其少见。

……

当然，真正的风险在于，若此书被大学图书馆收录，则会落入那些尚不成熟的本科生手中。因此我认为，出版此书的风险太大，刑事检控专员极有可能决定设法阻止或限制其出版。

<u>费伯-费伯出版社书目，1964年秋冬季</u>

《卿卿如晤》
C. S. 刘易斯

此书在1961年交到费伯出版社手上时，作者的署名还是“N. W. 克拉克”。作者明确表示那只是一个笔名，同样也明确表示“克拉克先生”不想让我们深究他的真实身份。因此社里只能凭书稿本身的闪光点来做判断。

……

尽管我们一直怀疑，“N. W. 克拉克”实际上就是 C. S. 刘易斯；但基于费伯出版社接下此书并将其出版的初心，我们并未采取任何措施来证实此事。然而，就在 1963 年路易斯博士去世后不久，坊间开始出现一些关于此书真正作者的传言，以至于后来登上了报刊。鉴于这种情况，我们认为有必要联系一下路易斯博士的遗嘱执行人，并征求他们的许可——如果传言属实的话——以作者的真实姓名重新发行此书。对方十分爽快而礼貌地印证了猜测，也答应了我们的请求。由此，费伯出版社得以欣慰地将《卿卿如晤》一书加入 C. S. 刘易斯的出版作品列表之中。

1964 年 9 月，玛丽安·摩尔凝视着雅各布·爱泼斯坦给 T. S. 艾略特做的半身像。(© R Mayne)

弗兰克·派克写给汤姆·斯托帕德的信　1964.11.6

写此信是想尝试与你重建联系（如有可能）。我们一直想知道你近况如何，是否还有想法再构思一本小说？

汤姆·斯托帕德写给弗兰克·派克的信(未标注日期)

关于我是否有“再构思一本小说的想法”，恐怕你是记错了。我记得去年春天告诉过你，安东尼·布隆德当时要委托我写一部小说（今年4月交稿）。我还曾试探着问过你，费伯出版社是否愿意来出这笔钱，但后来我意识到这行不通。随后布隆德就来找我，并把委托我写书的事确定下来。

弗兰克·派克写给汤姆·斯托帕德的信 1964.12.9

去年春天我一定是脑子出问题了——我完全记不得听说过布隆德委托你去写一本小说的事情，而且已经落实到纸面上了。

……

但无论如何，这都是过去的事情了。任何时候只要你改变了心意，费伯出版社的大门永远向你敞开。

当然，弗兰克仍在惦记着那本小说，但这也是他与汤姆·斯托帕德保持友好关系的一种方式。

伯特霍尔德·沃尔普写给特德·休斯的信 1965.1.8

我给您寄去了一份《爱丽尔》的封面校样。蒙蒂思先生此前已经转达了您关于封面颜色和图画使用的建议。经过仔细考虑，我感觉在封面上放骑士或玫瑰的图案估计不太可行，但我还是采用了一些您建议的颜色。

不知这样您是否满意？“爱丽尔”本身就是个极富煽动性的词，因此我着重体现了一下。

特德·休斯写给查尔斯·蒙蒂思的信 1965.1.13

我刚刚从沃尔普先生那里收到了一份《爱丽尔》的书封校样，有点出乎我的意料——贵社出品的图书一贯如此。

……

T. S. 艾略特的噩耗实如晴天霹雳。就我个人而言，在内心深处，我毕生都在仰望着他。请务必给我留一张追悼会的票。

T. S. 艾略特在费伯出版社的办公室，这张照片拍摄于 1965 年 1 月 4 日他去世后的第二天。

特德·休斯一语中的——无论对于费伯出版社还是整个诗歌界而言，T. S. 艾略特的逝世都可被视为一个分水岭。尽管艾略特患肺气肿已有一段时间，但他仍在不遗余力地尽一位理事的责任，积极活跃地参与社里的业务。然而，就在11天后，查尔斯·蒙蒂思的一封信表明，费伯出版社在发掘新诗人方面依然十分厉害。

查尔斯·蒙蒂思写给谢默斯·希尼[11]的信 1965.1.15

首先，让我解释一下我是如何拿到你的诗作的。你上个月在《新政治家》(*New Statesman*)上刊登的三首诗给我留下了深刻的印象。经询问杂志社，我们与露西-史密斯[01]先生取得了联系；他十分和善，给我们寄来了这组诗。

社里的许多同仁（包括我自己在内）都已读过，印象非常深刻。我们的总体感觉是，只凭这几首仍略显单薄，不足以出版；但前景无疑是光明的。

……

我们将继续热切关注你的作品。当你认为结集出版的时机真正成熟时，如果你也能考虑给我们一个机会，费伯出版社将十分荣幸替你效劳。T. S. 艾略特一直认为，年轻诗人在出版诗集之前，最好先在文学期刊上定期露面，比如《新政治家》或《相遇》(*Encounter*)。我本人也十分赞同，这的确是最佳途径。

谢默斯·希尼后来接受采访时，曾谈及自己收到费伯出版社这封信时的心情："简直难以置信，就像从上帝那里收到了一封信似的。"

菲利普·拉金一直很欣赏作家芭芭拉·皮姆[12]。彼时她刚被乔纳森·凯普出版社退稿，拉金便极力向查尔斯·蒙蒂思兜售她的作品。

---

[01] 作为"The Group"诗人协会的非正式主席，爱德华·露西-史密斯一直在拿谢默斯·希尼的诗歌向杂志投稿。

菲利普·拉金写给查尔斯·蒙蒂思的信　1965.2.8

经过仔细考虑，我特随信附上了《优秀的女性》一书，期待你阅读愉快。她的作品并不都是这样的风格，但那种凄厉的秋意的确算是一个共通点，这也是我十分欣赏的。但我必须再次强调：我与她从未谋面，只是偶尔会通信。

罗伯特·洛威尔写给查尔斯·蒙蒂思的信　1965.2.26

汤姆死后，写作这件事情实在是太残酷了。我有许多朋友都在今年去世了，汤姆虽然一直身体不好，惊闻他的噩耗却是最让我难以置信、无法忍受的。

查尔斯·蒙蒂思写给菲利普·拉金的信　1965.3.10

我在周末读了《优秀的女性》，确实很喜欢。请让皮姆小姐方便时把她的新小说（你跟我谈过的那本）寄给我。

尽管我担心这类小说并非时下流行的风格——因此必须是同类作品中的佼佼者才有成功的机会——但我向你保证，我们会认真对待的。

查尔斯·蒙蒂思写给特德·休斯的信　1965.5.13

前几天我写信给海涅曼出版社，询问我们是否可以发行自己的《钟形罩》平装版。很高兴今天早上收到回信许可，并就相关条件达成了一致。我承认自己并不确定这一版本何时能出来——估计最早也要等到1966年了。当然，一旦有了更明确的消息，我定会及时通知你。

还有一件事。我想如果能把此书标上“西尔维娅·普拉斯”，定能极大地刺激销量。不知你是否允许？关于“维多利亚·卢卡斯”的身份已经不是什么秘密了；我们也可以在开头加上一些注释，表明此书最初是以该笔名发行的精装版。

特德·休斯写给查尔斯·蒙蒂思的信 1965.5.15

我很高兴得知你们拿到了《钟形罩》的平装本版权。我也赞同，现在是时候以她自己的名字出版了——这也是她的诗歌中不可或缺的印记。前几周我跟艾伦·西利托交谈过，他刚刚重读了一遍，称这是他读过的最好的作品之一。这本小说与她写诗时的灵感同源，故此它早已不该被留在原先的范畴。

谢默斯·希尼写给查尔斯·蒙蒂思的信 1965.5.18

我随信附上了一组诗供您参考。其中几首您在去年 12 月已读过，我希望这次的组合能更有张力。

玛丽-凯·威尔默斯，书面建议 1965.5.26

读完了谢默斯·希尼的新诗选后，我又看了一遍爱德华·露西-史密斯 5 个月前寄给我们的第一批诗，进步确实非常明显。

……

希尼先生最具影响力的天赋仍在于对爱尔兰乡村的描述；但事实证明，他能够驾驭的领域正在逐步扩大，才华也日渐增长。尽管他不是像特德·休斯或托姆·冈恩那样老练的诗人；但与这两位诗人一样，希尼有本事将力量使用得张弛有度，且具备鲜明的个人风格——真诚，坦率，清晰。如果说咱们社要再次推出诗人处女作，我认为应该选择希尼先生。

费伯出版社出版的《钟形罩》(1966) 封面由雪莉·塔克设计。她是一位才华横溢的年轻设计师，自 1959 年加入费伯出版社后便与伯特霍尔德·沃尔普一起工作。

查尔斯·蒙蒂思写给谢默斯·希尼的信 1965.6.15

很高兴告诉你，社里人都对《一个自然主义者之死》(*Death of a Naturalist*)很满意，自然也很乐意替你出版。但今年是够呛了，如今出一本书似乎至少要花上 12 个月。我个人很希望能在 1966 年春天推出，但是经验告诉我，话别说得太早，特别是不能在这个阶段就对出版计划打包票。

查尔斯·蒙蒂思与谢默斯·希尼交谈，《爱尔兰时报》(*Irish Times*)的文学编辑特伦斯·德维尔·怀特在一旁观看。

查尔斯·蒙蒂思写给作家芭芭拉·皮姆的信 1965.8.13

我本人确实很欣赏这本《不合时宜的依恋》(*An Unsuitable Attachment*)；但发行方面能否有足够的销量，在这点上我恐怕无法说服自己。而且我发现，社里每一位读过这本书的人（读过的人还相当多）都有类似的顾虑。

如今的小说恐怕越来越难卖了。我怀疑，这大概就是那所谓“平装书革命”闹的。以前大家偶尔会买一两本小说，或者定期在自己常去的收费借阅图书馆订购。现在则都是成捆成摞地买，但只买平装本。要是回到过去从图书馆借书看的日子，我想这本《不合时宜的依恋》理当能保持足够大的馆配销量，使发行有相当的保障（在经济层面上）。但如今经历了这场转变，我就不确定还能否实现那样的馆配销量了。在我看来，此书可不太像那种可以轻易卖给平装书公司的小说，因为那些地方现在恐怕倾向于一些更暴力骇人的东西！

由于平装书越来越受欢迎，诸如博姿（Boots）经营的老一批收费借阅图书馆遂逐步消亡；这也使得出版“普通”小说变得日渐困难。有一条显而易见的解决之道：出版商既做精装书又做平装书。费伯出版社仍在这条道路上艰难求索。

菲利普·拉金写给查尔斯·蒙蒂思的信 1965.8.15

我不太擅长在冲动时表达自己的想法，但回想起来，我的体会是：如果你觉得这是一本烂书，那就一定要想方设法拒绝；但请不要只因为它真实敢言而将它拒之门外。你说你感觉这本书会卖不出去，因为它只适合放在博姿的书馆里，而如今博姿也快销声匿迹了。但是，查尔斯，难道博姿的读者都消失了吗？一个无法从博姿借到芭芭拉·皮姆作品的女人，绝不会转而去买平装本的格蕾斯·梅塔利斯[01]作品，而是会设法从公共图书馆把芭芭拉·皮姆的作品借回来看。

……

就我个人而言也是如此。要是有一天，那些写普通人做普通事情的普通小说找不到出版社来发行，那定是一种莫大的耻辱。这可是简·奥斯汀和特罗洛佩等人留下来的传统，我就不相信，今时今日再没有人愿意来继承。我为什么非要在垃圾间谍小说、垃圾科幻小说、垃圾黑人同性恋小说还有那些讲吸毒导致精神崩溃的垃圾小说里做选择？我喜欢读那些从未成就什么丰功伟绩的人的故事，他们既不漂亮也不幸运，只是尽力在各自有限的活动范围内活出最好的样子；但正是这些人物，才能在秋天落叶的瞬间看到所谓“宏大”的生活体验并不值得羡慕。这些作品里头找不到自怜、绝望或浪漫主义的影子，而是带着现实主义的坚定甚至幽默感——实际上这就是评论界将会为此书定下的道德基调。在我看来，一个负责任的出版人（没错，就是你，查尔斯！）应该对这样的作品鼎力支持。

查尔斯·蒙蒂思写给菲利普·拉金的信　1965.8.20

之前跟你谈论这件事时，我感觉自己表达得很糟糕；特别是我可能过于强调了一点：社里的决定纯粹是出于“冷静思考”和“商业”原因（无论这些原因是对还是错）。但我似乎忘了强调另一个关键点——尽管我本人确实很喜欢这本书，但我还没有喜欢到相

[01] 格蕾斯·梅塔利斯就是轰动一时的畅销书《佩顿广场》的作者。

当兴奋和专注的程度，以至于下定决心出版，即使赔钱折本也在所不惜。

马修·埃文斯是费伯出版社签约作家乔治·埃沃特·埃文斯之子。1964年他在23岁时加入费伯出版社，起初担任彼得·杜·索托伊的助理。第二年，他和玛丽-凯·威尔默斯参加了法兰克福书展，随后两人联名写下了这份书面建议，呈交给所有执行理事。

玛丽-凯·威尔默斯与马修·埃文斯：书面建议 1965.10.

在法兰克福我惊讶地发现，在文学鉴赏圈之外，费伯出版社的影响力竟是如此之小。从这个意义上说，我们与美国、英国和欧洲其他出版商加强联系还是很有益处的。

咱们的书目自然是广受尊重的，但出版方式却未必如此。大家都觉得我们太沾沾自喜，甚至从某种程度上来看，我们没有公正地对待自己的作家和作品。

汤姆·费伯写给伊妮德·费伯的信 1965.12. 星期一

我已经写信给迪克，提议约个时间讨论一下账目等有关问题，希望他别觉得我是多管闲事。您似乎感到很奇怪，我竟然会考虑参加周三的会议；但我还以为这是咱们几个月前就商量好的——不仅应该参加会议，还应该花点工夫去熟悉一下公司的财务状况。当然，更改审计过的账目是不可能了，但对于大多数上市公司来说，提交账目的年度大会就是一次审查公司内部事务的机会，而我不清楚是否应该把大会视为走个过场。

罗斯玛丽·戈德写给查尔斯·蒙蒂思的信 1966.1.31

伊莱恩·格林周一早上给我打来电话，称她刚听说斯克里布纳出版社[13]（Scribners）要订下怀特夫人的两本书：《盖住她的脸》和《谋杀之心》（*A Mind to Murder*）。当然，她会等到作品彻底成型后再将最新版本给那边寄去。大家自然都很兴奋，她也急着让我赶紧告诉你这个好消息。

获得一家美国出版商的垂青就意味着“怀特夫人”即将走向世界，成为全球知名的畅销书作家；而且她有了一个更广为人知的名字即P.D. 詹姆斯。

弗兰克·派克写给克里斯托弗·汉普顿[14]的信 1966.4.12

我和一些同事一直在读你的作品，那部《你最后一次见到我母亲是什么时候？》（*When did you Last See my Mother?*）给大家留下了尤其深刻的印象。你哪天有空来坐坐？咱们聊聊。

查尔斯·蒙蒂思写给“布兰德先生”[15]的信 1966.8.18

《沃德沃》（*Wodwo*）：特德·休斯——封面

虽然特德·休斯对此前伯特霍尔德·沃尔普为他设计的几款书封都很满意，但我感觉，后来的一些作品则似乎并未达到这种效果——特别是他好像对《爱丽尔》的封面有些不满意，估计主要还是因为他当时提出的一两个具体建议都受到了些许轻视和怠慢。我怀疑是这样的！

特德·休斯寄来新书《沃德沃》的稿子时曾明确表示，在封面的最终设计定稿前，他希望能有机会与负责设计的相关人员商量一下。这点实际上我们已经在编辑表格的背面做了相关注释，但还是想恳请你费心多盯几眼，确保此事顺利实现——我实在是不希望因为这个跟特德·休斯闹得不愉快。

当然，最理想的情况是，我希望你把这次的封面设计交给雪莉·塔克来做。我知道这操作起来很难，因为特德·休斯此前出版的作品基本上都是由伯特霍尔德·沃尔普来设计的，甚至基本上社里所有的诗歌作品封面都是他来做的（除了屈指可数的一两次例外）。

很抱歉如此大费周章。

许多人都觉得与雪莉·塔克打交道要比与伯特霍尔德·沃尔普打交道容易得多。

1966 年，特德·休斯又向费伯出版社提交了一本书。此书最初是给他和西尔维娅·普拉斯的孩子弗里达与尼古拉斯讲的睡前故事。费伯出版社此前也曾出版过不少他的儿童作品，但这一次此事却在费伯出版社的儿童图书部门内部引发了争议。

威廉·克劳利退休后，儿童书目由菲利斯·亨特接手。后者在 1961 年至 1987 年期间一直担任童书编辑，负责联系过的作者包括露西·波士顿、罗斯玛丽·哈里斯和海伦·克雷斯韦尔。（我之所以选择这几个名字，是因为这些是我童年时印象中最喜欢的名字）。她后来功成名就，也让这个特殊的故事变成了一场珍贵的小插曲。

查尔斯·蒙蒂思关于特德·休斯《铁人》（*The Iron Man Saga*）的笔记 1966.9.6

我想最好还是把所有这些材料（包括这则故事本身，反正也不长，很快就能读完）都传阅一遍，因为在青少年图书编辑部（主要是菲利斯·亨特和贾丝明·阿特伯里[01])和成人作品编辑部(查尔斯·蒙蒂思、玛丽-凯·威尔默斯和萨拉·戈德[02])之间存在尖锐的意见分歧。特此附上所有女性审稿员的报告。虽然这些报告里没有我的，但我已亲自读过这个故事，也完全同意萨拉和玛丽的意见。在我看来，这就是一则引人入胜的小故事，想象力十分丰富，也并不比许多童话故事更出格，完全可以先按照玛丽和萨拉建议的方式进行详细整理；我想特德·休斯也会接受这样的建议。

一般情况下，就一本儿童读物而言，我们谁也不想把自己的观点强加给菲利斯和贾丝明她们。但我本人确实认为，拒绝特德·休斯的任何作品(尤其是像这样好的作品)会是天大的错误。若我们将其转交出去，他本人其实是无所谓的——无非是多了一家出版社能分享他未来的儿童作品。此外，我不赞同贾丝明说的，等他再多写几个这样的短篇，然后统一结集成册发行。此人完全靠写作赚来的稿费生活，手头一点儿也不宽裕，那样的安排对他很不公平。

最终成人作品编辑部如愿以偿，这对费伯出版社而言也是一件幸事——《铁人》每年都能卖出数千本。

那年夏天，汤姆·斯托帕德写的一部戏剧在1966年爱丁堡艺术节上引起轰动。弗兰克·派克就此写了一份备忘录，底下还留有查尔斯·蒙蒂思手书的批注。

---

[01] 贾丝明·阿特伯里曾在1946年至1976年期间担任费伯出版社青少年部的兼职审稿员。
[02] 萨拉·戈德1960年经蒂姆·戈德(罗斯玛丽·戈德的堂弟，后来成为萨拉的丈夫)介绍来到费伯出版社。

弗兰克·派克呈交给“蒙蒂思先生”的备忘录 1966.9.20

我曾提过，周五我和汤姆·斯托帕德的经纪人肯尼斯·尤因进行了一次没有任何结果的奇怪谈话——我猜他是故作深沉，对以书的形式出版剧本一事装出一副满不在乎的样子。显然，企鹅出版社那边已经提出了报价，虽然还没有签合同。反正尤因答应，一旦有了副本就给我一份。他还向我保证，咱们完全可以放心提出报价，他会认真考虑。

如果咱们果真要报价，我认为就得把握最佳时机，尽可能考虑得充分、扎实（包括预计出版日期等事项），而且还要尽快（当然也要在看到剧本之后）。

蒙蒂思批注：告诉弗兰克·派克，暂定版税为10%，预付100英镑。

弗兰克·派克写给肯尼斯·尤因的信 1966.9.23

我们一直在考虑汤姆·斯托帕德的剧作《罗森克兰茨和吉尔德斯登已死》（*Rosencrantz and Guildenstern are Dead*），尽管还未看到稿件，费伯出版社决定正式提出报价。我们建议的条件是，按定价的10%作为固定版税；预付款为100英镑，一半在协议签订之日支付，另一半留待出版之日支付。

弗兰克·派克写给肯尼斯·尤因的信 1966.10.3

此信是为了以书面形式确认我周五下午在电话中所说的内容，即我方愿意把《罗森克兰茨和吉尔德斯登已死》的预付款提高至150英镑，而版税则仍为10%的固定版税。自从将汤姆的小说收录入集出版以来，我们一直对他的作品很感兴趣，也十分希望能够推出他的剧作。

弗兰克·派克写给"戈德小姐(供呈交图书委员会)"的信 1966.10.18

《罗森克兰茨和吉尔德斯登已死》汤姆·斯托帕德

我刚从肯尼斯·尤因处得知，"根据合同"，我们已经从企鹅出版社的吉尔斯·戈登手里抢回了（但戈登还不知情）《罗森克兰茨和吉尔德斯登已死》这个剧本。

此剧大概率会于1967年5月在国家剧院上演，咱们最好能赶在那之前把剧本推出来。

弗兰克·派克写给肯尼斯·尤因的信 1966.11.9

我感觉《罗森克兰茨和吉尔德斯登已死》确实很有意思，一丝绝妙的灵感得以巧妙而机智地呈现出来——这着实让我松了一口气，当然也在意料之中。多么圆满的一次合作啊！我们会等拿到汤姆的修改稿之后再付印。

P. D. 詹姆斯写给罗斯玛丽·戈德的信 1966.12.11

相信我，一个人这辈子第一次吃牛油果绝对是一种别开生面的体验，更何况我还是身处这样一种惬意的环境中，在如此和蔼的友人陪伴下体验的。

到目前为止，伦敦大学仍拥有罗素广场23号和24号的永久产权，并计划对其进行开发。费伯出版社的租约一直持续到20世纪60年代末，此后便需要搬迁。彼得·克劳利未出版的回忆录记载，他当时主动利用午餐时间在布卢姆斯伯里附近散步，以求觅到一个新的办公场所，好让“我们的出版事业继续蓬勃发展”。后来他在皇后广场（Queen Square）偶然发现了几栋完美的建筑。

理事会会议记录 1967.4.6

主席报告了关于买下 WC1 区皇后广场 3 号、4 号和 5 号的永久产权作为公司新办公地址的情况。该场地已与诺里奇联合保险公司（Norwich Union Assurance Co.）签订了 99 年的租约。

费伯–费伯出版社新闻稿 1967.5.3

汤姆·斯托帕德的剧作《罗森克兰茨和吉尔德斯登已死》大获成功，数周之内便载入了战后戏剧的史册；其剧本也由费伯出版社在本周四发行（精装本 18 先令，平装本 6 先令 6 便士）。该剧于 4 月 11 日在老维克剧院（Old Vic[16]）公演，也使斯托帕德成为作品被列入国家剧院保留剧目且仍在世的剧作家中最年轻的一位。首演好评如潮，自然也预示着其前途一片光明。然而令费伯出版社颇感懊恼的是，在该剧上演后公布的精彩采访中，竟无一次提到，斯托帕德作品首次面市还是在 1964 年出版的费伯出版社新作选集《推介 II》中。这本小说集收录了他的 3 则短篇小说，至今仍在出版（定价 21 先令）。

弗兰克·派克写给汤姆·斯托帕德的信 1967.5.4

哪怕你能在那些铺天盖地的采访中提一句《推介 II》，我们也会少一些被动。但可惜，这也给不了你什么经济上的好处。

查尔斯·蒙蒂思写给艾伦·贝内特[17]的信 1967.9.1

很高兴收到玛丽-凯关于《往事四十年》(*Forty Years On*)的来信。我十分期待读到此作并亲眼见证它的出版。

当时，费伯出版社还在用当初把汤姆·斯托帕德拉到麾下的"《推介》模式"来发掘其他年轻诗人。

玛丽-凯·威尔默斯写给道格拉斯·邓恩[18]的信 1967.11.21

德温特·梅建议我写信跟你谈谈费伯出版社计划出版的诗集。我特地随信附上该选集的概况，衷心希望你能给我们一个考虑的机会。

道格拉斯·邓恩写给玛丽-凯·威尔默斯的信 1967.11.24

感谢来信告知选集一事。很少有人主动要求看我的作品，特附上诗作数篇，真的很开心。

查尔斯·蒙蒂思写给艾伦·贝内特的信 1968.1.17

我突然意识到，还没来得及写信告诉你我有多喜欢《往事四十年》。此剧读起来十分有趣，我相信看起来也定会很有趣。社里渴望替你出版，这一点我想不用赘言了；玛丽-凯也向我保证过，你会答应的。

菲利普·拉金写给查尔斯·蒙蒂思的信 1968.4.2

你或许会感兴趣——埃里克·格雷戈里奖[19]委员会（我也是成员之一）要把400英镑奖给道格拉斯·邓恩，那个絮絮叨叨的26岁小个子苏格兰人。此人就在学校[20]里上学，他和布莱恩·琼斯（获得同样的奖金）是仅有的两位被四位评委一致推荐的候选人。我相信你手头现在就有几首邓恩的诗，不过这家伙老是喃喃自语的，让人搞不清他究竟在说什么。

理事会会议记录 1968.6.7

会上建议，成立一家控股公司来监管出版公司以及各子公司。首席理事将在控股公司担任职位，负责各子公司的财务管理，并在出版公司担任职务。如有必要，新上任的理事将直接担任出版公司职位，不必参与财务事务。

重组意味着拥有多个股东（当然，彼时仍以费伯家族成员为主）的费伯出版社将成为一家控股公司。该公司不参与交易，而是拥有两家全资子公司——费伯-费伯出版有限责任公司和费伯音乐有限公司——以及拉蒂莫·特兰德（印刷厂）、美术与雕刻有限责任公司（制版厂）、法马有限公司与库尔特·马施勒共同成立的合资企业之股份。杰弗里的遗孀伊妮德仍留在费伯—费伯出版公司的理事会任职。汤姆·费伯则加入了控股公司的理事会。

查尔斯·蒙蒂思写给艾伦·贝内特的信 1968.7.16

很高兴在周日的报纸上看到，《往事四十年》一剧已准备好在11月推出，由吉尔古德[21]担纲主演。对此我无比期待。

现在制作计划已经拟定，如果你愿意与我们签订出版合同，那就再好不过了。我直接跟你商量细节问题，还是说你更希望通过经纪人来处理呢？

要是你真能成为费伯出版社的签约作家，那定会是一件大喜事。

查尔斯·蒙蒂思写给艾伦·贝内特的信 1968.7.19

很高兴听玛丽–凯说你愿意就《往事四十年》签正式合同了。我相信她已经提醒过你，里面根本没有钱！

玛丽–凯要离开我们了，我很难过。

玛丽–凯当时要到卡尔·米勒手下担任《听众》(*Listener*[22]) 杂志的副主编，后来还跟随他去了《伦敦书评》(*London Review of Books*)，也成了那里的副主编。

查尔斯·蒙蒂思写给道格拉斯·邓恩的信 1968.11.8

感谢你在这漫长数月里的耐心等待。社里终于做出了出版《特里街》和其他诗篇的决定——我们当然愿意替你出版该诗集，因此欣然通知你。如果一切顺利，我们希望能在明年推出，预计在初秋。我本人也为此感到十分喜悦；自从你第一次为《诗歌推介 I》供稿以来，我就一直非常欣赏你的作品。

道格拉斯·邓恩写给查尔斯·蒙蒂思的信 1969.4.20

巧了，《诗歌推介 I》出版的那天我正好进入期末考试期！

查尔斯·蒙蒂思写给谢默斯·希尼的信 1969.9.9

能很快再见到你吗？我当时正在爱尔兰西部过周末假期，和理查德·墨菲[01]住在一起。在都柏林的那几天很愉快。

但我没去成北边。

……

[01] 理查德·墨菲是一位英裔爱尔兰诗人，1963 年—1989 年的作品由费伯出版社出版。

还有一桩惊喜的巧合——周一我俩在喝午餐前的杜松子酒时，突然发现一个戴着眼镜的人正透过窗户往里看，原来是菲利普·拉金！那天大家都很尽兴！

《泰晤士报》刊登塞缪尔·贝克特获诺贝尔文学奖的消息 1969.10.24

斯德哥尔摩10月23日电——生于爱尔兰的剧作家塞缪尔·贝克特今天被授予1969年度诺贝尔文学奖。他以其先锋戏剧创立以来新的表达模式，被公认为当今最伟大的戏剧家之一。

1970年初，彼得·杜·索托伊给迪克·德·拉·梅尔写了一份书面建议，讲到出版社目前的严重困境、他个人的挫折感以及对助手马修·埃文斯的日益重视（后者负责对接美国出版商的销售事宜）。

彼得·杜·索托伊写给理查德·德·拉·梅尔的信 1970.1.18

遗憾的是，近年来我为费伯出版社工作的乐趣已经逐渐消退。大伙儿的积极性经常遭到扼杀，许多新想法也实现不了，因为哪怕为了争取一丁点儿机会，也得先跟销售部门进行旷日持久的争论，让人精疲力竭。对我们大家来说，这种如履薄冰、暮气沉沉的氛围实在太令人难受。这就是社里目前的情况。从外部来看，费伯出版社的地位无疑有所下降，在作家和经纪人圈子乃至整个行业都是如此。当然，我们不靠那些华而不实的吸引力，也不稀罕这个；而且“费伯出版社卖不出去书”这种话也早就不新鲜了（这种话在一个著名的场合上让我们失去了C. P. 斯诺和杰拉尔德·达雷尔两位作家）。但大家本以为过去10年社里或许能够凭努力消除这种错误印象。

……

我们克服了重重困难，但却沮丧地发现，历经数年的挣扎后，当前的处境竟比以往任何时候都更加严峻。

……

我已经强调过，在眼下这个节骨眼，美国方面的销售市场对我们的收入贡献如此之大，马修便更具有特殊的重要性。社里决定年底晋升他为理事，我认为应该提前到3月1日，在他下一次美国之行前就下达任命。此人在其他方面也对社里极有价值——比如在编辑和管理上，以及处理“公共关系”方面。他与许多作家都相处得特别好（我是指特别地、极其地好），与各位经纪人和美国的出版社关系也不错。

……

在这种情况下，我衷心希望能为你提供更多的帮助，只是不确定自己该扮演何种角色，这就是我没有续签服务合同的原因——我是故意弃权，而非疏忽。在合同中，我被描述为“联合常务理事”（与你并列），但实际上我并没有真正履行这一职能。除非我确信提到的情况能立即得到改观，否则我无法接受目前的合同，并请求在一年后离职。目前事态带来的巨大压力和负面情绪已经快把我压垮了。

查尔斯·蒙蒂思写给约翰·凯里[23]的信 1970.2.5

请原谅我冒昧，来信是想告知你我最近突然想到一个点子。很简单，我们或许可以出一本关于班扬的新书，算是评论性传记；我还跟克里斯托弗·里克斯讨论了这个想法，他也积极赞同。当我们谈到可以让谁来写这部作品时，他立即推荐了你。当然，我若是能说服你接下这个活儿，那就太好了。

约翰·凯里写给查尔斯·蒙蒂思的信 1970.2.14

我刚完成了弥尔顿的研究工作……现在已经把注意力转向了更现代的时期。这一转变在某种程度上也是依据牛津大学的新教学大纲——新教学大纲更侧重 19 世纪和 20 世纪早期的内容。我希望在接下来的几年里能做足工作，写一些关于狄更斯的东西。

约翰·凯里写给查尔斯·蒙蒂思的信 1970.3.29

我想强调的是，关于狄更斯的书我还没写，而且估计短期内也不会写……我从未对任何一家出版社提过此事，也会很乐于优先考虑费伯出版社。但如果你们觉得这个点子还不错，那我自然也会很荣幸请你们来替我出版一本书——谁不会呢？

1969 年底，彼得·克劳利到澳大利亚拜访了一位费伯出版社医学书目的撰稿人——德里克·卢埃林-琼斯。他交给彼得一份题为《女人》（*Woman*）的手稿；与他此前的妇产科专著不同，这次针对的是普通读者。

彼得·克劳利写给德里克·卢埃林-琼斯教授的信 1970.2.4

琼·坎宁安很是机灵，他刚刚在《护理时报》（*The Nursing Times*）上看到一篇书评，评论的是圣托马斯医院一位妇产科教授写的一本书，叫《女人》！这绝对是个意外，但咱们大可不必为此过度惊慌。

一个新书名应运而生。

彼得·克劳利写给德里克·卢埃林-琼斯教授的信 1970.3.26

很高兴告诉你，《每一个女人》（*Every Woman*）反响很好；特寄此信，向你正式提交出版条款。

查尔斯·蒙蒂思，书面建议 1970.4.16

这本保罗·马尔登诗集是沙默斯·希尼[24]上次在伦敦时留给我的。他认识马尔登（我猜此人是在贝尔法斯特女王大学上学的本科生），觉得其作品十分出色，值得认真考虑。

我自己也对这些诗印象颇深，很想知道你们的看法。我认为在目前这个阶段，首要的应是积极关注他，并建议其开始将作品向定期发表诗歌的各类杂志投稿。另外，咱们下一本《诗歌推介》自然也可以考虑他。

我只能猜这份书面建议是查尔斯口述并由一个不知道“谢默斯”正确拼写方式的人打出来的。

查尔斯·蒙蒂思写给谢默斯·希尼的信 1970.4.23

很抱歉，隔了这么长时间才给你回复关于保罗·马尔登诗集的事情。但我终于能愉快地告诉你，诗我已经读过了，印象很深（其他读过的人也是一样）。请务必转告保罗·马尔登，我们着实期待他接下来的作品；也希望能跟你或他本人保持联系，好让我们了解更多信息。

查尔斯·蒙蒂思写给保罗·马尔登的信 1970.6.30

刚得到喜讯，你有几首诗将在《听众》上发表（你猜对了，是我推荐的！）。

费伯-费伯出版社书目，1970 年秋冬季

《矿渣》(*Slag*)
戴维·黑尔[25]

《矿渣》讲的是女权、革命女权主义、女子寄宿学校、怀孕时的歇斯底里、曲棍球和性爱，排名不分先后。作者让书里的三个角色互相攻击对方的喉咙、嘴巴，有时还动脚；试图以公立学校的中庸传统来对抗“性混乱与自由”的新伦理体系。

罗斯玛丽·戈德写给伊莱恩·格林有限责任公司的卡罗尔·希顿的信 1970.9.29

我刚跟社里的制作部门又沟通了一次，《夜莺的裹尸布》的校样大概在今年年底或 1971 年年初就能出来。在眼下这个阶段很难有更精确的时间了，希望这也足够你答复斯克里布纳出版社那边。

这是罗斯玛丽·戈德寄给 P. D. 詹姆斯经纪人的信。然而，该信的复印件上还有下面这条附录。

真相

罗斯玛丽给雷·索恩打了电话，但他说压根就没有这本书，也没有介绍卡片。经过一番搜寻，他在布赖恩·鲁尼的书架上找到了这份手稿，还是原封未动的。他们郑重答应今天会将其送到打字员处，告诉他们我们希望尽快拿到初稿，并在年底前（如果可能的话）拿到校样。

费伯出版社负责制作事宜的理事大卫·布兰德于1970年1月突然去世，这使该部门陷入一片混乱，甚至到了弄丢社里畅销书作者手稿的地步。由此造成的延迟更是加剧了费伯出版社的现金流问题。

1970年10月底，当伊妮德·费伯与迪克·德·拉·梅尔和彼得·杜·索托伊碰面时，资金就是他们讨论的一个主题。但正如她给儿子汤姆写的那封满是闲言碎语的信中所言，那次会面的另一个目标是要说服迪克——年近70岁，是时候退休了。

伊妮德·费伯写给汤姆·费伯的信

你可能已经注意到，迪克·德·拉·梅尔很欣赏彼得·克劳利，而不是彼得·杜·索托伊。这两个“彼得”可不是灵魂伴侣——迪克之前就告诉过我，而我或许应该听听彼得·克劳利是怎么说另一个“彼得”的——迪克声称自己与彼得·杜·索托伊相处得很好，只是不喜欢莫莉（因为她曾恶言中伤卡塔[01]），他怀疑莫莉是想为彼得出头。当然，这些话都是保密的——迪克提到杜格尔·麦克弗森时也有点冷淡；不过，他又一次煞费苦心地解释自己和麦克弗森相处得很好。

……

我不得不谈谈钱的问题。他们告诉我，银行已接到政府指示，指示要求所有客户停止一切透支行为。每个人都表示，对于我们这样一家大公司来说，手头的资金还是太少了——几乎每家公司都陷入了同样的困境，只有4家仍在自食其力、孤军奋战。我觉

[01] 莫莉（Molly）和卡塔（Katta）分别嫁给了彼得·杜·索托伊和理查德·德·拉·梅尔。

1972 年，P.D. 詹姆斯凭借《夜莺的裹尸布》赢得了她人生中由犯罪小说作家协会颁发的第一个“银匕首奖”；日后她还屡获这一殊荣。在这张 1990 年拍摄的宣传照中，她拿着其中一柄银匕首和自己写字台上的放大镜合影留念。（© Lucinda Douglas Menzies）

得我辜负了你和彼得。他（彼得·杜·索托伊）的最后一句话是“好吧，你也无能为力，我们必须让他辞职”——我之前甚至都不敢开口提这件事。

……

所以我只好给他推荐一份收藏品的目录[01]……希望能让他退休后的生活更精彩吧。

其实迪克每顿饭都吃得很香——起床后吃煮好的全套早餐。彼得呢，早晨就在床上吃面包、喝咖啡，一天剩下的时间就胡乱吃几口。

……

眼下看来，要是把公司卖掉，我会很难过。杰弗里费了这么大的劲试图保住公司——等我死后再说吧。

作为杰弗里的律师，杜格尔·麦克弗森是一个信托（1947 年信托协议）的受托人，杰弗里曾在 1947 年将他名下的大部分费伯出版社股份放入该信托。在接下来的故事中，也许他就是那个英雄。故事要从汤姆·费伯所写的一篇关于公司当时财务状况的摘要讲起——彼时他刚休了 9 个月的假从加利福尼亚回来。

汤姆·费伯写给理查德·德·拉·梅尔的信　1970.11.7

我必须让我母亲和麦克弗森知悉昨天理事会上讨论的内容。最便捷之法就是我给你写封信，总结以下立场，再把信件副本交给他们二人看。

---

[01] 理查德·德·拉·梅尔是一位伟大的日本瓷器鉴赏家和收藏家。

（1）眼下的资金问题比我意识到的要严重得多，而且似乎要等到明年2月底才会有缓解的迹象，而届时一些美国的大订单也将临近付款日期。现在亟须说服银行，将我们的透支限额从75 000英镑（现在已经超过了）增至175 000英镑，以便公司支付版权费并偿还其他债务。

（2）会上认为，银行同意为我们提供便利的唯一条件是：

由我方重新写一份声明，表示愿意出售美术与雕刻有限责任公司的股份。（社里已开始与一位中间商讨论此事，尽管她还未看到最新数字。我们希望那些股份至少能卖到30 000英镑，运气好的话能卖到40 000英镑。）

我们宣布，计划在3个月内从费伯出版社股东手里筹集60 000英镑，并保证至少50 000英镑能尽快到位。

……

（8）我们一致认为，等到当前的财务危机结束，社里就应该对未来的经营策略进行一次全面讨论，特别是关于是否应该聘请一位具备金融专业知识的理事的问题。

但愿这几点已基本准确概括了咱们讨论的内容。我知道那天在会议上我也许有点任性；希望你能理解，尽管我天性可能不那么乐观，但我真的和你一样，从长远来看，对公司的未来充满信心。

伊妮德·费伯写给汤姆·费伯的信 1970.11.9

至于主席一职——我在想，杜格尔可以问问他是否打算在明年6月4日也就是在他70岁时退休。我过去总是没能对他提起这件事，以至于我怀疑自己是否是对他开这个口的最佳人选——特别是我很喜欢迪克，不愿他受到伤害。

……

我只希望在这阵喧嚣之后，迪克会觉得去当总裁还不算是件扫兴的事[26]。

银行在11月25日明确表示，不会增加透支额度。费伯出版社账面上的现金额度即将用尽。汤姆就此写了一份备忘录给他的母亲和弟弟理查德（当时仍在外交部全职工作），字里行间显示出他已接受了公司必须被出售的事实。拥有《金融时报》（*Financial Times*）和其他一两家报纸的培生集团（Pearson Group）彼时刚收购了朗文出版社和企鹅出版社，开始进军图书出版领域。这似乎是个显而易见的买家。

汤姆·费伯写给伊妮德·费伯和理查德·费伯的备忘录 1970.12.2

彼得·杜·索托伊和查尔斯·蒙蒂思都很清楚，这是费伯出版社能找到的完美下家——坐拥广博资源，旗下的3家出版社能巧妙互补，相关从业者也都是体面人。

有一点我不得不汇报——我感觉昨天的会上几位理事士气极其低落。迪克状态不佳，显然十分疲惫。彼得·克劳利总是先咆哮两句，然后就默不作声。有人建议，应及时整编有关资产和预期收益的数据（按理说我们手头早就应该有这些数据了），以便下周一提交给培生集团，这又让西蒙斯陷入了踌躇。由此我沮丧地意识到，费伯出版社的众多资产中绝对缺少一支活泼高效的管理团队。当然，等培生集团控股后，很可能会替我们撤掉现任主席，但这个改革的代价也太大了！

回过头看我刚才写的内容，我担心自己是不是也染上了别人的消极情绪。在电话里，杜格尔听起来比我更有斗志，他不愿意承认我们现在别无选择。我猜他的意思是，我们可以越过国民威斯敏斯特银行区域级经理直接找他们的主席（他认识此人），看看银行那边的强硬态度到底是因为整体信贷紧缩，还是出于对咱们公司管理层失去了信心。如果是后者，我们可以先试着请求银行高抬贵手，并承诺立即替换迪克的主席一职，然后开始实施严苛的财务管理措施。

其实，就在汤姆给家人写备忘录的同一天，杜格尔·麦克弗森也正在给他写信——一封让他脊背发凉的信。

杜格尔·麦克弗森写给汤姆·费伯的信 1970.12.2

我强烈反对收购、合并、建立伞形公司[27]等措施，除非被收购的公司效率太低以至于不采取此类措施就会破产。你父亲在1947年设定的那套解决方案就是为了确保费伯出版社的控制权能牢牢掌握在家族成员手中，眼下一想到这点就让人心痛无比。那套方案无疑可达到两个效果：(1)费伯出版社得到有效管理；(2)发展方向不会偏离正确轨道太远。

在我看来，作为拿出30 000英镑的回报，你们一家必须提出相应条件以确保可以提高社里的运营效率，其中一条就应该是把主席换掉。还有，费伯出版社显然需要一位财务效率专家。

……

银行那边我或许可以帮上忙，但前提是费伯出版社确保能迅速调整状态，否则我也无能为力。

于是，汤姆·费伯亲自给迪克·德·拉·梅尔写了一封极其必要的信。

汤姆·费伯写给理查德·德·拉·梅尔的信 1970.12.8

昨晚停电，交通几乎瘫痪，我们到剑桥已经太晚了。我也累极了，无法马上坐下来给你写信，否则你今天早上就会收到我的一封信，我将细说我昨天在会上讲的一件事。此事对你来说定会是个残酷的打击，对理事会的其他成员也是如此。我极不情愿这样直言让你难受，但我只能强忍着写完这封信。已经没有时间顾左右而言他了。

我在会上表示，麦克弗森倾向于以控股公司理事会辞职为条件，从家族信托基金中拿出30 000英镑。后来我到他办公室时，感觉他态度稍微缓和了一些，加上了“如果受托人要求这样做”这句话。但我认为，形势所迫，我们所有人都必须辞职——公司眼下正处于一场本可以、也应该预见和避免的严重危机之中，我们都有责任。我自己尤其不能免责，因为早在1969年6月你就将我放到了现在的位置。因此，我将尽快择机辞职，当然会在年度大会之前。如果我给大家带了一个“好头”，那么届时的会议预计就将选举新一届的理事会。

我想在过去几周里，焦头烂额之余，你也一直在思考自己在公司里的角色。如果我没看错的话，你也渴望让局势尽快恢复平稳，好把主席的位置顺利移交给继任者。或许和我母亲一样，你也认为70岁是你退休的合适年龄。从美国回来后，我与两位“彼得”以及查尔斯有过零星交谈，发现理事会的其他成员也赞同这点。他们的话给我的印象是（后来我自己的观察也证实了这一点），你渐渐发觉经营出版社及其子公司已力不从心，便也偷偷乐得有更多时间待在你自己的花园里。大家都好意劝你退休，那样或许你会更轻松愉快。他们也分别对贾尔斯现在所做的工作给予了很高的评价，你完全可以放心，他会将德·拉·梅尔家族的火炬替你传递下去。

可惜事态的发展已经超出了我们的能力控制范围——一旦我们被迫将控制权出售给外人（不管是培生-朗文公司还是马克斯·莱因哈特），就算对方再怎么强调咱们会维持原班人马不变，我很肯定，他们的第一步就是要换掉你这个主席；至于理由，单凭年龄这一条就足够了。

……

要是咱们选择走另一条路——自力更生，继续奋斗，就必须向银行提出极具说服力的理由；其中一条就是得保证社里将以更高效的方式开展业务。我手头有银行最近发来的两封信，其中一封里艾德里奇先生请我们注意他在1968年给过你的提醒，从中我难免得出这样一个结论——他们已经对我们的管理失去了信心。在我看来，缓期偿债已然是不可能了，除非我们能换一位更年轻的主席来带领大家彻底变革。因此，不论选择哪条路，恐怕你都只能提前交出权杖，这样问题才能迎刃而解。我绝不希望看到你来当这场灾难的替罪羊，因为社里的每个人或多或少都有责任。但我们还有什么选择，或者说，你还有什么选择呢？

因此，归根结底，如果理事会像我建议的那样全体辞职，我们不能保证你会再次当选，至少不能保证你会以主席的身份当选，我们将转向彼得·杜·索托伊，他是目前最好的替代人选。我很清楚，他没有你那种能激起社里所有员工的忠诚与奉献精神的威望和本事，但也许他身上那种局外人的冷静精明才是我们眼下面对财务问题和面临改革时所需要的品质。不管怎样，届时他会需要我们所能给予的一切支持，且不会允许出现日常领导责任一分为二的情况。坦白说，我们今后还将面对一系列十分烦琐的谈判；如果彼得从一开始就能对此全面负责，只会增加我们的优势。

……

我想说明的是，这是一封私人信件。我已经在电话里把它读给我母亲听了，她也基本表示认可；但绝没有外人再看过此信，也不会有人看到。我母亲要我代她慰问几句，她本人也定会在适当的时候亲自给你写信。

这段时间里，汤姆一直与他母亲保持联系，从她那里了解相关人物的性格。

理查德·德·拉·梅尔写给汤姆·费伯的信 1970.12.10

我必须明确表示，我目前不准备提出辞职，也不知道其他人对此会有什么反应，因为我还没有与他们谈过此事。但作为主席——我仍然是主席——我理应说一句：如果你打算继续和社里其他人一起工作，那就千万不要用你羞辱我的方式去羞辱他们，那是最不明智，也不必要的。如果我处在他们的位置上，我会非常反感。另外，也别把你自己的辞职和他们的辞职相提并论，那样没有意义——你实际上只是你自己的主人，当然可以做你自己想做的事情。我之所以说得这样直白，是因为我仍然心系公司的未来，而我觉得你很可能会对此造成破坏。这让我更加担心我们与那些小股东的关系——在这种情况下，他们的利益很容易被遗忘。

……

我可以向你保证，如果我的同事们都希望我走，我绝不会多留一分钟。但离开之前，有些事情我还需要多盯一段时间，而显然要是我所有的权力都被剥夺，我就无法做到这一点——我担心的是社里的制作部门，还有我们与拉蒂莫·特兰德公司的关系；我要是突然走了，可能会造成很多麻烦。除此之外，我一直在处理的许多其他事情也需要整理收尾。因此我建议，为了公司和我自己着想，这场“葬礼”至少应该体面地进行，我最不希望看到的就是互相扯皮。

我不反对在适当的时候将主席一职移交给彼得·杜·索托伊，也不反对他届时接管与银行方面的进一步谈判。但与此相关的许多问题都需要充分研究讨论，其中一些事项我估计在下周一的会议（即便只是一次非正式的股东会议）之前就要定夺。

这是我在家里写的一封私人信件，但既然你母亲知道你给我写信的内容（而且令我惊讶的是，她竟然认可你所说的一切，如果你真的把整封信读给她听过），我希望她也能看到我这封信，麦克弗森也是一样。

……

我并不否认自己有些过度疲劳了——在过去6个月的那种工作强度之下，不疲劳是不可能的。医生说我的健康状况从根本上来看确实很好，包括我的心脏——他说我的心脏要比我的实际年龄年轻10岁。但我近来的确出现了轻微的心动过速（倒是不严重），就是过度劳累和压力导致的，这不能被轻视。而且今天这种情况下，我不可能感觉比昨天更好！

汤姆·费伯写给理查德·德·拉·梅尔的信 1970.12.11

正如我担心的那样，我的信让你难过了。而且我的确没料到，你会感到如此意外。我会立即把你回信的副本送到麦克弗森和我母亲那里，由他们来做决定，看看我关于辞职的建议是否欠考虑（或许也可以周一参考其他股东的意见）。

我想，这时候我还是不多说了，以免加深彼此的怨恨。但我只想补充一点——在制作部门、拉蒂莫·特兰德和美术与雕刻公司的关系上，社里无疑迫切需要你的帮助。而且我一直认为，如果你愿意出任总裁，那么这一切都可以顺利实现 。我只是想让公司内部人主动提出这一建议（我想此刻他们已经在着手研究这件事了），否则我就把这条写进我那封让你厌恶的信里去了。

杜格尔·麦克弗森写给汤姆·费伯的信 1970.12.15

祝贺你昨天主持了一次艰难的会议；特别是让主席答应放弃主席职位这件事，着实不易。

特附上我今天写给大卫·罗巴茨那封信的副本。我本不打算将副本发给其他任何人，想先看看他的回复再说。

1970 年 12 月 31 日，迪克·德·拉·梅尔正式辞去费伯出版社和控股公司的主席职务，由彼得·杜·索托伊接任。马修·埃文斯在同一时间加入了理事会。

杜格尔·麦克弗森给国民威斯敏斯特银行主席大卫·罗巴茨的信似乎起了作用——银行做出了足够的让步，才使费伯出版社拿到了所需现金并作为一家独立公司生存了下来。这可谓是赢了一着险棋。

译者注

1 本杰明·布里顿（1913—1976），英国作曲家、指挥家和钢琴家，自幼跟随母亲学习钢琴，18岁入伦敦皇家音乐学院学习作曲与钢琴，4年后辍学，为剧院和制片厂创作戏剧和电影配乐。1939年旅居美国，从事指挥和钢琴演奏。他在创作中既尊重本民族传统，又大胆吸收和运用现代派的风格、技巧，成为20世纪英国古典音乐代表人物之一。

2 四人均为文艺界巨匠。叶芝（1865—1939），爱尔兰诗人，剧作家和散文家，著名的神秘主义者、“爱尔兰文艺复兴运动”的领袖。雨果·冯·霍夫曼斯塔尔（1874—1929）是奥地利作家，诗人，其诗抒情优美、情调梦幻，被称为新浪漫主义神童。克洛岱尔（1868—1955）是法国诗人、剧作家和外交官。让·科克托（1889—1963）是法国诗人、小说家、剧作家、设计师、艺术家和电影导演。

3 绅士俱乐部（gentlemen's club）诞生于17世纪，于18世纪风行，顾名思义，是采用会员制的私人俱乐部，可谓英国数百年来绅士、贵族文化的缩影，也是英国工业革命的产物。旧时代的贵族和地主乡绅拥有自家官邸和庄园，不愁社交聚会无去处。然而机器化大生产打破了旧有的社会秩序，旧贵族阶层式微，新兴资产阶层崛起，需要更多适宜的聚会场所，于是绅士俱乐部兴起，成为上流社会和中产阶级绅士们休息、阅读、社交和用餐的“第二个家”。文中提到的“Travellers' Club”旅行者俱乐部建立于1819年，最初可追溯到拿破仑战争结束时为在外旅行的绅士们提供的会面处。

4 具体渊源见本书第257—258页。

5 C. S. 刘易斯（1898—1963），20世纪文化巨匠，集作家、文艺评论家、基督教神学家于一身，享有“最伟大的牛津人”之称，最擅长运用通俗易懂的语言解释基督教的教义。《卿卿如晤》是其在妻子过世后陆续写下的日记和短笺，最后结集成册，用笔名N. W. 克拉克发表。

6 约翰·金斯利·奥顿（1933—1967），英国著名剧作家。其有关丑闻的黑色喜剧让观众震惊、愤怒，也暗自发笑。“奥顿式”这个词便是指既带有黑暗色彩但又有滑稽的犬儒主义特征的作品。

7 在约翰·奥顿去世后，这部小说以《从头到脚》（*Head to Toe*）之名出版。

8 1951年，奥顿与肯尼斯·哈里维尔在英国皇家戏剧学院相识。哈里维尔比奥顿大7岁，独自生活，还继承了一大笔遗产；两人很快发展成为情侣。奥顿和哈里维尔觉得自己“与众不同”，拒绝长时间工作，仅靠后者的遗产和失业救济金过日子，被迫把每周的开销限制在5英镑内。从1957—1959年，为了筹钱买公寓，他们还在吉百利公司工作了半年。1959年，两人搬进了伊斯灵顿诺埃尔街25号的一套简朴的小公寓。

9 F. P. C. E.（Faber Paper Cover Edition），即费伯平装版。

10 能剧和狂言为诞生于公元8世纪的日本传统戏剧，随后的发展又融入了杂技、歌曲、舞蹈和滑稽戏等多种艺术表现形式。主要以日本传统文学作品为脚本，在表演形式上辅以道具和舞蹈。

11 谢默斯·希尼（1939—2013），爱尔兰作家、诗人。1995年以其诗作获诺贝尔文学奖。20世纪60年代初从贝尔法斯特女王大学毕业后成为该校讲师，并开始出版诗作。

12 芭芭拉·皮姆（1913—1980）是英国小说家。她在20世纪50年代出版了一系列社会喜剧，其中最著名的就是《优秀的女性》和《一杯祝福》。1977年，评论家大卫·塞西尔勋爵和诗人菲利普·拉金提名她为“20世纪最被低估的作家”。

13 一家成立于1846年的美国出版社，总部设在纽约。

14 克里斯托弗·汉普顿（Christopher Hampton），英国剧作家及电影编剧，出生于1946年。最广为人知的作品为《危险关系》及《赎罪》改编的剧本。1989年凭《危险关系》获第61届奥斯卡金像奖最佳改编剧本奖。汉普顿早年就读于牛津大学时曾活跃于校园戏剧圈，其在1964年为牛津大学戏剧协会撰写的舞台剧本《你最后一次见到我母亲是什么时候?》大获成功。该剧以“青少年同性恋”为主题，根据自身成长经历改编。

15 即费伯出版社的制作经理大卫·布兰德。

16 伦敦最著名的古老剧院之一。位于伦敦的滑铁卢桥路，其所属的剧团还造就了许多杰出的导演和演员。1963 年，老维克剧院成为英国国家剧院的临时所在地。

17 艾伦・贝内特，1934 年生，英国家喻户晓的剧作家、小说家。主要剧作包括《往事四十年》《乔治三世的疯狂》《历史系男孩》等，职业生涯包揽多项戏剧大奖，其中《历史系男孩》赢得 7 项艾美奖，为英国国家剧院演出史上最成功的剧作。1988 年和 1996 年他曾两度拒绝伊丽莎白二世女王授予的爵位，引发舆论一片哗然。

18 道格拉斯・邓恩，1942 年生人，苏格兰诗人、学者和评论家。

19 埃里克・格雷戈里奖（Eric Gregory Award）是英国作家协会（Society of Authors）每年颁发给 30 岁以下英国诗人的重要文学奖项，由埃里克・格雷戈里博士于 1960 年创立，旨在支持和鼓励年轻诗人。

20 拉金彼时在赫尔大学任教，邓恩在同一所学校就读，毕业后在拉金手下工作。两人后来结下深厚的友谊，但邓恩并不十分认同拉金的政治观点。

21 约翰・吉尔古德（1904—2000），英国资深演员、导演和制片人，艺术生涯跨越 80 年。擅长表演莎士比亚戏剧，也是为数不多的演艺圈大满贯获得者。

22 英国广播公司（BBC）发行的周刊，记录每周广播节目上的内容，并提供文学与音乐类作品的预告及评论，一时代表了英国社会文化传播导向。

23 约翰・凯里，1934 年生人，英国文学评论家，牛津大学英国文学教授，以反精英主义观点而闻名。曾在 1982 年和 2004 年两次担任布克奖委员会主席，并担任 2005 年首届布克国际奖评委会主席。

24 原文写成了“Shamus Heaney”，故有下文称拼写错误之事。

25 戴维・黑尔，1947 年生，英国著名导演、演员、编剧、制作人，曾为多部家喻户晓的电影担任编剧，如《烈火情人》《时时刻刻》《朗读者》等。

26 按前文所述，依照杰弗里的范例，主席退位后将被给予总裁一职。

27 伞形公司是指以投资与被投资关系建立的具有独立法人地位的公司组成相互关联的公司群体。这种公司群体形似一把打开的伞，通俗而言，就是在一把伞下网罗了众多参股公司。

第八章

1971—1979

“一丝合理的生存希望”

1971年3月，费伯出版社搬到了位于皇后广场的专用办公室。但此时费伯出版社已然不是20世纪60年代筹划这次搬迁时的那个费伯出版社了——削减成本眼下成了头等大事。新任主席彼得·杜·索托伊心里有数，社里肯定负担不起这些办公室的开销。

很快，千呼万唤始出来的财务专家彼得·迪比松被任命为理事会成员。1972年底，费伯出版社把拉蒂莫·特兰德印刷厂和美术与雕刻有限责任公司的股份卖掉，筹到了救命的现金。社里的股东们又以贷款股票（这些贷款股票将在适当之时转换成股份）的形式贡献了更多资金。医学类书目中出现了一本让人意外的畅销书——《每一个女人》。就这样，公司的财务状况逐渐稳定了下来。但从整个大环境来看，经济形势依然严峻——1973年底，矿工罢工导致的停电催生了"一周三天工作制"。此外，每年的通货膨胀率几乎都高达两位数；成本超过收入的风险一直都存在。在这10年的后几年里，政府出台政策抑制通货膨胀，主要是基于控制价格和收入：工资和分红必须有上限，而书籍价格的每一次上涨都可能引起物价委员会（Price Commission）的质疑。

这样一来，该公司1975年在英国国家图书联盟（National Book League）举办的庆祝费伯-格怀尔出版社成立50周年暨“费伯音乐”成立10周年的派对，倒显得像是虚张声势。彼时在大部分人看来，这两家公司都不可能独立运营太久。不少有意向的合作方抛来了橄榄枝，社里也曾认真考虑与凯普-查托（Cape-Chatto）出版社、艾伦和昂温[1]（Allen & Unwin）出版社以及爱德华·阿诺德[2]（Edward Arnold）出版社等其他出版公司合并的方案。

由于一门心思顾着生存糊口，出版社在内容和编辑质量方面并没有什么进展。费伯出版社仍在出版卓越的诗歌和戏剧作品，但在新小说领域则似乎已是死水一潭。这10年里该公司最畅销的一本书——约翰·西摩[3]的《自给自足手册》（*The Complete Book of Self-Sufficiency*），竟是由一位包装工人带来的。这足以说明这家出版社已十分缺乏信心和创造力。

如果以上内容听起来过于沉重，我很抱歉；但下面的摘录或许还是足够有意思的。这10年即将结束之际，费伯出版社新任命了一位年轻的小说编辑罗伯特·麦克拉姆，内容和编辑质量方面的问题得到了缓解。出版社的“编辑精神”并没有消失，它只是暂时被隐藏了。

ff

查尔斯·蒙蒂思写给保罗·马尔登的信　1971.3.19

总的来说，我建议你先别急着出一本大部头的诗集。我向来认为，年轻诗人第一步还是应该积累名声，常在各处露露脸，除了像《诗歌推介II》这样的诗歌选集之外，也可以在那些定期推出诗歌作品的杂志上发表一二。这样一来，对诗歌感兴趣的读者就会记住他的名字，然后开始期待他的第一本诗集（即便只是下意识地）。你可能也知道，我第一次看到谢默斯·希尼的作品就是在《新政治家》上。

彼得·杜·索托伊写给建筑师德里克·斯蒂芬森的信 1971.3.29

我们不愿再占用皇后广场3至5号那么多的空间，想把至少两层租出去，因为眼下任何出版社都不可能在伦敦市中心保留像我们现在这样的员工规模。图书出版业因政府开支能力削弱而受到了严重影响（我们非常依赖公共图书馆和学校），再加上生产成本大幅增加（过去一年里，印刷和装订费用飞速上涨），最近的邮政系统罢工预计也会持续带来经济损失。

费伯-费伯出版社书目，1971年春季

《每一个女人》（*Everywomen*）
德里克·卢埃林-琼斯

一份让您终身受益的妇科指南

现代女性都对自己相当上心。她们急于了解自己身体每个月发生的变化；每次怀孕期间都更积极地参与对自己的照料，而且似乎越来越渴望了解怀孕与分娩期间会经历何种状况；她们甚至越发主动地投入到婚姻中的性爱角色里。《每一个女人》就是给聪明女人准备的一本从月经到更年期的自我指导手册。

由这位建筑师打造的费伯出版社在皇后广场的新办公室的设计图。背面还附了一张极有用的地图，告诉人们如何从罗素广场的旧办公室走到此地。

尽管《每一个女人》的图书文案不甚乐观，但此书后来却成了一本国际畅销书——尤其是平装本——销量超过 1 000 000 册。通过这样一种传统的出版方式，该畅销书为费伯出版社的财务状况带来了一丝非常及时的喘息机会。

约翰·西摩写给“费伯–费伯出版社各位先生以及友人 F. C. 先生”的信 1971.5.1

久未见面或联系，您可能已经想不起我是谁了。此前我为贵社写过一本书，是由您编辑的，叫《沃土》(*The Fat of the Land*)；还有一本（不过这本差得多）叫《按我的规矩来》(*On My Own Terms*)。我记得《沃土》印了一次，此外还出了“乡村图书俱乐部”版，但均未在伦敦产生任何轰动效应。从那时起，我就和柯林斯出版社走得比较近，为其（东英吉利）做了一本“陪护指南”，还有两大本很不错的指南，待时机成熟便会出版。柯林斯出版社的磨坊堪比神的磨坊。

我想自告奋勇写一部范围更广、内容更充实的升级版《沃土》。我现在可以自由地写关于偷猎的文章了，因为我已不再是野生动物保护区的租户。

费伯–费伯出版社编辑凯瑟琳·阿什给图书委员会的信 1971.5.3

这封长信来自《沃土》的作者，他在信中提到想再出一本书。当时编辑那本书的是莫利·肯纳利，显然西摩先生忘了他的名字。但我相信他俩的交情应该还不错！

5 年后，约翰·西摩的回归对费伯出版社的重要性才真正凸显出来。

查尔斯·蒙蒂思写给保罗·马尔登的信 1971.5.5

祝你考试顺利！

保罗·马尔登写给查尔斯·蒙蒂思的信 1971.7.4

克劳利先生一直在与我就《诗歌推介 II》的宣传事宜保持联

系——恐怕我那种自传风格的语气会有些乏味，而且大部分是将来时。

菲利普·拉金写给查尔斯·蒙蒂思的信 1971.11.2

这是一篇关于芭芭拉·皮姆的小说的文章，刚刚发表在《阿里尔：国际英语文学评论》(*Ariel: A Review of International English Literature*)(1971年10月刊)上，我想你可能会有兴趣看看。你肯定还记得，不久前乔纳森·凯普出版社那边拒绝了她的书，我还曾试图说服你们接下来；时至今日我依然认为这是个好主意。

我确实认为她很适合你们出版社的英国国教传统，这就是为何我要再三冒昧地跟你提醒她的存在……机不可失，时不再来。

菲利普·拉金的锲而不舍让我很钦佩，可他终究还是无法说服查尔斯·蒙蒂思。但到了1977年，在拉金和大卫·塞西尔爵士的支持下，芭芭拉·皮姆人气大涨；对此查尔斯·蒙蒂思只能追悔莫及。

费伯-费伯出版社新闻稿 1972.1.10

美国诗人约翰·贝里曼上周从密西西比河的一座桥上跳下身亡，年仅57岁。贝里曼1965年曾获得普利策奖，1969年获得美国国家图书奖。伦敦的诗歌读者还记得他在1967年7月国际诗歌节上的惊人亮相。费伯出版社有幸成为其所有作品在英国的出版方。

约翰·凯里写给查尔斯·蒙蒂思的信 1972.2.22

星期六见到你时我才想起来，曾答应过你(肯定是2年前了)把我最终写的关于狄更斯的一些东西让你过过眼，看是否适合出版。

保罗·马尔登写给查尔斯·蒙蒂思的信 1972.2.22

但愿这么大的包裹不会惹人生厌。正如你们所知，经过深思熟虑，我决定把过去三四年里写下的值得留存的诗收集起来，从头读一遍。如果您也能一起读，我会很感激；要是您能把这些诗留下，我就更感激了。

汤姆·费伯彼时已是控股公司的副主席，兼任费伯-费伯出版社的理事。在接受了公司的做事方式后，他便开始用自己物理学家的头脑来反思公司一些不太合乎逻辑的政策，例如根据成本的倍数给书籍定价，不管它们需要多长时间才能卖出去以及可能产生多少收入。

汤姆·费伯关于图书定价政策的书面建议 1972.3.2

面对这类问题，我的本能反应是用数学来解决。请原谅我这个习惯。

假设有 n_0 本已经印好的书，以一定的速度出售，那么在时间 t 之后的库存数量为：

$$n=n_0(1-f)+n_0 f e^{-t/\tau}$$

这个公式意味着该版本的一小部分 $(1-f)$ 根本卖不出去，其余部分则会随所谓的常数 τ 年时间呈指数型减少——开始时卖得很快，但随着时间的推移则会卖得越来越慢。（数学部分叨叨了好几页……）

计算细节或结果图表并不重要，但我确信这一原则是正确的，因为运营成本几乎与印刷订单的大小无关，而生产成本则不是，所以对于印数小的书籍而言，适用的经济乘数应当比印数大的书更大。

据图书委员会的彼得·克劳利回忆，“两位万灵学院的双科优等生都被碾压，请求宽限几日来消化这份文件”。然而，原先的成本计算方法依旧保持不变。

查尔斯·蒙蒂思写给保罗·马尔登的信 1972.3.22

非常高兴地告诉你，社里很愿意替你出版《电子果园》。我本人对这部作品也十分喜欢和欣赏，期待它能早日面市。

……

我想知道这个标题是否正确。

……

我突然有一个想法（这次或许更大胆）：如果用第一首诗结尾的那两个词“新气象”（New Weather）呢？（我在想：是不是可以向谢默斯·希尼请教书名的问题？听听他的看法也会挺有意思。）

查尔斯·蒙蒂思写给谢默斯·希尼的信 1972.3.22

此信只为告诉你，保罗·马尔登大约一个月前给我寄来了他的第一本诗集；我今天给他去信，跟他讲我们十分愿意出版此书。正如你所知，他的作品给我留下了深刻的印象，感谢你将他介绍给了我。

接下来的一个月，时年60岁的彼得·杜·索托伊给各位理事发了一份报告，引发了有关公司未来战略的讨论。

彼得·杜·索托伊关于出版社未来规划的建议 1972.4

我绝非带领公司走向20世纪80年代的最佳人选——社里需

要一位更年轻且富有活力，具备远见卓识又能回首来路的人。多么希望此刻有一位费伯家族的成员能站出来。若是找不出这样一个人，费伯一家则必须认真考虑这个问题。我估计至少会待到1974年4月；条件允许的话就待到我任期届满，也就是1977年2月。但我绝不想成为公司或任何人的挡路石。

汤姆·费伯给彼得·杜·索托伊的答复 1972

只要公司能连续几年保持良好的盈利记录，那么我认为咱们应该考虑成为一家上市公司——这是确保长期独立的最佳方式。也就是说，当公司的控制权移交给我的后代时，这点也不会改变。不管孩子们日后是否会成为出版人，他们必然会有自己的文学喜好，并乐于和以他们的名字命名的公司建立联系。如果费伯出版社成功上市，他们可能会不时出售一些股份；但我坚信，他们定会在未来许多年里保留足够大的份额，以防止外部人士夺走公司的控制权。

我父亲最终改变了他的观点，不再认为上市将使费伯出版社受益。与此同时，马修·埃文斯抓住了彼得·杜·索托伊的建议所蕴藏的机遇。

马修·埃文斯关于出版社未来规划的建议 1972.4

我们的书目在如今整个书市中处于弱势，我看个中原因也不必深究，因为大多数能看到我的这份建议的人心里都很清楚这个薄弱之处到底在哪里。书目体现的永远是编辑们的喜好，咱们的编辑部迫切需要新鲜血液。

……

主席提议拨出经费购买新书，我不认为这是一件坏事。我还希望编辑部的运作能够更有针对性，让编辑独立负责各自做的书，这将有助于我们评价每位编辑的工作成效。

……

必须引起社里高度重视的一个领域是市场营销：我们如何才能以最佳方式出版手头的书？恐怕需要在销售部任命专人来负责此事；而且若是社里决定扩展平装书的规模，这点更是至关重要。总的来说，我们别无选择，只能进一步重新考虑销售部每个人的职能，以满足新的需求。眼下这里（和编辑部一样）缺的就是品位和灵活性，而市场营销的那位新人或许可以补充。

在费伯出版社的销售和营销总监彼得·克劳利看来，马修关于“编辑独立负责制”的主张是对图书委员会集体判断力的攻击，而他最后的评论则是对克劳利本人的人身攻击。

彼得·克劳利“对马修·埃文斯攻击言论的回应” 1972.4.12

社里征求我们对于公司未来5年内发展方向的意见，那么大家理应尽可能以建设性的姿态来探讨这个问题。不同于其他大多数出版社，由于杰弗里·费伯制定的开明政策，我们是一家高度独立的公司，通过各部门和图书委员会逐级为我们出版的图书承担企业责任。大家通过理事会做出管理决策，作为一个团队并肩作战，并且克服我们个人的缺点。当然，只有精诚合作、相互扶持，费伯出版社的图书才能继续对外界彰显应有的价值（我希望这么讲不会显得太浮夸）。由于社里图书和业务运营的相关原则似乎在一份特定的报告（由马修·埃文斯撰写）中受到了质疑，且该报告中的某些陈述并无事实依据，因此我认为必须对此做出具体回应。

……

马修·埃文斯针对编辑部的评论自然会由负责编辑的理事们来给予适当回应。但由于我们都承担着一些编辑工作，我很好奇，马修·埃文斯所说的“编辑理应独立负责各自做的书”，是否想从本质上倡导一种与杰弗里·费伯规定的“全体编辑对书目集体负责制”截然不同的政策。

……

我还不知道，马修·埃文斯的销售经验已经丰富到可以对咱们的销售部指手画脚。“通过改进体系来提升销量”是什么意思？请以亲身经验给我举例。

查尔斯·蒙蒂思写给约翰·凯里的信 1972.4.14

你其余几篇关于狄更斯的演讲我都读过了，就如你第一次寄给我的那些一样好。我们自然很乐意委托你将其编纂成册——其实我估计也不需要太多额外的工作。

然而，凯里这本书的书名仍然是个问题。起初他担心费伯出版社可能会坚持以《哈特的规则》[4]（*Hart's Rules*）的风格为指导，在“狄更斯之想象力”中的“狄更斯”后面加上 s，即 Dickens's Imagination。

查尔斯·蒙蒂思写给约翰·凯里的信 1972.8.24

就书名而言，我们当然不会坚持按《哈特的规则》那样来；社里很乐意接受不加 s 的版本。

但说实话，我并不确定这个书名就绝对合适。你也说过，这个名字开门见山；可我总觉得听起来有点平淡。当然，我也承认，目前我还想不到更好的替代方案。

弗兰克·派克就约翰·凯里的书写给查尔斯·蒙蒂思的信 1972.11.14

我已经基本上把自己对这本书的看法整理出来了：这份精彩而富有启发性的研究出自一位聪慧与敏锐之人，尽管此人颇为傲慢、焦躁。

约翰·凯里写给查尔斯·蒙蒂思的信 1972.12.6

关于书名，我突然想到一个更吸引人的（当然这只是一个想法）——《暴力蜡像：狄更斯的想象力之研究》（*The Violent Waxwork: A Study of Dickens' Imagination*），与此书主题十分契合。若是用这个标题，我们还可以从《老古玩店》[5]里摘录一句作为题词，放到此书的首页；具体的句子我已经打出来。当然，在起书名这件事情上你比我更有经验。如果你对这个新书名不满意，那我也愿意放弃。

约翰·凯里写给查尔斯·蒙蒂思的信 1972.12.15

很抱歉就书名再次打扰你。我最近一直在琢磨这件事，突然想到，《暴力肖像：狄更斯的想象力之研究》（*The Violent Effigy: A Study of Dickens' Imagination*）可能要比《暴力蜡像：狄更斯的想象力之研究》更契合此书的主题。这样一来，贾莱夫人的题词就没有必要了。当然，或许这两个选项你都不赞同。

该书最终定名为《暴力肖像：狄更斯的想象力之研究》，成为约翰·凯里为费伯出版社写下的众多著作的第一本。

费伯–费伯出版社书目，1973 年春季

《黑皮书》(*The Black Book*)
劳伦斯·达雷尔

《黑皮书》写于 1936 年。这位才华横溢的作者彼时才 24 岁。

……

然而，此书后来在亨利·米勒的促成之下才得以在巴黎出版。因为这样一本著作若是放在 1938 年的英国出版，定会招致评论界对“淫秽内容”的谴责。《黑皮书》也由此加入了詹姆斯·乔伊斯的《尤利西斯》《查泰莱夫人的情人》以及米勒的《北回归线》和《南回归线》等作品的行列，无法在海峡的这一边[6]发行。

如今，《黑皮书》——这本久违的《亚历山大四重奏》(*The Alexandria Quartet*)、《彼时》(*Tunc*)和《永不》(*Nunquam*)[7]的先驱之作——终于面市了。

菲利普·拉金写给查尔斯·蒙蒂思的信　1973.5.10

非常感谢你 5 月 9 日的来信。信中提到一个好消息：我的第一本，也是最差的一本书或将出版平装本。出于基本的商业考量，我至少是持欢迎态度的。但我不确定自己对这种胡言乱语的进一步传播该有多高兴。

汤姆·费伯写给伊妮德·费伯的信　1973.7.28

之前找过我们的凯普–查托公司又去找了博德利·海德出版社，而且已经达成了某种形式的联合协议——此事目前仍是高度机密。另外，雷纳·昂温来找了彼得。我们三人会找个机会见面，试探性地谈一次。查尔斯那边已经面试了三位可能会加盟咱们公司的编辑——几位都挺不错，但还没有一位条件足够理想，值得

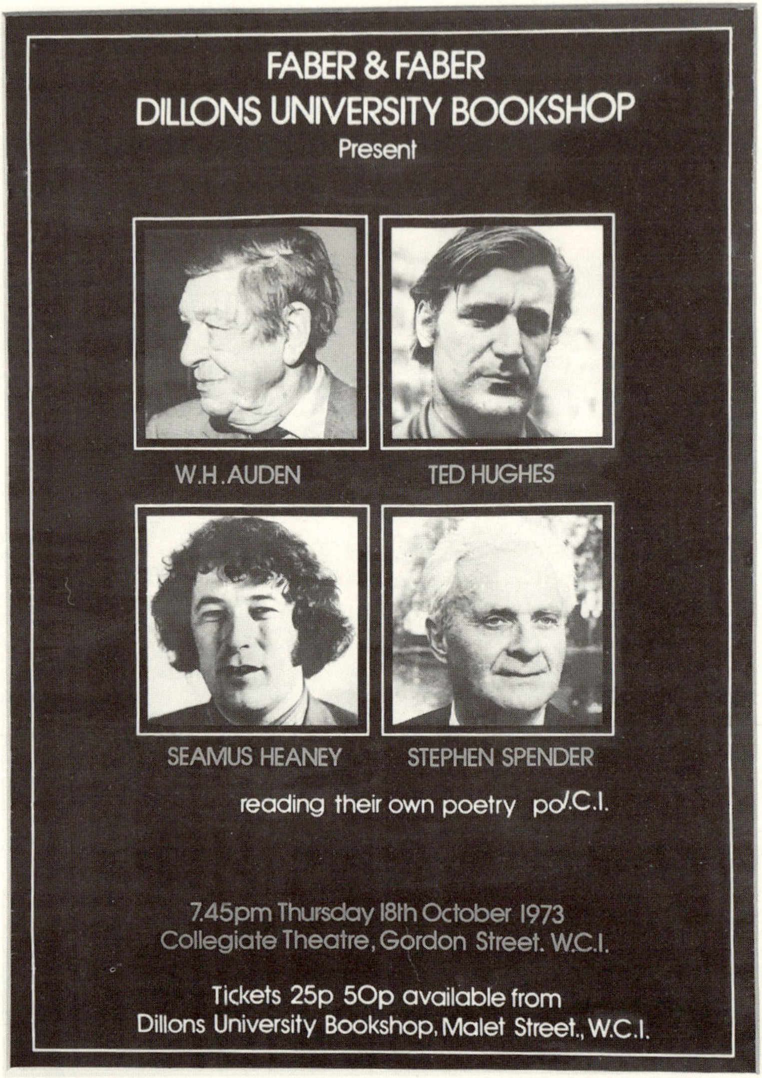

W. H. 奥登在 1973 年 9 月 29 日意外去世，海报上的这场活动变成了他的追悼会。

被立马拿下。唐纳德对与施托克豪森的合作充满了热情；后者到社里来参观，感觉跟我们“很对路子”——他与米切尔[8]一家共进午餐，他吃了2磅樱桃，喝了5瓶汤力水，其他什么都没碰。

社里1972年的巨额利润已经十拿九稳，主要因为1970年各位理事不看好公司发展前景，减持的股票超过了他们可抛售的部分，对股票的回购导致出版社1970年的利润减少，不过股票自此一路上涨。出版社将其高价卖出，账户上就有了现钱。这意味着一笔60 000英镑[01]的巨款将作为理事的“利润分成”支付给他们，这也提醒了我们两三年后再签订合同时，涉及股份部分的修订势在必行：我们应当在11月就将11%的股息（应支付的最高股息）分发给股东。

1973年7月19日，彼得·杜·索托伊和汤姆·费伯见到了彼得·克劳利。随后发生之事如下所述。

汤姆·费伯呈给费伯–费伯出版社全体理事的书面建议 1973.10.19

此次会议之目的是让克劳利先生知悉，现任主席计划向理事会提议：(1)提名蒙蒂思先生接替他担任主席；(2)早日将埃文斯先生从副常务理事升为常务理事。克劳利先生对第1项表示欣然同意，但强烈反对第2项。

在我们7月19日会面前约半个月，克劳利先生在呈给主席的一份书面建议之末尾提出了另一个版本的未来计划，即由他和埃文斯先生共同出任联合常务理事。

---

[01] 扣除物价因素，约合如今750 000英镑。

……

7月19日的会议结束时，大家一致同意，由我先征求蒙蒂思先生和埃文斯先生的意见，再从两个方案中挑选其一。

……

因此，我当天下午就与埃文斯先生简短谈过一次，并在随后一周内与蒙蒂思先生进行了更长时间的交谈。我还咨询了我的家人，他们都是控股公司的股东。最后我得出如下结论：让克劳利先生和埃文斯先生共同担任联合常务理事不符合公司的最大利益。

……

在9月27日的年度大会之后，公司又举行了一次非正式会议；除克劳利先生之外，费伯–费伯有限责任公司的全体理事都出席了会议，米切尔先生则以费伯音乐有限责任公司总经理的身份出席了会议。

……

在讨论中，许多人都对克劳利先生作为出版人的杰出精神与成就表达了敬意。大家都深知他在过去26年里为公司发展所做的贡献，以及辞职对他个人的意义。至于他和埃文斯先生担任联合常务理事从长期来看是否符合公司的最大利益，各方表达了强烈的不同意见。

……

为了避免意见进一步分化，大家一致要求由我来全权决定。

……

我认为，克劳利先生辞职符合公司的整体利益。

就这样，马修·埃文斯成了常务理事。但考虑到当时的经济形势，这可不是个好差事。

马修·埃文斯，费伯出版社的新任常务理事

理事会会议记录 1973.12.20

根据收到的最新消息，以后每周日、周一、周二及周三这四天皇后广场将不允许用电，但具体日期随时可能会更改。

……

在紧急情况下，大家决定图书委员会改在周四开会。

菲利普·拉金写给查尔斯·蒙蒂思的信 1974.1.7

《高窗》(*High Windows*)

关于出版日朗读，说实话这让我相当困惑：一方面，我并不热衷于诗歌朗诵这类活动，即便是由吉尔·鲍尔肯[01]来读。在我看来，这也有点不伦不类。当然，如果是你来举办，那我很难推却。但我总觉得，除非一个人本身魅力四射，令人印象深刻（就像萧伯纳或鲁伯特·布鲁克那样），否则还是远离公众视线为妙，因为人们想象中的你总是比现实中的你更讨人喜欢。另外，我认为新诗——大家还不熟悉的诗——不太适合公开朗读，因为人们还不了解，很难产生共鸣。之所以请吉尔·鲍尔肯在英国皇家文学学会（Royal Society of Literature）读我的诗，就是因为我害怕由自己来读。

另一方面，我确实曾出席过一个与牛津大学出版社有关的场合，但不想给你造成错误的印象，好像我为牛津大学出版社做过的事就不会为费伯出版社做。

“一方面”似乎比“另一方面”更有说服力，不是吗？能否再

[01] 吉尔·鲍尔肯是一名演员，也是桂冠诗人塞西尔·戴–刘易斯的遗孀。

给我讲讲此事能带来哪些好处——是会带动销量，还是有任何其他显而易见的价值？私以为此举或将催生奥斯卡·王尔德所称的“格罗夫纳广场之暴力行为”[9]。

他们最终达成一致，举办了一次出版日朗读活动，但拉金本人并未出席。不过他参加了在“加里克”餐厅举办的一个小型发布会，席间还开了个玩笑：“我今天终于知道艾略特在《荒原》的献词页上写的那句‘i miglior fabbro’是什么意思了——‘费伯出版社才是真正的伯乐’”。[01]

汤姆·费伯写给伊妮德·费伯的信 1974.1.25

彼得（彼得·杜·索托伊）为托尼·波科克接下了彼得·克劳利的位子而得意，并由此坚信，未来10年里公司将由一个出色的团队来运营。波科克自然很不错，会竭尽所能让大家愉快地相处、工作，理事会的所有成员也都对该任命表示满意。制作经理彼得·菲利普斯工作效率颇高，也即将升任理事；此人对社里而言应当是一笔财富。因此，眼下我们急需编辑部门的新鲜血液来取代艾伦·普林格尔（他的眼疾依然严重）。费伯出版社已不再是20年前的那家公司了——现在公司已有2 000 000英镑的营业额，在哈洛拥有独立办公室，而且有一台新电脑（已经预订！）来处理所有的发票和版税业务，怎么会和从前一样呢？不过在我看来，这里完全可以是一个充满活力与欢乐、同时还能赚钱的地方。当然，这一切还得取决于国家的状态——若还是一周只让营业三天，这

[01] 见安德鲁·莫申所著《菲利普·拉金：一个作家的生活》中的第444页。

买卖是干不下去的。

理事会会议记录 1974.2.28

眼下所有的纸张交付都延迟了 3–4 周。特殊材料现在需要提前 5 个月预订。如果再不恢复煤炭生产，到 3 月底，我们 70%–75% 的绘图纸需求将无法满足。

理事会会议记录 1974.3.28

过去一年里，层压板、纸张、布料等的生产成本增加了 45%–75%，明年可能还会以类似的幅度继续上涨。预计到 1975 年年底，平均每本书的价格将超过 4 英镑。

鉴于图书制作的物料成本上涨幅度如此之大，大家认为长期出版或将无法降低图书出版价格。

理事会会议记录 1974.6.25

企鹅出版社（根据此前与我方之旧约）提出要接手社里的儿童平装书——他们向作者支付 7.5% 的版税，费伯–费伯有限责任公司则将获得总收入的 5%。企鹅出版社现在想买下社里 10 本还未出平装本的书，每本预付 400 英镑；他们或许还会对其他书感兴趣。估计企鹅出版社会要求我方授权 8 年的出版许可，每本书首次将印刷约 50 000 册。

费伯出版社彼时仍然没有信心（或者是因为缺钱）制作自己的平装本儿童书籍。

费伯的制作经理彼得·菲利普斯写的书面建议 1975.5.28

伯特霍尔德·沃尔普将于今年年底退休，届时我们需要一个更活跃的排版顾问——一个已经有资格和能力对我们未来的书籍、护封、封面和宣传材料（包括海报与展览材料）的设计进行讨论、建议、指导以及监督协调之人——来接替他。此人要实现两个主要目标：提高排版的整体水平和建立一以贯之、独树一帜的当代“费伯风格”。

在此期间，雪莉·塔克接任了设计经理一职。

汤姆·费伯写给库雷公司（Currey & Co.）的尼古拉斯·史密斯[01]的信 1975.6.26

上周二费伯出版社开了一次理事会，我在会上汇报了前一周在你办公室里说的一些话。与会者普遍认为，尽管免不了要跟艾伦与昂温公司的代表进行下一次会谈，但不该匆忙决定两家公司是否应该合并。

……

明年出版计划（尽管规模已经压缩）的融资问题依然严峻，公司急需200 000英镑左右的资金来撑过明年，同时也在努力将公司的规模缩小到未来能够更安全运营的水平。

汤姆·费伯写给彼得·杜·索托伊的信 1975.6.26

经过慎重思考，我认为理想的解决方案应当是由一家商业银

[01] 尼古拉斯·史密斯接替杜格尔·麦克弗森成为费伯家族的律师。

行同时从费伯、昂温以及阿诺德这三家出版社分别购买一份股权（30%？），并同意为我们至少提供必要的临时资金支持，然后以某种神秘的方式为我们各方保住独立地位，直到未来某个商定好的日期，由银行统一发行到公开市场上。

但我看这种情况发生的概率微乎其微。

我真的希望你与查尔斯、马修都能明白，如果咱们能制定出一个规模收缩计划，为我们度过1976年带来一丝合理的生存希望，那么就不需要考虑并购的问题了，除非并购带来的益处显而易见。

1975年7月召开的费伯出版社和控股公司理事会联席会议。站者，左起：约翰·尼科尔斯（公司秘书）、贾尔斯·德·拉·梅尔、罗斯玛丽·戈德、托尼·波科克、马修·埃文斯、唐纳德·米切尔和彼得·菲利普斯；坐者，左起：彼得·迪比松、查尔斯·蒙蒂思、汤姆·费伯、彼得·杜·索托伊和理查德·德·拉·梅尔（总裁）。

汤姆·费伯写给艾伦与昂温公司的雷纳·昂温的信 1975.6.26

我得先声明，在近来的讨论中，我听到了不少强烈反对这一并购方案的声音。例如，受托人发现，将他们在一家未上市公司的多数股权换成另一家公司的少数股权这一做法毫无吸引力，因而从各种角度考虑他们都宁愿选择直接出售手里的股票以换取现金。所以到头来你们可能会发现，我们的这一诉求并不迫切。

汤姆·波林[10]也走了那条屡试不爽的老路——先在《诗歌推介III》中露个脸，随后才将他的第一本诗集《正义的状态》(*A State of Justice*)寄给费伯出版社。

罗斯玛丽·戈德写给汤姆·波林的信 1975.8.8

我准备去度个假，但出发之前我想着必须给你写封短信，告诉你我是多么高兴社里即将出版你的作品集。之前就想给你写信——那天在艺术委员会书店的读书会上见面的时候，我就想和你聊聊——告诉你我是多么喜欢你的诗，为你的诗集倾倒。但当时社里还没有做决定，这话我也说不出口(但在此期间我一直在紧张地为你祈祷)。

《泰晤士报》每日短讯 1975.9.10

周一晚，费伯出版社在英国国家图书联盟举办了一个温馨的小型派对，庆祝费伯出版社成立50周年展览的开幕。公司创始人的妻子费伯夫人是现场主宾，费伯家族的许多成员(包括一些最年轻的成员)也都出席了活动。

在庆祝费伯出版社成立 50 周年展览的开幕式上，费伯家族三代人展示了 20 世纪 70 年代的经典时装。左起：托比、波莉、汤姆、伊妮德、佩妮、马修和亨丽埃塔。

费伯–费伯出版社新闻稿　1975.10.1　星期三

今年的约翰·卢埃林·里斯纪念奖（John Llewellyn Rhys Memorial Prize）授予了戴维·黑尔的戏剧《指关节》（*Knuckle*，由费伯出版社出版）和蒂姆·杰尔的小说《库欣的十字军》（*Cushing's Crusade*，由海涅曼出版社出版）。

这一年度奖项通常授予那些在评委眼中被公认为未来具有重要创作才能的年轻作家（30 岁以下）。

……

该奖由英国国家图书联盟主办，是阵亡飞行员兼作家约翰·卢埃林·里斯的遗孀在1942年创立的。约翰·卢埃林·里斯去世后被授予了豪森登奖[11]。一位费伯出版社的作家荣获为纪念另一位费伯出版社的作家而设立的奖项，这是多么令人惊喜的巧合——而且今年也是费伯出版社成立50周年。

阿莫斯·图图奥拉写给艾伦·普林格尔的信 1975.10.11

你来信说即将从公司理事的职位上退休……是由于眼睛的缘故，我很震惊。这对我来说是一个极大的遗憾，我会想念你的……你帮了我很大的忙，让我的书能在世界各地广为流传，从而使我跻身非洲作家的行列，把写作从一份可怜的工作变成一份能让我富有的工作。我这辈子都不会忘记你。

马修·埃文斯关于“经济形势”的书面建议 1975.10.20

虽然眼下这种形式的通货膨胀已经持续了好几年，我们也采取了相应措施来对抗其影响，但在审视公司从今年年中到1976年年中的现金流时，我们很清楚地看到，大规模通货膨胀对公司的实际影响即将显现。从最广泛的意义上说，我们在各领域的成本都有所增加，而销售所得的收入却不足以弥补增加的成本。例如，过去两年中生产成本上升了约45%。因此，我们陷入了典型的螺旋式通货膨胀效应：一边是成本在上升，另一边销售收入也在增加，但速度却慢得多，公司只能通过不断增加银行透支来填补两者之间的鸿沟。

理事会会议记录 1975.10.30

在1975年离开公司的38人中，有18人的职位无人接替。一个由理事们组成的委员会仔细研究了需要进一步裁减的人员，决定解散复印和编辑组，宣传和推广部则要裁员2人，还有1名兼职编辑应该离开。除了这5项裁员外，还有3名工作人员将在年底退休，另有1名工作人员已接受社里让她提前退休的建议。

马修·埃文斯关于"经济形势"致全体员工的书面建议 1975.11.12

关于电话的问题。大家将会看到电话费正以惊人的速度增长。故除紧急情况之外，请在下午1点以后再拨打长途电话，内容尽量简短。

我们向员工协会建议，全体员工，包括理事在内，都不应用费伯出版社的钱打私人电话。上一个季度里接待区的投币电话租金竟然超过了往里投钱的总数，听起来真是个相当糟糕的笑话。

约翰·西摩写给彼得·杜·索托伊的信 1975.9.12

你有没有收到一家公司的消息？它希望我参与撰写"自给自足运动"的大纲。我告诉对方，我可以接下这个活儿，但前提是费伯出版社愿意出版；因为我觉得以后还是尽可能交给同一家出版社为好。我一直觉得应该把《自给自足手册》重新修订一遍，写得更厚、更完整一些，把手工制品也加进来，还有食物和能源。

约翰·西摩提到的这家公司就是多林金德斯利公司(Dorling Kindersley，即DK)。当时DK还是一家图书包装公司，此类公司的运行方式通常是萌生出书的想法，把书做出来，然后将成品卖给出版商。对费伯出版社而言十分幸运的是，西摩认定了费伯出版社就该是那个出版商。

克里斯托弗·多林写给彼得·杜·索托伊的信 1975.12.8

《自给自足的运作原理》(*How Self-Sufficiency Works*)

不管我们决定怎么称呼它吧!

今天很高兴见到你。我说了，会给你一个详细的提案，方便你考虑由费伯出版社出版此书的可能性。

彼得·杜·索托伊致图书委员会

关于《自给自足的运作原理》或约翰·西摩的《每个人的自给自足手册》(*Everyman's Complete Book of Self-Sufficiency*)

……

我们可以考虑先接下 15 000 本，尽管这真的是一笔巨额投资。但即便如此，4.95 英镑一本的价格似乎也不太现实。

……

约翰·西摩想让我们来出版这本书。即便我们不出，也定会有人来出。我想这会是一本佳作，若社里能将其列入 1976 年的秋季书目并大做一番文章，销量或许会很不错。

……

如果我们愿意走这条路，就必须拟定一份自己的方案给多林金德斯利有限责任公司。

如果说有一本书支撑费伯出版社熬过了 20 世纪 70 年代最困难的通货膨胀时期，那么非《自给自足手册》莫属。借着电视情景喜剧《美好生活》(*The Good Life*) 掀起的浪潮顺势而为，此书及其续作以各种形式卖出了 100 多万本。然而，正如通信内容所示，这本书虽说是由费伯出版社出版，却基本上是 DK 公司一手构思并制作的。

艾琳·布鲁克斯班克[01]写给彼得·杜·索托伊的信 1976.2.13

前几天你让我除了说说我会批评哪些书，还应该告诉你我喜欢什么书；这个挑战很公平，我必须试着应战。

首先，我承认，在1976年这一剧变的环境之下，很难反思社里的出版政策。但首先毫无疑问，我们还是得继续推出社里赖以成功和成名的诗歌与戏剧作品。另外，小说领域也不能松懈，哪怕有千难万险；因为那是创意写作的领域，咱们必须持续有成就。但话说回来，社里从未像打造“费伯诗歌”和“费伯戏剧”那样树立“费伯小说”这一品牌，在这点上我们还得多下功夫。不过，我猜这并不是你真正感兴趣的。

在我看来，社里还应当继续支持我们那批现代主义文学运动作家，尽管这场运动现在已然开始走向终结，不仅是艾略特、庞德和乔伊斯，还有大卫·琼斯和朱娜·巴恩斯［尽管我不介意《安蒂芬》(*The Antiphon*)即将绝版］。但这肯定也不是你想知道的重点。

……

真正让人难以习惯的是，咱们不能再说“任何主题的任何好书费伯出版社都有能力出版（无论多么有限）”这样的话了。

……

费伯出版社一以贯之的目标便是活力、专业和热情。缺乏热情是干不好出版的，这一点需要尽可能成为更多人的共识。通货膨胀之下，成本问题必须通过加快图书生产来解决，因此书籍制

[01] 艾琳·布鲁克斯班克曾是理查德·德·拉·梅尔的助手，后来成为该公司园艺和农业类书目的编辑。

作的前期工作至关重要。这也是为什么我们得赶紧处理掉所有年久的合同和销量没有指望的旧书。对于费伯出版社而言，此乃全新的理念，但是我们必须要理解的。

……

我一向认为，一块重要的试金石就是扪心自问：咱们出版了多少本自己愿意在圣诞节或生日时送给亲朋好友的书？倒是有适合做小礼物的平装本，但除此之外通常都是些极其昂贵的书！脍炙人口、让人喜闻乐见的书则是凤毛麟角。

总体而言，儿童书籍我还是很喜欢的，事实证明也很适合当作礼物。

不知道这算不算回答你的问题了，但或许这只是一个开始。我不禁想起自己每次问销售代表什么书卖得最好，他们的回答都很简单："就普通的那些，讲桥梁、烹饪和园艺的。"因此我们必须努力保证这类书的供应。

1977 年彼得・杜・索托伊退休，汤姆・费伯接替他担任控股公司主席，查尔斯・蒙蒂思则接替他担任费伯-费伯有限责任公司主席。此时马修・埃文斯已经是该公司的常务理事。在《每一个女人》和《自给自足手册》两本书的支撑下，彼得带领公司度过了现金流危机、三天工作制和严重通货膨胀的艰难岁月。但费伯出版社迫切需要新的编辑灵感，下面的理事会会议记录更是体现出公司受政府干预程度之深。

理事会会议记录 1978.1.26

接到一位顾客的投诉后，物价委员会询问了关于《艾丽卡・威尔森的刺绣书》(*Erica Wilson's Embroidery Book*)涨价的情况。社里向物价委员会提交了一份口头答复，解释了涨价的原因，物价委员会似乎对此感到满意。他们还要求社里提交了一份 1976 年账目的副本。

理事会会议记录 1978.5.25

有人报告称，社里位于伊舍镇的雷德伍德伯恩（Redwood Burn）的纸张仓库已被大火烧毁。据了解，已经装订好的成品并未受影响，但可能损失了 2 份在制品。那边的库存大约占社里的 39%，尽管其中 2/3 的账面价值已减为零。损失的整体规模要等收到详细报告之后才清楚；但目前看来，这批纸张的成本费用将由保险公司承担。

天上接连不断地掉下馅饼。4 年之后，仓库经营方埃尔姆布里奇区议会终于承认负有全部责任，而费伯出版社最终总共因此获得了 40 多万英镑的赔偿，赔的不过是一些本来就几乎注定会被打成纸浆的库存图书。

马修·埃文斯写给安德鲁·劳埃德·韦伯[12]的信 1978.6.30

巧了，你的信寄到时，我正在和瓦莱丽交谈。很高兴告诉你，她不反对你把艾略特在《老负鼠的猫经》中的一首诗改编成音乐。

费伯−费伯出版社的理事约翰·鲍德利写给马修·埃文斯的信 1978.12.21

我和瓦莱丽·艾略特谈了她和劳埃德·韦伯的会面。她觉得两人相处得很愉快，而且很高兴他也这么认为。她说他坐在那儿就像个小学生！

……

她最后告诉我，她认为这个想法前景广阔。

理事会会议记录 1979.1.18

会上一致同意立即登广告招聘一名编辑，年龄可在20多岁或30岁出头，有相关学位者和文学方面的爱好者优先考虑。辍学的大学生也可接受，但最好有出版经验。受聘者将以普通编辑的身份入职公司，以期成为编辑部新思想的源泉。

……

常务理事表示，社里书目中的某些门类或未产生应有的利润。具体而言，园艺、烹饪和手工艺书籍或在此类；小说或许也包含在内，虽然公司定不愿意叫停小说的出版。

理事会会议记录 1979.3.29

关于初级编辑。大约2周前，社里在报纸上刊登广告，结果收到了400多则应聘回复。

最终应聘成功的人叫罗伯特·麦克拉姆。他的父亲迈克尔是汤姆·费伯在剑桥大学基督圣体学院（迈克尔不久后就回到该学院担任院长）的前同事。最近，罗伯特向我回忆起他当时的申请经过：“是你妈妈佩妮指引我到皇后广场的。我清楚地记得，她给我打电话，问我是否看到了《书商》上的那则广告。说实话，我还没看到。但当年24岁的我对这次良机很感兴趣。费伯出版社彼时正在招募一位对小说感兴趣的编辑。而事实上，我已经在别的地方做了一年的全职审稿员，当时只经手了大概3本书，还没有碰过当代小说，但我还是递交了应聘申请。

“当时的查托-温达斯还是一家独立的出版社，我在那里工作，刚获得了托尼·戈德温奖（Tony Godwin Prize）。这是一项针对年轻编辑的奖，由此我得到了去纽约著名的法勒-斯特劳斯-吉鲁出版社实习的机会，这家公司（碰巧）与费伯出版社关系十分密切。我想马修（马修·埃文斯）肯定要求罗杰·斯特劳斯对我做过一些非正式的“审查”。总之，我在联合广场的法勒-斯特劳斯-吉鲁出版社办公室工作了8周，在此期间，马修来纽约出差，在阿尔冈昆酒店（Algonquin Hotel）一边喝酒一边对我进行了面试，并当场就宣布录用。我相信是一直在关注我的罗杰·斯特劳斯告诉马修，他认为我还行。

“但结局却有些荒谬——我在查托-温达斯出版社的老板诺拉·斯莫尔伍德非常生气，试图阻止我离开，并拒绝支付我在纽约的费用，他要让费伯出版社来买单。我记得马修还借此调侃了一番，给诺拉写了封挖苦的信。”

查尔斯·蒙蒂思写给罗伯特·麦克拉姆的信 1979.5.29

上周末我欣喜地从马修处得知，你从美国回来后将为费伯出版社工作。社里见过你的人（我个人尤其如此）都衷心希望你能接受这一职位，也期待着在未来的岁月里与你共事。我相信马修已经向你详细介绍了皇后广场的具体业务情况，我坚信你将能够为费伯出版社带来新书、新想法和新作家，这正是我们眼下急需的。

……

不知……这一消息还需要保密到何时？主要是我们已经承诺，有了最终人选后，要通知其他所有500多名候选人。

再次欢迎来到费伯出版社。

理事会会议记录 1979.6.28

据汇报，罗伯特·麦克拉姆先生已被委任为初级编辑，并将于 1979 年 8 月 1 日（现已改为 1979 年 7 月 30 日）正式上任，起薪为每年 4 500 英镑。

罗伯特·麦克拉姆写给彼得·凯里[13]的信 1979.11.8

我想立即写信告诉您，能成为您的出版商，费伯出版社感到荣幸之至。社里同仁都对您的作品充满热情。我可以向您保证，我们会尽全力打造一次全英国最棒的发布会。

彼得·凯里写给罗伯特·麦克拉姆的信 1979.11.17

欣喜之至，语无伦次。但身为悲观主义者，我只担心书还未出，世界已被彻底毁灭。我不管身后洪水滔天，但此事定不能在书出版之前发生。因此我尤为关注伊朗和美国之间的这场闹剧[14]。

罗伯特·麦克拉姆写给彼得·凯里的信 1979.11.26

非常感谢澳大利亚版的《战争罪行》（*War Crimes*）。这栋楼里有少数人觉得你长得很像伍迪·艾伦，希望这个评价不会打消你来社里参观的念头。大家都对您的作品很兴奋。

石黑一雄写给罗伯特·麦克拉姆的信 1979.12.31

马尔科姆·布拉德伯里[01]刚告诉我，你曾与他联系，商量贵

[01] 马尔科姆·布拉德伯里是东英吉利大学的小说家和创意写作教授。石黑一雄是其创意写作课上的学生。

社“新作家系列”中的一本新费伯出版社的作品集。他建议我给你写信，故特此附上过去数月来的短篇小说3篇，希望你们会感兴趣。

……

附言：已随信附上贴好邮票并写好地址的信封。

我给这些作品投赞成票。罗伯特·麦克拉姆。

译者注

1 1914 年成立的英国出版公司，当时斯坦利・昂温爵士购买了该公司的控股权。之后它成为 20 世纪英国几大出版商之一，并于 1976 年在澳大利亚成立了子公司。

2 1890 年在伦敦成立的出版公司。起初所出书籍不拘类型，后来着重出版教育类图书，包括教科书和科技、医学书籍。1987 年与另一家出版公司合并。创始人爱德华・阿诺德出身名门，其祖父托马斯是英国最古老的私立学校拉格比公学（Rugby School）的校长，叔叔马修是著名诗人、评论家，姐姐汉弗莱・沃德夫人是著名小说家。

3 英国人约翰・西摩（1914—2004）是作家，也是“自给自足运动”的先驱者，实践自给自足理念近 70 年。20 世纪六七十年代，其著作鼓励大批读者返璞归真，去过更传统的生活，减少对外部世界和工业化社会的依赖。

4 《哈特的规则》（*Hart's Rules*）是由牛津大学出版社在英国出版的权威性参考书和风格指南。按照现在的英文语法常规，名词若以字母 s 结尾，则可只加撇号“'”表示所有格，而无须加“'s”。

5 《老古玩店》（*The Old Curiosity Shop*）是英国作家狄更斯的长篇小说。1841 年狄更斯迁居德文郡巷，认识了老古玩店的老板，并开始创作这部小说，随后在《韩夫利少爷之钟》期刊上连载 8 个月。如今该古玩店仍在英国对外展示。小说描述了一个衰败的老古玩店店主吐伦特和他善良美丽的外孙女小耐儿的悲惨故事。

6 英国与欧洲大陆上的法国之间隔着英吉利海峡。

7 《阿佛洛狄忒的反抗》（*The Revolt of Aphrodite*）是劳伦斯·达雷尔的代表作之一，包含《彼时》（*1968*）和《永不》（*1970*）两部小说，表达了作者对后现代消费文化在虚拟小说世界中的构拟与批判。

8 即唐纳德・米切尔，费伯-费伯出版社音乐部负责人。

9 取自王尔德所著的一部讽刺风俗喜剧《不可儿戏》（*Comedy of Manners*），第一幕中巴夫人说：“我最不赞成把天生懵懂的人拿来改造。懵懂无知就像娇嫩的奇瓜异果一样，只要一碰，就失去光彩了。现代教育的整套理论根本就不健全。无论如何，幸好在英国，教育并未产生什么效果，否则上流社会就会有严重的危机，说不定格罗夫纳广场还会引起暴动呢。”

10 托马斯・尼尔森・波林生于 1949 年，北爱尔兰诗人，也是电影、音乐和文学评论家。

11 豪森登奖于 1919 年在英国设立，此奖委员会每年会在过去一年发布的作品中选取优胜者颁发年度奖项，评奖范围涵盖天主教文学、小说、旅行写作、艺术和历史作品等。

12 安德鲁・劳埃德・韦伯，出生于 1948 年，20 世纪晚期最受欢迎的英国著名音乐剧作曲家，为百老汇和伦敦西区剧院创作了大量作品。代表作包括《猫》《歌剧魅影》《贝隆夫人》等。

13 彼得・凯里，1943 年出生，澳大利亚小说家，并凭借长篇小说《奥斯卡与露辛达》（1988）、《凯利帮真史》（2000）两度获布克奖。1974 年出版短篇小说集《历史上的胖子》，一举成名。早期的短篇小说融合了超现实主义、魔幻写实主义的手法，深受卡夫卡、贝克特等人影响，现已成为继澳大利亚民族主义文学奠基者亨利・劳森和现代主义文学巨匠帕特里克・怀特之后又一位举足轻重的澳大利亚文学大家。

14 1979 年伊朗爆发伊斯兰革命，伊朗政权的立场由“亲美”转变为“反美”。同年发生美驻伊使馆人质危机事件，让美伊关系跌入冰点。

第九章

1980—1986

“费伯－费伯出版社已交到了新一代人的手上”

罗伯特·麦克拉姆已被任命为初级编辑，但在查尔斯·蒙蒂思临近退休之际，费伯出版社认为其自身还是需要一位资历更深的人来领导编辑部。西蒙·詹金斯曾是《旗帜晚报》的主编，后来又任《泰晤士报》主编，便顺理成章地成为候选人之一。1980 年 1 月，汤姆·费伯请他写下对公司的印象，他的回信颇耐人寻味："所有与我交谈过的经纪人都表示，他们与费伯出版社编辑的私下接触少之又少。你们高高在上地坐在那里，等着全世界的人排队来皇后广场 3 号'朝拜'；却没有注意到来的人大多有老交情，而新人总被拒之门外。费伯出版社犹如一家古董酒店，还在等着吃强劲对手剩下的残渣。"这一评价很公允。西蒙从未全职加入费伯出版社，却担任控股公司的非执行理事多年。

随着罗伯特·麦克拉姆走马上任，公司重生的种子已经播下。事实上，他已经与彼得·凯里和石黑一雄两位作家建立了联系；这两位作家将在 20 世纪 80 年代末成为费伯出版社复兴的有力证明。在接下来的几年中，先后凭借弗朗西斯·科迪和菲奥娜·麦克雷的支持，以及费伯出版社与纽约的法勒–斯特劳斯–吉鲁出版社之间的紧密关系，罗伯特签下了一批重磅作家。时至今日，他们的名字仍在“费伯小说”作者书单上熠熠生辉。

罗伯特很幸运（当然，费伯出版社也是幸运的），因为他加入的时间正值音乐剧《猫》大获成功之际。该剧根据《老负鼠的猫经》改编，T. S. 艾略特便成了歌词作者。他的遗孀瓦莱丽因此也从《猫》中获得了作词人的版税分成，其间，费伯出版社担任了她的版权代理商。关于一部成功的音乐剧能赚多少钱，安德鲁·劳埃德·韦伯曾留下不少金句。其中我最喜欢的大概是这句：“《猫》成了所有参与人员的养老金库。”费伯出版社的精打细算为该公司提供了足够的财务空间来重整旗鼓：支付罗伯特购买版权所需的预付款；将设计外包给五角星公司（Pentagram）来改变费伯出版社的视觉形象；建立适当的销售和营销运营架构（大概是头一回）；最关键的是，该公司终于开始致力于成为一家“垂直综合性”出版社，不再出售其平装书版权。

1981 年，马修·埃文斯成为费伯–费伯出版有限责任公司的主席兼常务理事。随后几年里，他和罗伯特几乎成了搭档，偶尔也会合起伙来“搞破坏”。当然，这种管理风格有其自身的局限性——销售总监的任期都只有短短几年，企业文化仍以男性为主导，除了《猫》那边赚的钱，费伯出版社仍无法获得稳定的利润——但毫无疑问，马修和他的支持者玩得十分尽兴。当他说服“谁人乐队”（The Who）的吉他手皮特·汤曾德加入费伯出版社的编辑团队时，引用讽刺杂志《私家侦探》（*Private Eye*）的话来讲，该公司似乎已实现向“费伯伯—费伯伯”[1]（Fabber and Fabber）的转型。

ff

罗伯特·麦克拉姆写给马尔科姆·布拉德伯里教授的信 1980.2.29

非常感谢您把我们的《诗歌推介》选集介绍给您以前和现在的学生。尽管社里的选题委员会还未做最后决定，但乔迪·克拉万斯、石黑一雄和史蒂文·库普弗都是我们的候选名单上竞争力很强的作者。

我最近的一个重要发现是澳大利亚作家彼得·凯里。我们将在今年秋季出版他的作品集《历史上的胖子》（*The Fat Man in History*）。我随信附上了一份副本，供您参考，并希望得到您的指点。

查尔斯·蒙蒂思给全体理事的书面建议 1980.2

艺术类

该领域涉及巨额投资，因此，重中之重是需要慎之又慎。有几部相对成功的，如《维多利亚时代全景图与柯勒乔》（*Victorian Panorama and Correggio*）。但也有些作品惨不忍睹，比如《肖像雕版》（*Incised Effigial Slabs*）和《黄铜纪念牌》（*Monumental Brasses*）就给我们敲响了警钟，以后还是最好别碰这种丧葬题材的东西，无论它们从艺术上看多么令人满意。

罗伯特·麦克拉姆写给石黑一雄的信 1980.4.14

欣喜地告诉你，我们将你的作品收录进了《散文推介Ⅶ》，并将于1981年1月出版。你方便时请给我打电话，我好安排一次短会，讨论出版细节。

马修·埃文斯写给安德鲁·劳埃德·韦伯的信　1980.6.26

前几天我见到瓦莱丽，问她是否有更多关于猫的诗或相关材料可供你参考。她说有一首，我记得她还提到了另外一首，只是尚未完成，因为格调太过灰暗。无论如何，我鼓动她把手头有的都给你看看，她似乎也很愿意。

这首“灰暗的”未完成诗作，就是1959年T. S. 艾略特在接受《巴黎评论》采访时提到的《魅力猫“格里泽贝拉”》。收到埃文斯来信一个月后，安德鲁·劳埃德·韦伯终于读到了此诗。他欣喜若狂，告诉瓦莱丽她为自己彼时正在努力创作的音乐剧提供了关键灵感。

罗伯特·麦克拉姆就亚当·马尔斯–琼斯的作品写给图书委员会的报告　1980.7.17

特此附上一位年轻英国作家写的两篇故事。我很欣赏他的作品，并希望它们能加入“费伯书单”。

除此两篇［其中《元宵节讲座》(*Lantern Lecture*)将于下月在《四开本》(*Quarto*)上刊登］以外，他还写过两则中篇小说，一则是对“黑豹党[2]案”审判的卡波特式[3]的描述，另一则是对王室的讽刺。所有这些内容汇集起来，再修订一二，当能做出一本好书。

亚当·马尔斯–琼斯自然顺利地加入了费伯出版社作家之列。但在此之前，鉴于《米糊糊》[4]中描述了女王从她的一只柯基犬身上感染了狂犬病这一事情，就如何减轻这一讽刺作品可能带来的风险，出版社收集了大量法律意见。一位律师甚至毫不客气地表示：“我可以想象，若费伯出版社果真出版此书，定会引发众怒。此举将有损出版社的崇高声誉，甚至会导致一两个作者投靠别家。”

瓦莱丽·艾略特写给汤姆·费伯的信 1980.7.29

我想马修已经告诉你了，我们受安德鲁·劳埃德·韦伯邀请在纽伯里过了个盛大的周末。他已经做了（还在继续做）一部基于《老负鼠的猫经》的剧，很精彩。他还需要更多的资料，我便给他看了关于比利猫、小笨狗、牛牛和优雅猪帕格斯泰尔斯先生的诗。我简直不能想象这一切被搬到舞台上以后会呈现出什么样的效果！

罗伯特·麦克拉姆写给美国克诺夫出版社[5]（Alfred A. Knopf）的安德烈亚·罗森的信 1980.9.11

我刚度假回来，又重读了昆德拉。后悔当初没报价。

汤姆·费伯写给股东们的密信 1980.9.19

过去一年左右，查尔斯·蒙蒂思的健康状况让我们不时对费伯出版社的情况感到担忧。因此我不得不向查尔斯提出，若他能在65岁的正常退休年龄[01]之前主动放弃承担与费伯–费伯有限责任公司主席一职相关的责任，或许会既符合他本人的最佳利益，也符合公司的最佳利益。

……

至于应该由谁来接替查尔斯，我从各方得到了许多相互矛盾的建议。有一派观点认为，我本人应该全职进入公司，亲自承担这份工作。经过深思熟虑，我还是拒绝了这一提议。一方面是出

[01] 查尔斯·蒙蒂思出生于1921年，因此这意味着他大约要提前5年退休。

于某些个人原因，另一方面也因为我觉得只有具备出版业经验的人才具备公司所需的领导力。因此，我建议由已经胜任常务理事和首席执行官双重角色的马修·埃文斯来当查尔斯的继任者。在我看来，他比其他人都更有资格在整个市场中代表公司形象，提供费伯出版社内部所需的领导力，并招募我们未来蓬勃发展所急需的青年才俊。

石黑一雄写给罗伯特·麦克拉姆的信（未标注日期）

我把我正在写的小说的前 5 章和第 6 章的开头给你寄去了。我手头只有这么多，但已经计划好了剩下的内容。

不管你对此感觉如何，我都很有兴趣听听你的意见。当局者迷，这点你应该能理解。

罗伯特·麦克拉姆写给石黑一雄的信 1980.9.29

我在本周出发去德国之前匆忙读完了你的小说的前五章半，很享受。总体来看，我认为故事情节很有意思；但我想还是等回来后有机会重读文本，再提出一些更详细的意见。与此同时，我会把你的作品转给其他一两位编辑看看，征求他们的意见，好尽可能给你一个全面审慎的最终评价。

但无论如何，主要还是想祝贺你过了个不错的夏天。另外也想告诉你，这本《远山淡影》(*A Pale View of Hills*) 看来前景一片大好。

关于石黑一雄的这部小说，罗伯特给费伯出版社编辑部的同事们写了一张便条，上面还有查尔斯·蒙蒂思的手写批注。这让人不禁想起 25 年前 T. S. 艾略特写给查尔斯本人的类似批语。

罗伯特·麦克拉姆写给罗斯玛丽·戈德、弗兰克·派克、查尔斯·蒙蒂思和贾尔斯·德·拉·梅尔的便条 1980.9.29

石黑一雄的《远山淡影》

特附上石黑一雄小说的前5章半。愿能尽快讨论此作。

[我喜欢并欣赏此作——查尔斯·蒙蒂思(1980.10.11)]

文学经纪人德博拉·罗杰斯写给罗伯特·麦克拉姆的信 1980.10.15

我很希望石黑一雄的合同能尽快通过，因为你也知道，我想腾出时间让他写出更多作品。他本人对此也很满意，并承诺最迟在明年2月前交稿。让我们共同祈祷。

罗伯特·麦克拉姆写给克诺夫出版社的美国出版商罗伯特·戈特里布的信 1980.10.21

我知道，德博拉·罗杰斯给你们寄去了一本杰出的处女作——石黑一雄的《远山淡影》。我们即将在《推介》系列中发表他的3则短篇小说：我在去年发现了这块瑰宝，并坚信其作品会成为费伯出版社小说书目中的重要补充。因此无论如何，那就是我看中的东西。

罗伯特·麦克拉姆写给查尔斯·蒙蒂思的信 1980.11.12

石黑一雄将于17日（周一）12点30分抵达。我打算与他共进午餐，记得你在图书委员会上说过，你很想见见他。那么也许我们大家可以先小酌一杯？

在这次“小酌”中既有一款精心调制的雪利酒，还有罗伯特和马修两人表现出来的一种别样的热切。后来才知道，鉴于查尔斯·蒙蒂思在“二战”中的经历，两人（毫无必要地）担心他会对一位日裔作家抱有异样态度。罗伯特还记得，“石黑一雄对此丝毫不介意。但他和我经常一起就那回的事情开玩笑”。

罗伯特·麦克拉姆写给查尔斯·蒙蒂思的信 1980.11.13 **星期四**

米兰·昆德拉：《笑忘书》（*The Book of Laughter and Forgetting*）

以下是一些关键通信内容。目前的情况是这样的：经过一番讨论，我们当时决定暂不报价。但在重读英文（当时我们只能参考法文）文本时，我意识到我错了——我应该更强烈地推荐这本书。如果你有兴趣，明天我可以把译本带来给你看。

我已经和伽利玛出版社（Gallimard）谈过了，他们理解咱们现在正重新考虑怎么做决定。

罗伯特·麦克拉姆写给米兰·昆德拉的信 1981.2.10

正如您所知，费伯出版社仰慕您的作品已久，已向您的出版商伽利玛出版社提出购买《笑忘书》一书的英国版权。费伯出版社曾推出过T. S. 艾略特、詹姆斯·乔伊斯和威廉·戈尔丁等诸多伟大作家的作品，我们衷心希望您也能加入这一行列。

除了您最新的这本小说，我已和纽约的一位朋友亚伦·阿舍谈过，了解到《玩笑》[6]的新版本正在酝酿中。若您能接受《笑忘书》的条款，那这本书我也在此提前跟您订上。

总而言之，费伯出版社期待成为您在伦敦的出版商，并在未来的岁月里为您在英国写作提供一个温馨的家。

理事会会议记录 1981.2.19

关于《猫》。控股公司正安排买下全剧四幕，每部分750英镑。或许还可以安排购买其中一次排练的门票，供工作人员使用。

安德鲁·劳埃德·韦伯彼时正拼命为《猫》的首演筹集资金。这场演出投资并不多，公司对回报的期待也不高，纯粹是为了表示支持。

罗伯特·麦克拉姆写给米兰·昆德拉的信 1981.3.4

能成为您的出版商，费伯出版社全体同仁荣幸之至。

米兰·昆德拉写给罗伯特·麦克拉姆的信 1981.3.9

感谢你的好意来信。我会在6月初去英国牛津，会在伦敦待上一段时间，期待与你见面。

马修·埃文斯写给查尔斯·蒙蒂思的信 1981.3.16

《恶搞整九新闻日历1982》[7]

周末我在家里整理东西的时候，想到可以就这个项目口述一段短信给你。周五那天，我给能为我们做日历的团队经纪人报了个价。

……

我只是想说，此事如能落地，我个人表示强烈支持；因为这会带来丰厚的利润，而且我认为这将提高我们在市场上的声誉，让大众看到费伯出版社已经准备好要做一些新鲜、好玩、有趣的事情。

安德鲁·劳埃德·韦伯、瓦莱丽·艾略特和马修·埃文斯。

理事会会议记录　1981.4.30

主席对刚出任理事会成员的J. R. 麦克拉姆先生、A. R. 瓦格斯塔夫[01]先生，以及受他邀请出席会议的米切尔博士和以新身份出席会议的其他理事表示了欢迎。

汤姆·费伯博士代表各位理事欢迎埃文斯先生出任新主席。

……

《猫》。秘书被要求与“真正好的有限责任公司”[8]联系，试着评估一旦《猫》演出成功将带来多少现金流。

[01] A.R. 瓦格斯塔夫是彼时新上任负责发行的理事。

自从伯特霍尔德·沃尔普1975年退休以后，费伯出版社所拥有的“出色设计”的好名声一定程度上受到了影响。而公司内部众口难调，一直没有找到大家都满意、自成一体的“费伯图书封面设计风格”。因此，在资深理事约翰·博德利的建议之下，1981年马修·埃文斯大胆决定，将设计外包给五角星公司。

五角星公司的约翰·麦康奈尔写给马修·埃文斯的信 1981.5.1

我们设计工作的第一阶段会处理一些基本问题，也就是出版社商标。当我们的提案获得批准后，我们会将其初步应用于争议较少的文具领域。

理事会会议记录 1981.5.28

关于《猫》。据主席报告，该剧如今已成“大热”剧目，版权已被海外11个国家买下。预计伦敦制作项目的总收入将达到每月8 000—10 000英镑。有人提议在7月出版一本关于该剧的书，这方面的工作目前进展得十分顺利。

罗伯特·麦克拉姆写给石黑一雄的信 1981.6.1

《远山淡影》

这只是一封短信——重新读了你的小说之后，我认为你已经成功地解决了所有的问题。这是一部真正了不起的处女作，我们将无比自豪地在明年春天将其出版。

米兰·昆德拉写给罗伯特·麦克拉姆的信 1981.6.22

维拉给你寄去了一大箱我写的东西。

……

我仍记得那次愉快的会面和印度美食，也很高兴能邀请贵社做我的英国出版商。[01]

费伯出版社的一个员工写给马修·埃文斯的信 1981.7.10

《恶搞整九新闻日历 1982》

随函附上我的《恶搞整九新闻日历 1982》的“免费”版本。

我一直认为这一项目相当无趣。

……

我坚信，费伯出版社要干的正业应当是出版书籍，而且是依诸多标准来看都属扛鼎之作的书。我们对自己做出来的书有信心，因此我想社里的每一个人都会对书籍的编辑、制作和销售尽心尽力。但《恶搞整九新闻日历 1982》另当别论——这些被浪费掉的精力，原本可以用在更有价值的项目上。而我本人更因为与之脱不了干系而倍感失望。

还有一点，封面内页提到了我的名字，对此我深感不安，并将就此征求法律意见。你同意也好，不同意也罢，以这样的方式使用我们费伯出版社员工的名字，付印之前应当征得我们的同意。

这封严肃来信的作者（我有意隐去了姓名）似乎没有意识到“幽默”一词在费伯出版历史上的一贯作用（当然，另一种可能是，这封信本身就在开玩笑）。事实上，《恶搞整九新闻日历 1982》不仅十分有趣，还赚了 250 000 英镑。但此事还是让我想到，费伯出版社的许

[01] 维拉是米兰·昆德拉的妻子。信是用法语写的。

多员工从来就没有真正理解一点：公司只有在盈利的情况下才能出版伟大的文学作品。

马修·埃文斯写给查尔斯·蒙蒂思的信 1981.8.21

我想跟您商量的是：如今距离您彻底退休只剩5年了，而且事实上您已经处于半退休状态，我们是否应该采取行动，在接下来10年或更长的时间里保护好“费伯诗歌”的未来？

……

罗伯特刚提了一个有意思的建议：我们应该开始兼职雇用克雷格·雷恩。

……

此安排绝不会影响你与“费伯书单”上任何熟知的诗人之间的关系，因为我可以想象，克雷格会更多地把关注点放在与他同时代或更年轻的诗人身上。

克雷格·雷恩，“火星派”［该团体的名字取自克雷格的著名诗歌《一个火星人寄明信片回家》（*A Martian Sends A Postcard Home*）］诗人的领军人物，他适时地成为费伯出版社的诗歌编辑，并将自己的诗交由我们出版。

汤姆·费伯撰写的1981年度控股公司主席声明 1981.10.1

在设计方面，我们已向五角星公司征询意见，该公司的约翰·麦康奈尔先生正与我方制作部门的员工合作，以提高设计标准。麦康奈尔先生根据打印机的“双f”字样设计了一款新的出版社商标，它很快就会出现在费伯出版社的大多数书籍和文具上。

……

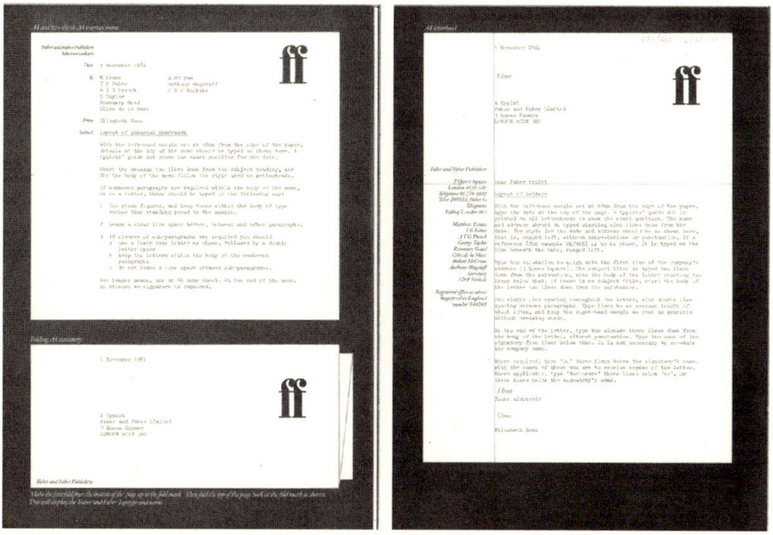

眨眼之间，费伯出版社就有了一套规范的独立风格。

最后，我还要提一下音乐剧《猫》取得的丰硕成果。尽管眼下对该剧会为本集团直接及间接带来的收益做出量化预测还为时尚早，但毫无疑问，此项目将对费伯—费伯有限责任公司及费伯音乐有限责任公司大有裨益。我们要特别感谢瓦莱丽·艾略特，是她坚持让我们的音乐公司负责这场演出的音乐发行；而作为这些诗歌刚写就时的首批幸运读者之一，我已经迫不及待地等她对《老负鼠的猫经》提出建议。

关于“新文具”的书面建议(未标注日期)

根据公司形象的变化，社里相应设计了一种全新款式的办公文具，且已生产出全套产品来取代当前这套。新文具将自 1982 年 1 月 4 日（周一）起在整个皇后广场投入使用。

……

需要强调的是，这是一次彻底的改变，不仅涉及信封和信头，还包括标签、内部备忘录和续页等不太显眼之处。

从以下几段摘录中可以看出，得益于与美国出版商法勒-斯特劳斯-吉鲁出版社的交情，费伯出版社引入了两位未来的诺贝尔文学奖得主：第一位是马里奥·瓦尔加斯·略萨[9]，第二位是德里克·沃尔科特[10]。后者的作品此前在英国由乔纳森·凯普出版社出版，而法勒-斯特劳斯-吉鲁出版社则一直是他的主要出版商。

马修·埃文斯写给文学经纪人卡门·巴尔塞尔斯的信 1981.11.10

我们的理事罗伯特·麦克拉姆目前正在纽约，他刚给我打了电话，说与罗杰·斯特劳斯就马里奥·瓦尔加斯·略萨的情况进行了交谈。您能把他在英国的版权出售给我们吗？如果能成，我们很乐意先看一些文字资料；一旦我们拿下版权，就可以与法勒-斯特劳斯-吉鲁出版社联手出版。

卡门·巴尔塞尔斯写给马修·埃文斯的信 1982.1.29

首先感谢您 1 月 19 日发来的电传，以及您对《世界末日之战》(*La Guerra del Fin del Mundo*) 和《胡利娅姨妈与作家》(*La Tia Julia y el Scribador*) 的报价。我们尚未收到罗伯特·麦克拉姆的信，但想告诉您，我们已与马里奥谈过此事，他很乐意由费伯出版社来出版他的作品。

罗伯特·麦克拉姆写给卡门·巴尔塞尔斯的信 1982.2.1

上次给您发电传是为了表达我们对马里奥·瓦尔加斯·略萨

作品的极大热情；今天则希望借此信正式告诉您，我们对《胡利娅姨妈与作家》的印象极其深刻。当然，还有《世界末日之战》，这也是我们有幸评估过的最出色的小说之一。费伯出版社曾推出过 T. S. 艾略特、詹姆斯·乔伊斯、威廉·戈尔丁、米兰·昆德拉和安德烈·布林克等诸多伟大作家的作品，我们衷心希望您愿意让马里奥·瓦尔加斯·略萨也加入这一行列。

费伯-费伯出版社书目，1982 年春夏季

《幸运的旅行者》(*The Fortunate Traveller*)
德里克·沃尔科特

费伯出版社诚挚地欢迎这位杰出的诗人加入我们的作者行列。

理事会会议记录　1982.1.14

杜比松先生在上午的计算机会议上称，公司雇用了“5 个人和 3 个女人”！因此罗斯玛丽·戈德小姐代表女员工向杜比松赠送了一只粉红玩具猪。

罗伯特·麦克拉姆写给米兰·昆德拉的信　1982.1.28

有个好消息，希望您也会为此感到高兴：英国首屈一指的平装书出版公司企鹅出版社为《笑忘书》和再版《玩笑》报价 5 000 英镑。这可是一个了不起的消息，企鹅出版社的高管们十分看好您未来的作品。从现在起，我希望费伯出版社与企鹅出版社的合作将助您获得更广泛的关注。

尽管自 20 世纪 50 年代起费伯出版社就出版了自己的平装书，但该公司仍乐于向企鹅出版社等擅长做平装书的出版社出售新书的平装书版权。值得庆幸的是，对于费伯出版社的长远发展而言，这种情况即将改变。

到了 1982 年，五角星公司已包揽了费伯出版社所有的书封设计。诗集封面上印有前一年推出的“ff”字样；戏剧类书目则具有统一的菱形纹样外观。对于更主流的书籍，五角星公司用一个方框来标识作者和标题信息：这样识别度高，还很灵活，可以放到封面上最合适的位置，这是一种强势品牌推广策略。

理事会会议记录 1982.6.24

当麦克拉姆先生问及五角星公司的设计对销售业绩有何影响时，泰勒[01]先生表示，很难给出一个明确的答案。但在再版方面，这意味着我们可以重新设计已出版的书目[02]。新款书封无疑已引起外界注意，尽管并非所有评论都是正面的。

马修·埃文斯：关于费伯平装书的通知 1982.8

我们从未彻底研究过这头“野兽”的本质是什么、将往何处去，转眼间就到了现在这种局面。

……

社里目前总共有 2 160 本书在印，其中平装书就有 945 本，增

[01] 乔治·泰勒于 20 世纪 80 年代初担任费伯出版社的销售总监。

[02] 也就是说，新书封让各家书店有理由再次引进那些已经卖过的书籍。

长速度比精装书快得多。

……

这一切让我意识到，到了20世纪八九十年代，费伯出版社已逐渐成为一家以做平装书为主的出版社，这几乎完全颠覆了我们在20年前甚至几年前的角色。因此，我注意到的第一个问题是，我们现在自视为带着平装书印记的精装书出版社，这种看法让我们营造出精装书出版的架构和氛围；然而多方力量却正在让我们迅速变成一个以平装书为主业的出版社。我们必须首先承认这一点，然后再说："好吧，如果果真如此，我们需要在公司内部做出什么改变，才能正视现实、施展抱负？"

……

我们不能对未来感到自满，而是必须经过讨论和相应的变革，确保自己成为市面上举足轻重的平装书出版社。费伯出版社拥有的经验和实力或许是任何其他英国出版商都不具备的。无论我们做出什么选择，都必须充分利用这笔相当可观的宝贵资产。

接下来的一个月，马修决定，是时候从"编辑午餐团"辞职了。

马修·埃文斯写给乔纳森·凯普出版社的利兹·考尔德的信 1982.9.22

我还以为你会……召集那些我喜欢花时间交往的老伙计，把那些热切的"小虾米"挡在外面。

罗伯特·麦克拉姆写给朱迪·戴什联合有限责任公司（Judy Daish Associates Ltd）的文学经纪人路易丝·库珀的信 1982.10.14

卡里尔·菲利普斯今天下午来了，跟我们开了个挺顺利的会。

大家商定，明年4月再联系；届时我会把他的小说文本整体浏览一遍，并提出编辑建议。他表示计划随后出门，来一场“阿加莎·克里斯蒂式”的旅行，去完成这部小说。我很看好他，费伯出版社定会对这份手稿很感兴趣。因此我希望到时候你能提醒他，4月份回国后记得再与我联系。

费伯－费伯出版社的诗歌编辑克雷格·雷恩写给温迪·科普的信 1983.1.26

如果你能从工作中腾出时间抽空吃个午饭，请给我打电话。你的诗写得怎么样了？有没有再想到过斯特拉格内？[01] 我不是想来纠缠你，等你觉得时候到了再说，就像我们约定的那样。

1983年初，图书营销委员会（Book Marketing Council）的戴斯蒙德·克拉克有了一个推广图书（这是他的本职工作）的整体想法，他说服了一个评委小组提名20位英国最佳青年小说家。在《格兰塔》（*Granta*）杂志的推动下，这份名单产生了巨大的轰动，成为当时进行得如火如荼的文学复兴运动的典范。彼时，费伯出版社已经出版了该名单上两位作家（亚当·马尔斯－琼斯与石黑一雄）的作品，并很快迎来了第三位。

罗伯特·麦克拉姆写给销售与发行部门的书面建议 1983.1.31

跟大家分享一个好消息，我们将于1983年9月出版玛姬·吉的第二部小说，该小说尚未命名。在与一些顽强的对手进行了激烈

[01] 温迪·科普有几首诗是以诗人杰森·斯特拉格内的虚构身份写的。

较量之后，我们拿下了版权（可能是因为玛姬是英国20名最佳青年小说家之一），我希望大家能再接再厉，让她的作品在费伯出版社今年的秋季书目中闪亮登场。各位不久就能拿到该书的副本。

玛姬·吉写给罗伯特·麦克拉姆的信 1983.2.1

来信只是想表达我的欣喜，很高兴现在我也能加入“费伯作家”的行列。在《也就是濒临死亡》（*Dying, in Other Words*）出版（算是吧）后那段时而惨淡灰暗的日子里，你的来信和兴趣对这位作者来说意义重大，当然也影响了我的最终决定。（我唯一担心的是你和费伯出版社只对这本书感兴趣，但你在午饭时说的话消除了我在这点上的顾虑。）

玛姬·吉写给罗伯特·麦克拉姆的信 1983.2.9

很高兴你喜欢这个新书名——我也是。我在身边的朋友和熟人里做了一次意向性投票，多数人都选了《燃烧的书》（*The Burning Book*）。（写到这里我才意识到，我其实并不真正明白什么叫“意向性投票”，也不知道这种投票到底能不能告诉我多数人的选择结果。不过反正是写给你的——处处是“陷阱”。）

罗伯特·麦克拉姆写给卡里尔·菲利普斯的经纪人路易丝·库珀的信 1983.6.6

我读了卡兹小说的修订稿。恕我直言，尽管比去年的草稿有了很大的改进，但仍然没有达到我的期望。

罗伯特·麦克拉姆写给卡里尔·菲利普斯的信 1983.7.15

感谢你几天前的到访，我希望弗朗西斯和我讲的话对你有所帮助，毕竟那就是我们的意图。

米兰·昆德拉写给罗伯特·麦克拉姆的信 1983.10.7

很高兴你喜欢我的书！非常高兴！但是翻译非常差，我们仍在努力与亚伦[01]一起改进和修订。但一切都会好的，因为从1983年12月到1984年秋天是我运势极佳的时候。换句话说，5月没问题，但不能再晚了。咱们得好好利用出版后的几个月内这本书的回音仍在回荡的日子。（因为天王星与我的星座合相，这会是一次非常缓慢的凌日现象[11]，需要整整一年；另外，如果运气足够好的话，火星将全程被阻挡在中间位置！）[02]

汤姆·费伯撰写的1983年度控股公司主席声明 1983.10.

在这份声明的第一段，我将今年的图书交易前景形容为“充满变数”。主要的不确定因素就是费伯–费伯有限责任公司的销售收入。

……

然而，集团内部相信，费伯出版社近年来重新树立起了活跃的形象，利润不久后就能迎头赶上。威廉·戈尔丁最近获得了诺贝尔文学奖，这自然是一个巨大的鼓舞。

[01] 亚伦·阿舍是纽约法勒-斯特劳斯-吉鲁出版社的一位出版商。

[02] 这一次，昆德拉的信也是用法语写的。

但过去几年里，我父亲一直在照顾我的母亲佩妮。她于 1983 年 11 月底死于癌症。我父亲的商务信件中几乎没有提到这方面的事情。

罗伯特·麦克拉姆写给米兰·昆德拉的信 1984.6.6

我想给您写一封私人信件，告诉您《生命中不能承受之轻》这几天在伦敦受到了多么热烈的欢迎。它简直成了年度小说！！无论我走到哪里，人们都在热议此书，也在祝贺费伯出版社出版了这样一部杰出的小说（当然，这是过誉了）。所有人都很兴奋——老实说，这是自从我们进入出版行业以来闻所未闻的事情。不到一周的时间里，您的作品就登上了畅销书排行榜的榜首（见附件），至少 5 个电视节目和无数广播节目在讨论，而且几乎全国所有的报纸上都刊登了相关评论。销量也很惊人。首印几乎一夜之间就

1983 年，威廉·戈尔丁在斯德哥尔摩领取诺贝尔文学奖。从左至右：查尔斯·蒙蒂思、安·戈尔丁、瑞典王后西尔维娅、瑞典国王卡尔十六世古斯塔夫、威廉·戈尔丁。

卖光了，我们现在正安排第二次印刷，以尽量满足读者的需求。像这样的轰动实属不寻常；要知道，通常能引发此等狂热讨论的都是那些所谓的“明星作者”，而非真正意义上的作家。因此，此事更值得人瞩目了。而如今您平安踏实地秘密待在巴黎，感觉很自在吧？

当月晚些时候，费伯出版社宣布与作家协会[12]和大不列颠作家公会[13]这两个作家工会达成了首个“最低费用协议”。该协议是为了让没有代理人的作者（例如诗人）能够直接与出版社谈判，并且放心地签署公平的合同。但其中最受争议的一条是，合同授予的版权期限是 20 年，而非依照作者自己的版权到期日执行（现在一般是作者去世后 70 年到期）。

《书商》杂志 1984.7.7

令人惊讶的是，费伯出版社竟然就这样甘愿被那 20 年的许可所限制。“如果……失去了 T. S. 艾略特或奥登的作品版权，对费伯出版社来说会意味着什么？马修·埃文斯会建议与两位作者的遗属重新谈判吗？不管怎么谈，费伯出版社都不可能从《猫》那里再获得那样一笔可观的收益了。但我想，作为一位出版人，T. S. 艾略特会为费伯出版社利用这些资金所做的事情感到骄傲的。

出版人克里斯托弗·赫斯特在《书商》中的表态 1984.7.21

“新费伯主义”（或者说“马修·埃文斯主义”）是一种具有显著历史渊源的异常现象。这种渊源其实就根植于“费伯主义”本身，以公司第一、第二代理事的风格为典型代表。埃文斯的借口——费伯出版社的员工中本身就有几位作家，因此特别重视作家的意见——也让我们看到他与现实脱节的程度。

> 彼时费伯出版社萦绕着一种浮华的气氛。戴斯蒙德·克拉克成功操刀英国最佳青年小说家榜单后不久便加入了费伯出版社，担任销售和营销总监。他建议特德·休斯和谢默斯·希尼乘直升机游览英国（虽然从未实现，但成了传说），这很快吸引了公众的注意力。《卫报》采访了马修·埃文斯、克拉克和五角星公司的合伙人约翰·麦康奈尔（彼时也已成为费伯出版社的艺术总监），发现这三人的精神面貌相当不错；采访中他们妙语频出，简直就是送给助理编辑的一份“大礼包”。

《卫报》，“老负鼠卖靴子” 1984.7.23

约翰·麦康奈尔：“卖一本威廉·戈尔丁的小说和卖博姿商店的一盒纸巾，完全是一回事——都是商品。”

……

鉴于费伯出版社在诗歌领域的主导地位，首先要做的就是诗歌书目的设计。麦康奈尔为公司设计了一款全新的“双f”标志，今后所有新出的和重新包装的诗集都会用“双f”标志围绕简单的书名框，平铺整个封面作为装饰。还可以配上不同的颜色或原创插画，但格式保持不变。他称其“正式而经典，反映了作者的素质和品牌的实力”。

……

戴斯蒙德·克拉克：“大众在书店里每买三本书就有两本是一时冲动才买的。你要是想找具体某一类书，肯定希望一眼就能找到。以费伯出版社出版的诗集为例，我们正在为其打造整体视觉形象。从营销来看，我们发现，费伯出版社之于诗歌，就如同米尔斯和布恩出版社[14]之于浪漫。”

……

马修·埃文斯：“费伯出版社已被另一代人迅速接手了。当一群新人聚在一起时，自然就会有不同的态度、不同的氛围，就会开始出版不同的书。”

罗伯特·麦克拉姆写给《恶搞整九新闻》与《酷似的人》[15]之联合创办人约翰·劳埃德的信 1984.8.1

看到媒体关于新一季《酷似的人》的报道，我很震惊。你也知道，看到你与那种低级肮脏的东西“同流合污”，尤其是在我们把你介绍给英国文学界的精英之后，费伯出版社里的所有人都感到很遗憾。我必须郑重声明，你们对英国首相和美国总统（因为他

在一场新闻发布会上，罗伯特·麦克拉姆（左）和马修·埃文斯（右）在悉尼·希金斯（Sydney Higgins）和托尼·本恩（Tony Benn）旁边，宣布本恩（名义上）编辑的社会主义著作选集《墙上的作品》（*Writings on the Wall*）面世。（© Caroline Forbes）

是自由世界的领袖）的攻击极其恶劣，这让一个本就糟糕透顶的电视频道陷入了新的困境。

但是，我们也绝不怕把个人和公司的利益置于文学和文化的考量之上。**我们很乐意出版此书！**

文学经纪人德博拉·罗杰斯写给罗伯特·麦克拉姆的信 1984.10.4

我想你会有兴趣看看洛丽·摩尔的一本短篇小说集，叫《自助》（*Self-Help*），是弗朗西斯昨晚打电话来询问的。我很高兴她发现了这本书，可以这么说：我只是在考虑先把它寄给谁。

费伯出版社编辑弗朗西斯·科迪写给洛丽·摩尔的信 1984.11.8

特以此信欢迎你加入费伯出版社。梅兰妮·杰克逊应该已经告诉过你，我最近在纽约；我读了《自助》的校样，兴奋不已，立马就想出价拿下。回到伦敦后，我完成了和德博拉·罗杰斯的谈判。

罗伯特·麦克拉姆写给马里奥·瓦尔加斯·略萨的信 1984.11.6

我在午餐时跟你提过一本小说——彼得·凯里的《赫伯特的奇幻人生》（*Illywhacker*）。特给你寄去，希望你喜欢。

温迪·科普写给克雷格·雷恩的信 1985.1.11

但愿这里头有几首不错的。等你得空看过之后，请与我联系，告诉我你的想法。不胜感激。

……

我一直想把自己的第一本书命名为《孤独的心》（*Lonely Hearts*），这样似乎就能涵盖所有类别了，包括我那可怜的斯特鲁涅尔。但市面上有很多书都叫这个名字——据我所知里头还没有跟诗歌相关的书或者小册子，但我会去查一下。另外我还有几个（实际上大约有50个）点子，你要是感兴趣，我可以给你发一张单子。我此刻挺倾向于《严肃的人》（*Serious People*），或者《朴素的愿望》（*Simple Wishes*）。我知道眼下并不着急做决定，但我还是想赶在你被自己的点子“冲昏头脑”之前让你知道我的想法。

马修·埃文斯写给销售总监戴斯蒙德·克拉克的信 1985.3.29

不得不告诉你，你3月27日的那份书面建议让我很失望。里面显示，本财年销售支出还是有90 000英镑的超额。之前你至少在3次理事会会议上向我保证过，到年底超额将是零；我当初可不是没话找话问你这个问题的。

戴斯蒙德·克拉克盘活了费伯出版社的销售部门，但代价是严重超支。不到3年，他就不得不离开公司。而其继任者中也鲜有人能比他干得更久。

罗伯特·麦克拉姆写给A. P. 华特公司的文学经纪人卡拉多克·金的信 1985.4.26

加里森·凯勒的《忘忧湖岁月》（*Lake Wobegone Days*）[16]

衷心感谢你这本了不起的书，我许久没有这么喜欢一部美国作品了。你在信中把它称为“一部小说”，而我倾向于将其视作一个独特的类别，这样显得更加诱人。

……

我们自然很乐意为你和作者在英国（以及除加拿大以外的英联邦国家）出版这本书。费伯出版社不仅可以像英国任何一家出版社一样销售和推广此书，还能由此将作者与马里奥·瓦尔加斯·略萨、彼得·凯里、杰恩·安妮·菲利普斯以及米兰·昆德拉等当代大作家并列，从而吸引读者的特别关注，毕竟这是这位美国作家在英国面市的第一部小说——但愿还能得到维京出版社（该书的美国出版商）的好评。

约翰·劳埃德写给罗伯特·麦克拉姆的信 1985 年 4 月底

和往常一样，截止日期紧得很，《酷似的人》这本书便只能以目前的形式出版了……

彼得·杜·索托伊写给汤姆·费伯的信 1985.5.14

很遗憾，现在股东和理事之间似乎存在着某种鸿沟，但我也看不出有什么解决方法；这便是成长和时间流逝的代价。当然，你是唯一真正重要的股东，而我在股东年度大会上讲话的时候，都感觉自己有点像个骗子。恐怕我很难跟上皇后广场的变化，但我对未来相当乐观——甚至其实比一年前更加乐观了。这就是个保持士气的问题，而你能做到这一点真是令人钦佩。

温迪·科普写给克雷格·雷恩的信 1985.5.22

我把《为金斯利·艾米斯冲可可》放在了开头，这样人们就不会认为我和金斯利·艾米斯之间真的发生了什么，也不会以为所有情诗都跟他有关。

亲爱的买家：

我们很高兴地通知您，您已被选中获赠这份精美的免费礼物——《为金斯利·艾米斯冲可可》的迷你试读本。

您可以尽情享受、珍视此书，无须再订购几十本大部头正式版本。当然，我们相信您不会愿意错过销售这部杰出作品的机会——64 页趣味盎然的诗歌，精美地装订在由五角星公司设计至臻的封套中，仅以几英镑的价格呈现给您的客户！又一部由费伯出版社推出的获奖作品——就是这家公司告诉世界，“诗歌”的“诗”字怎么写。

作家维克拉姆·塞斯写给马修·埃文斯的信 1985.5.28

昨天一块儿吃过午饭后，我突然想到，可以把我的小说寄给你。要是你喜欢《金门大桥》(*The Golden Gate*)，或许可以考虑做一个英国版——即便行不通，读了此书估计也会在某种程度上增加你对一个城市的喜爱。我保证，这座城市一点也不沉闷、不粗俗。

我已经向兰登书屋出版社的安妮·弗里德古德表示，想把《金门大桥》寄给你。她说没问题。她还告诉我，英国其他几个出版社已经陆续有了此书。(她之前也将此书拿给罗伯特·麦克拉姆简略看过，但他提出，只考虑列入诗歌类书目。对此她表示了拒绝——这是本小说，若是强行将其塞到诗歌门类里，无疑会毁了它。)

……

此书将于 1986 年 2 月出版。若能同时进入英美两国我最尊敬的出版社的小说目录中，我定会不胜欢喜。

罗伯特·麦克拉姆写给维克拉姆·塞斯的信 1985.6.18

很高兴费伯出版社将有幸出版《金门大桥》。等我有机会与社里销售和营销部门的同事讨论(你知道我们的流程)，我会再就详细计划跟你沟通。眼下首先还是告诉你，我相当喜欢此书，并欢迎你加入“费伯作家”的行列。

维克拉姆·塞斯写给罗伯特·麦克拉姆的信 1985.6.26

谢谢你上周的来信。我很高兴能与仰慕已久的费伯出版社并肩，也相信会跟你和马修合作愉快。马修可能跟你提过，我在印度读完高中后曾到汤布里奇公学（Tonbridge）待了一年，你父亲当时是我的舍监（兼校长）——这个巧合或许并不代表什么，但绝对有意思。我已经多年未和他联系了，希望他一切都好。

彼得·辛普森[01]的书面建议 1985.8.14

看来社里很可能需要一台微型计算机，放在皇后广场的三楼，供所有部门使用。这台微型计算机可用于文字处理和财务建模。

罗伯特·麦克拉姆写的书面建议 1985.8.16

提醒大家特别注意，咱们社的作家卡里尔·菲利普斯不希望他的任何一本书——包括《最后通道》（*The Final Passage*）和《独立国》（*Independence*）——在南非销售。多少钱都不行！

费伯出版社在出版剧本方面的工作算是其戏剧类书目的自然延伸，由此也迎来一位重要作家——汉尼夫·库雷什，其作品至今仍是费伯出版社虚构类书目榜单上的佼佼者。

罗伯特·麦克拉姆写给文学经纪人希拉·莱蒙的信 1985.10.1

我已拿到了《我美丽的洗衣店》[17]（*My Beautiful Laundrette*）的简介，还有汉尼夫写的一篇很长的散文，挺有意思的。不知能否

---

[01] 彼得·辛普森自 1985 年至 2001 年担任费伯出版社的财务总监。

让我看一眼原本的电影剧本？原则上，我觉得可以出一本完整的书。

《华尔街日报》 1985.10.1 星期二

“传奇摇滚乐手变身编辑”

马修·埃文斯：“我渴望扭转费伯出版社的形象，使其更加现代，出版的书目也更丰富多样、别出心裁……我本人成长于20世纪60年代，‘谁人乐队’的早期专辑我手里都有…… 也许这就是我的致命弱点——我就是个失败的摇滚明星。我会在那些前期讨论会议上想，‘坐在那边的是皮特·汤曾德’。”

“啊，”一位上了年纪的编辑问道，“就是那个风度翩翩、差点和玛格丽特公主订婚的皮特·汤曾德吗？”

约翰·博德利：“他真的很会写那些旧派的出版报告，严肃认真，兢兢业业，把我们正在考虑的书都分析得清清楚楚。”

马修·埃文斯写给特德·休斯的信 1986.1.17

如你所知，皮特·汤曾德现在在费伯出版社工作，他也是我的朋友。昨天共进午餐时他告诉我，想尝试把《铁人》改编成音乐剧。

我想先给你写信告知此事，看你意下如何。如果你不乐意，现在就可以提出来；要是你原则上不反对，接下来的几个月里他便会去酝酿这个想法，然后进一步展开讨论。

……

说实话，我很想鼓励皮特。不仅是因为他在音乐剧方面成果颇丰，自从《猫》创作结束后在全世界上演以来，我的确也很怀念那

皮特 · 汤曾德和特德 · 休斯在 T. S. 艾略特和瓦莱丽婚后搬入的肯辛顿公寓外会面。

份打磨作品的艰难和兴奋状态，希望再次参与类似的改编创作。

特德·休斯写给马修·埃文斯的信 1986.2.15

如果皮特 · 汤曾德能把《铁人》改得更有意思，我怎么会不高兴呢？让他好好干。

1986年初，汤姆·费伯决定与剑桥大学历史学家利斯贝特·范·霍茨结婚，而且只把这个消息告诉了家人和几个密友。但后来在大学图书馆里，纽霍学院的一个成员主动找来，祝贺利斯贝特新婚，这让她很惊讶。原来是马修·埃文斯将此事告诉了乔治·斯坦纳——剑桥大学最八卦的人——并且对他说："这可是绝对保密的！"

罗伯特·麦克拉姆写给艾伦·莱文文学经纪公司(Ellen Levine Literary Agency)的信 1986.1.30

我刚从纽约回来，发现经过费伯出版社自己宣发部门的乔安娜·麦克尔的努力，加里森·凯勒作品的营销工作进展得十分顺利。我们马上就会把更详细的情况发给你和他本人。总之，他至少会上3次电视节目，特别是收视率最高的《沃根秀》(*Wogan*)；电台节目不少于8次，包括极负盛名的《万花筒》(*Kaleidoscope*)；然后是《星期日泰晤士报》《泰晤士报》(或《卫报》)、《听众》杂志、《广播时报》和《乐》(*Time Out*)[18]。当然还有《就寝时间》(*Book at Bedtime*)，为此我们要感谢A. P. 华特。我们计划在全国和地方媒体上发表的评论报道就更不在话下了。

乔安娜·麦克尔最初是由她父亲亨利介绍给查尔斯·蒙蒂思以及费伯出版社的。她戴着顶帽子，将其视为个人标志。90 年代末，她被任命为理事会成员，成了费伯公司历史上第二位女性理事。

罗伯特·麦克拉姆写给加里森·凯勒的信 1986.3.10

但愿你都听说了——《忘忧湖岁月》在英国畅销书排行榜上名列第一。简直是惊人的成就！尤其是对于 2 月 17 日以前英国人根本就没听说过的一本书和一位作家来说，太不容易了！

理事会会议记录 1986.5.15

辛普森先生提供了截至 1986 年 3 月 31 日的年度修订预算，显示集团税前净利润仅为 541 000 英镑。而 1986 年 2 月 28 日向理事会报告的数字为 970 000 英镑。

……

2 月 28 日，费伯出版社的预计税前利润为 1 006 000 英镑，4 月 8 日为 804 000 英镑，目前又变成了 585 000 英镑。《猫》大概赚了

950 000 英镑，《酷似的人》可能是 214 000 英镑，少掉的 579 000 英镑则是其他活动亏损的。

……

这些可不是能让人高兴得起来的结果。

理事会会议记录 1986.7.25

辛普森先生在会前分发了一份未经审计的截至 1986 年 3 月 31 日的年度业绩草案时间表。该报告显示集团的最新税前利润进一步减少，从 1986 年 5 月 15 日的年度修订预算写明的 541 000 英镑减少到了区区 246 000 英镑，这还是在《猫》的净收入已达到 1 014 000 英镑的基础上。

罗伯特·麦克拉姆写给保罗·奥斯特的信 1986.10.30

来信是想跟您打个招呼，费伯出版社很高兴能在英国出版您的作品。不知不觉，我们手上好像已经有您 5 本书的合同了！根据目前的计划，我们将从精彩的《纽约三部曲》开始，一卷一卷地出版，以逐步建立起读者的期望和悬念。截至此信写就之际，我几乎是费伯出版社唯一读过现有全部内容的人，因此每一卷的出版计划暂时都还在酝酿之中。一旦有更多消息，我会再给您写信汇报。

再一次欢迎您加入“费伯作家”的名单，我希望这对您来说将会是一次快乐的经历。

保罗·奥斯特写给罗伯特·麦克拉姆的信 1986.11.4

你肯定难以想象，你的来信让我多么高兴——费伯出版社要出版我的书了！记忆中，这家出版社一直是我心目中出版界的楷模。想到我的拙作也将忝列“费伯书目”，简直让人心潮澎湃。感激不尽。

汉尼夫·库雷什的经纪人希拉·莱蒙写给罗伯特·麦克拉姆的信 1986.11.10

非常抱歉，没有及时跟您确认：在达成协议的前提下，汉尼夫愿意接受您的邀请，开始新小说的创作。

汉尼夫·库雷什写给罗伯特·麦克拉姆的信 1986.11.16

我目前参与了很多事情，但我真正想做的——写一部小说——还没有开始。其实每当想到此事，我的身体就会不自然地产生一系列反应：极度焦虑，头昏脑涨。我对自己的才华很怀疑，估计这在作家当中也很常见，但这样搞得我很是虚弱。而且下笔也很不容易，因为有敌人已乘虚而入：新闻写作、电影剧本写作以及其他所有更容易的选择。而这些选择会浪费你的时间和生命，阻碍你去做那些应该做的事情。我很感激你和费伯出版社对我的鼓励与支持。

译者注

1 原文为在“费伯”（Faber）一词中间加了一个字母“b”。

2 黑豹党是活跃在20世纪60年代的一个美国黑人左翼激进政党。

3 取自美国作家杜鲁门·卡波特之名。此人著有多部经典文学作品，包括中篇小说《蒂凡尼的早餐》与《冷血》。在《冷血》一书中，卡波特开创了“真实罪行”类纪实文学，被公认是大众文化的里程碑。他为写作《冷血》而调查故事真相的曲折离奇过程也被拍摄成传记电影《卡波特》与《声名狼藉》。

4 书名原文为“*Hoosh-Mi*”，据作者的自传介绍，这是英国王室成员玛格丽特公主童年牙牙学语时对某种大杂烩食物的代称。

5 老阿尔弗雷德·A. 克诺夫和布朗什·克诺夫于1915年在美国纽约成立的一家出版社。阿尔弗雷德和布朗什经常出国旅行，二人以出版欧洲、亚洲和拉丁美洲的文学作品著称。1960年该社被兰登书屋收购，兰登书屋又在1998年被贝塔斯曼收购。现在该公司是克诺夫-道布尔代出版集团的一个分支。

6 《玩笑》（*The Joke / La Plaisanterie*）是米兰·昆德拉的第一本小说，最初出版于1967年。

7 《恶搞整九新闻》（*Not the Nine O'Clock News*），英国的一档政治讽刺喜剧电视节目，1979—1982年在英国广播公司（BBC）第2频道播出。

8 指的是 Really Useful Group Ltd.，简称 RUG，由安德鲁·劳埃德·韦伯于1977年成立。

9 马里奥·瓦尔加斯·略萨，1936年出生，秘鲁作家、诗人。2010年获诺贝尔文学奖。

10 德里克·沃尔科特，诗人、剧作家及画家。1930年出生于西印度群岛的圣卢西亚岛卡斯特里市，拥有英国、荷兰和非洲血统。1992年获诺贝尔文学奖，2017年去世。

11 一种天文现象，通常指太阳被太阳系内的行星（水星或金星）遮挡。水星和金星的绕日运行轨道在地球轨道以内，被称为内行星。水星和金星距离太阳比地球距离太阳近，在绕日运行过程中有时会处在太阳与地球之间。这时，地球上的观测者可看到一个小黑圆点在日面缓慢移动，这就是凌日现象。

12 作家协会（Society of Authors）成立于1884年，是英国的专业作家、插画家和文学翻译工作者的工会，旨在保护作者的权利和利益。截至2019年9月，共有11 000名成员和员工。其职责包括审核成员的合同并就专业问题提供建议和培训；代表作者参加与出版商的集体谈判，以改善合同条款；就版权、英国艺术资助和公共借阅权等影响作者的问题进行谈判。

13 大不列颠作家公会全称是 Writers' Guild of Great Britain（简称 WGGB），是代表英国职业作家、诗人及广播、电视、戏剧、电影剧作家的行业联盟组织。该公会成立于1959年，最初只是电影编剧家协会（Screenwriters' Guild）。WGGB 的主要职责为向会员提供合同审批和法律咨询服务，并代表会员解决版权问题，协调制片商、出版商和作家之间的纠纷。在电视、电影、广播和戏剧界，公会被授权代表作家协商并公布涵盖最低报酬、预付款、重播费、版税、追加酬金等的最低费用协议（Minimum Terms Agreement，即书中本段提到的）。该协议的效力涵盖英国广播公司电视剧和广播剧、皇家莎士比亚剧团等。该公会目前拥有2 100多名会员。

14 米尔斯和布恩（Mills & Boon）出版社，英国流行小说出版公司，以出版浪漫爱情小说著称。

15 《酷似的人》（*Spitting Image*），英国著名政治讽刺木偶剧，1984年首次推出。

16 《忘忧湖岁月》是加里森·凯勒的小说，最早于1985年由维京出版社（Viking）出版了精装本。该书以其广播节目《牧场之家》（*A Prairie Home Companion*）中的材料为基础，将凯勒的作品带给了更广泛的读者，全球销量超过100万册。

17 同名电影《我美丽的洗衣店》由汉尼夫·库雷什编剧，斯蒂芬·弗雷斯执导，于1985年9月7日在加拿大上映 。故事发生在伦敦，巴基斯坦裔青年奥马尼萨在事业有成的叔父帮助下开了一间洗衣店。叔父很希望奥马尼萨早日娶自己的女儿，但此时奥马尼萨的英国同学、街头小混混强尼来帮助他，两人共同为洗衣店的生意打拼，彼此之间也擦出了爱的火花。该影片成为同性爱情电影标杆之作，编剧汉尼夫·库雷什因此获第59届奥斯卡金像奖最佳原创剧本提名。

译者注

18 《乐》是 1968 年创立并最早在英国伦敦发行的城市生活周刊，挖掘报道最新的美食、话剧、音乐、电影等，被誉为“伦敦式生活”必不可少的杂志。2003 年由著名媒体人洪晃女士引入中国，以《乐》之名发行月刊，为读者所熟知。

第十章

1987—1990

"在出版界，一个星期的时间可不算短了"

从诸多方面来看，20 世纪 80 年代的后半段可谓费伯出版社的黄金时期。旗下作家连续两年荣获布克奖，分别是 1988 年彼得·凯里的《奥斯卡与露辛达》(*Oscar and Lucinda*) 和 1989 年石黑一雄的《长日将尽》(*The Remains of the Day*)。随后一年里，费伯出版社成为史上首个“年度出版社”[马修·埃文斯从未在该奖项赞助方《出版新闻》(*Publishing News*) 上花太多精力。他把奖杯送到了哈洛的仓库——一个他很少踏足的地方]。另外，从数学角度看，我发现一个颇为有趣（甚至可能是很重要）的现象：1989 年，出版社的销量首次打破了弗兰克·莫利在 1931 年提出的抛物线理论。

但在以下这短短的一章中，读者几乎难以看到这些胜利的迹象。那是因为该时期同样充满了不确定性——伦敦的每一家出版社似乎都在待价而沽，而费伯出版社的成功只是增加了它对潜在竞标者的吸引力而已。许多作家还不相信它能成为一家优秀的平装书出版社；历任销售总监跳槽频率之高也令人震惊。这家出版社每年之所以能够盈利，靠的完全是从《猫》赚到的钱。汤姆·费伯依然是控股公司主席，也是公司的实际拥有者，却时常被各类状况激怒。

因此，这一章旨在向读者还原一种情绪——正是在这种情绪的引导下，出版社在1990年没有被出售，而是进行了重组，并使其自身几乎无法再被出售。这一重组的最初目的是让员工能够购买股票，最终也让瓦莱丽·艾略特成了费伯出版社的股东，享有在控股公司的同等待遇。此举实际上意味着费伯家族放弃了向财大气粗的竞争对手出售公司的机会，并从此保护了费伯出版社的独立性。在我看来，这便是咱们的故事自1924年以来一直在构建的圆满结局。

ff

罗伯特·麦克拉姆写给作家玛姬·吉的信 1987.1.23

挂断电话后，我本来给你写了一封长信，但我刚把它撕掉了。因为写的时候我意识到，你和费伯出版社之间其实已不存在任何出版关系。

我喜欢你这个人，欣赏你的作品；我也已经竭尽所能在公司内外推广。但坦率地说，我觉得你并不信任我，以至对我们所有人都失去了信心。我越想越坚信，你若能另择高枝，找另一家自己信得过的出版社及其编辑去合作，或许会更快乐。

……

我将永远为“费伯书目”中拥有过《燃烧的书》和《光年》（*Light Years*）而自豪。

罗伯特·麦克拉姆写给马修·埃文斯的信 1987.2

现在我终于看出来了，除了艾略特、奥登、庞德、戈尔丁、达雷尔和拉金（还有另外一些杂七杂八的人）以外，1987 年的费伯出版社已经完全是一家新公司了。这倒没什么不好，只是我不愿意再接受目前这样的条件了。都什么年代了，还指望你我年复一年地打造书目，却除了每月一张微薄的薪水支票以外没有任何股份。过去我是一直想着先留下来，看看能有什么办法；但现在一切都结束了——船已经启航，但要是这艘船本身没有我的股份，我可不想在航行期间傻站在舰桥上。

罗伯特想在公司占有股份的强烈愿望源自那段收购活动如火如荼的时期。联合图书出版公司（Associated Book Publishers）在 1985 年收购了劳特利奇和基根·保罗出版社；其自身又在 1987 年 6 月被国际汤姆森公司（International Thomson）收购。6 个月后，联合图书出版公司下属的梅休因出版社又被卖给了章鱼公司，不出所料，这让梅休因出版社旗下最著名的一位作家感到很不安。

马修·埃文斯写给文学经纪人朱迪·戴什的信 1988.2.22

我不太清楚梅休因出版社被接管之后的情况。但有小道消息说，一些作家可能对此事的过程不太满意。我并非要乘人之危，只是想写信告诉你，如果哈罗德·品特[1]希望找一个更稳定的环境来出版他的作品，费伯出版社定会很乐意与他合作！

玛姬·吉写给罗伯特·麦克拉姆的信 1988.3.23

很抱歉这么久才给你回信，但我确实是一头雾水。其实在任何阶段我都没有表示过对整个费伯出版社失去信心。所有的不快都只针对《光年》的平装本在计划确定后又进行的那些重大调整，我是在原计划的基础上才决定跟费伯出版社合作平装本的。

讽刺的是，那年夏天，玛姬的丈夫尼克·兰金刚在费伯出版社出版他的第一本书。离开费伯出版社后，玛姬·吉又出版了 9 部小说、1 本短篇小说集和 1 本回忆录。

卡里尔·菲利普斯的新经纪人安东尼·哈伍德写给罗伯特·麦克拉姆的信 1988.5.5

这是卡里尔的小说《高地》(*Higher Ground*)。我们对这部小说的出版方案已有成熟的想法。期待您的回复。

彼得·凯里凭借《奥斯卡与露辛达》获得 1988 年布克奖。(© Adam Butler/PA ArchivePA/Images)

安东尼·哈伍德写给罗伯特·麦克拉姆的信 1988.5.13

尽管咱们已经谈过了，但我认为最好还是写下来——经过仔细考虑，我们还是不能接受贵社的报价。你也知道，从一开始我们最关心的就是小说的出版方案（而不是价格，虽然这点也很重要）。因此，我们只能另觅他处了。

罗伯特·麦克拉姆写给罗杰·斯特劳斯的信 1988.5.13

卡里尔没有接受我们的报价，并打算另找别家。这估计是你预料中的事情，但也请一定告诉我你那边的情况。当然，我们对此感到遗憾，可总觉得他在书送出去之前就已经下定决心了。不过，哈罗德·品特的加入在某种程度上也弥补了这个损失……

安东尼·哈伍德写给罗伯特·麦克拉姆的信 1988.5.18

写这封信是想让你知道，我们接受了企鹅出版集团旗下的维京出版社对这部小说的报价。你知道，我们一开始就希望由它来做平装书。另外我也应该提一句，他们的出价比费伯出版社要高得多。

玛姬·吉和卡里尔·菲利普斯等作家的离开，再加上费伯出版社局促的财务状况，都凸显出该公司在所谓的“垂直整合战略”（精装书和平装书出版两手抓）上出现的问题。

马修·埃文斯的书面建议 1988.6.14

亟待整改

社里显然仍没有实现从出版中获利的目标。此外，《猫》的全部收益也并未对我们的现金流产生应有的影响…… 现在是时候承认了——过去实行的某些重大变革策略根本不起作用。承认之余便要着手解决这一问题，以保护费伯出版社作为一家独立公司的前途。

……

各位不能忘了，1987—1988 年修订后的销售预算我们虽然只超了一点点，但与最初的预算相比，仍有近 1 000 000 英镑的缺口，这对于像费伯出版社这样规模的公司而言相当惊人。

……

我依旧相信，“垂直整合战略”是公司前进的唯一道路。

……

值得注意的是，咱们大多数被收购的竞争对手都是做平装书且质量一般的公司。因此，问题不在于“垂直整合”这一理念，而在于费伯出版社内部的执行情况。

……

咱们社仍然是一家精装书公司，出售软封面的精装书，而并非一个“真正意义上的精装书出版社”兼一个“真正意义上的平装书出版社”。

……

公司内外已经对费伯出版社作为平装书出版商的可信度产生了怀疑，这一问题相当严重。裂痕早已经显现——3 年前，我们本可以出版毛翔青[01]的作品，但他坚持将精装本与平装本的版权分开；精装本由费伯出版社出版，而平装书则是别人出版。

[01] 毛翔青是一位小说家，在马修写下这份书面建议之际，他已两次入围布克奖，并将再次入围。

……

我们刚刚与石黑一雄签订了出版其新小说的合同，他对此相当关注，并与罗伯特和我详细讨论了费伯出版社在平装书出版方面的情况。

……

社里刚刚失去了卡里尔·菲利普斯，他是一位年轻的黑人作家。罗伯特培养了他，并帮他出过 2 部小说和 1 本非虚构类作品。

汤姆·费伯撰写的 1988 年度控股公司主席声明 1988.9

几年来，自从《猫》誉满天下之后，每年春天制订的预算都显示，税前利润超过 1 000 000 英镑，而透支接近于零。但这些期望从未实现过，其中最重要的原因就是，我们没有卖出足够多的书。

……

股东们应该还记得我在 1987 年 11 月 27 日的一份机密书面建议中提到的有关"费伯音乐"的计划。其中包括任命罗宾·博伊尔先生接替米切尔博士担任主席，并成立一家新的"费伯音乐控股公司"(Faber Music Holdings)。博伊尔先生于 12 月正式加入了费伯音乐公司，与他的同事汤姆·巴斯德先生（兼职）一道。

……

希望在明年的声明中有更多关于费伯音乐控股公司的内容。但眼下我也可以表示，"费伯音乐"正在新力量的领导之下蓬勃发展。

汤姆·巴斯德参与管理“费伯音乐”一事引起了马修·埃文斯的注意。1989 年，他要求汤姆就“如何提高费伯出版社的盈利能力”单独准备一份报告。

汤姆·巴斯德对费伯出版社的评估 1989.4

管理并不成功……主要体现在未能应用现代管理技术，使公司适应快速变化的市场和竞争环境。最严重的短板是缺乏一个强大、稳定的资深管理团队来运行公司的所有职能。特别是在公司面临图书销售和出版方面的重大改革之际，销售总监职位任命出现了一连串状况；再加上目前销售总监和发行总监的位置双双空缺，这些都可能导致灾难性的后果。

再往下看，部门层面的管理架构和纪律极为松散；除了一两个例外，其他人几乎都没有真正的盈利意识。

缺乏有效管理带来的影响就直接反映在财务业绩上……《猫》的收入或多或少缓解了短痛，但反过来说也推迟了社里迫切需要的整改措施的实施。

汤姆·巴斯德批评称，费伯出版社的员工需要有更强的盈利意识。为了应对这一问题，也为了留住像罗伯特·麦克拉姆这样的关键人物，该公司决定设立员工持股计划（ESOP）。然而，如果控股公司保留了费伯出版社的多数股权，该计划则会令其失去免税优惠。这样一来，就需要在控股公司和员工之外寻找第三方股东。他们想到了瓦莱丽·艾略特和“SET 版权公司”（SET Copyrights，拥有 T. S. 艾略特的版权，因此《猫》的版税也归其所有）。汤姆·费伯便与瓦莱丽的顾问开始谈判。

马修・埃文斯作为板球运动员的天赋无疑有助于其发展与哈罗德・品特的关系，后者试图招募他加入自己的球队“Gaieties”。

马修·埃文斯写给哈罗德·品特的信 1989.4.20

我和卡罗琳很乐意在5月7日（周日）7点与奥尔特加总统[01]会面，咱们到时候见。

《旗帜晚报》 1989.6.22

在出版界，一个星期的时间可不算短了。两周前传来一个意外消息，美国出版巨头兰登书屋出版集团收购了新世纪哈钦森出版社（Century Hutchinson）。兰登书屋集团也差一点儿在2年前出手拯救“年久失修”的凯普–查托和博德利·海德出版社。

另外，谁又将收购由创始人维克多的女儿利维亚·戈兰茨刚挂牌出售的老牌公司维克多·戈兰茨出版社？是没能拿下新世纪哈钦森出版社，但急需充实其英国子公司的西蒙和舒斯特出版社（Simon and Schuster）？又或者是法国的西堤出版社（Press de la Cité）？咱们几个月后就能见分晓。到那时，长久以来关于费伯出版社的一个传言——该社唯一的实际收入就来自劳埃德·韦伯根据T. S. 艾略特的诗作改编的音乐剧《猫》——或将成真。这家出版社果真会在马修·埃文斯主席手上被卖出去吗？

就像人们常说的，咱们“拭目以待”。

这个问题的答案很简单：不会。然而，关于费伯出版社可能会重蹈梅休因出版社覆辙的猜测的确让哈罗德·品特惴惴不安。

[01] 丹尼尔·奥尔特加，他是尼加拉瓜共和国的总统。

马修·埃文斯写给汤姆·费伯的信　1989.6.27

如果你能给哈罗德·品特写封信澄清有关谣言，我将感激不尽。

但我得提醒你，他偏执得很，所以这封信一点儿都含糊不得，有劳了！

我父亲尽其所能地写了一封明确的信，收到了哈罗德·品特的热情回复，表明他多么渴望自己的新书能由一家独立出版社出版。他还提出，或许费伯出版社能够最终接下自己剩余的作品。一年后，品特与梅休因出版社之间发生了法律纠纷。在马修·埃文斯的幕后策划下，费伯出版社终于出版了品特的所有书目和剧作。

洛娜·石黑一雄祝贺丈夫凭借《长日将尽》获得 1989 年布克奖。(© Alex Lentati Associated Newspapers REX Shutterstock)

理事会会议记录　1989.6.29　星期四

汤姆·费伯向理事会保证，公司不会被出售。理事会还商定，主席将向公司的工作人员发言保证，与新闻界的谣言相反，公司不会被出售。

新闻稿:“费伯–费伯出版社的未来”　1989.11.17

费伯集团股东最近批准了一项旨在保障费伯–费伯有限责任公司旗下出版社的繁荣和持续独立的计划。

……

该计划的核心内容是，集团控股公司将通过员工福利信托基金向各位理事及其他员工，通过 SET 版权有限责任公司向 T. S. 艾略特夫人出售费伯–费伯有限责任公司 50% 以上的股份。

艾略特夫人已是控股公司的股东，并将通过 SET 版权有限责任公司成为费伯–费伯有限责任公司的主要股东。此外，她还将以理事的身份参与公司事务。

参与各方都希望费伯出版社将一如既往地在各领域书籍中彰显自身卓越的编辑能力，尤其是在新小说、诗歌和戏剧方面。

该计划也是想向费伯出版社所有的作家以及我们在整个图书行业内的朋友们保证，本公司定不会辜负创始人杰弗里·费伯爵士的希望，也不会违背其初衷。

译者注

1 哈罗德・品特（1930—2008），英国剧作家及戏剧导演，2005 年诺贝尔文学奖的获得者。其作品包括舞台剧、广播、电视及电影，早期作品常被归入荒诞派。

后记

“费伯出版社的历史到此结束了？”不，当然不是。费伯出版社依然保持独立，并仍在出版精彩卓著的书籍。1990年至今，费伯出版社的作家又把8个诺贝尔文学奖收入囊中，其中5位是当时已有作品在费伯出版社出版的作家（德里克·沃尔科特、谢默斯·希尼、哈罗德·品特、马里奥·瓦尔加斯·略萨和石黑一雄），还有3位是相对较新的面孔（维斯拉瓦·辛波斯卡、君特·格拉斯和奥尔罕·帕慕克）。彼得·凯里（第二次）与DBC·皮埃尔分别获得了布克奖（最近改名为“曼布克奖”）。2018年，安娜·伯恩斯也获此殊荣，成为费伯出版社有史以来第一位获得该奖的女性作家。这表明该出版社已经与20世纪80年代大男子主义盛行的情况大不相同了。芭芭拉·金索沃在2010年拿下奥兰治女性小说奖（Orange Prize for Women's Fiction）也是一个力证。此外，特德·休斯和谢默斯·希尼于20世纪90年代各自两次获得惠特布莱德年度最佳图书奖（Whitbread Book of the Year），该奖后来改名为科斯塔图书奖。最近，塞巴斯蒂安·巴里的作品也获选科斯塔年度图书。诗歌奖则更是不胜枚举。

那么，在几乎所有同时代的竞争对手都被大集团吞并之际，费伯出版社是如何保持自身独立性的呢？一句话：它很幸运。特别是《猫》，你只能将其描述成十足的运气。当然，在此基础上，幸运女神也不止一次光顾——与西格夫里·萨松度过的那个周末让费伯出版社出版了《猎狐人回忆录》；查尔斯·蒙蒂思碰巧在废纸堆里发现了《蝇王》；约翰·西摩坚持向DK出版社表示，费伯出版社应该出版《自给自足手册》。

而这种频繁光临的“运气”实际上都可归结于一种出版理念：在不忽视商业规则的情况下，专注于“卓越”和“长远”——无论是长达数十年与作家保持紧密关系，还是打造堪称文学经典的书籍，两两相宜。正是这一理念让好书长销不衰。费伯出版社再版书目的收入是其财务稳定性的核心支柱。

但光有理念是不够的，还得配上出色的编辑品位。费伯出版历史中最引人注目之处或许在于，尽管公司以我祖父的名字命名，但那些重要的出版决策并非出自他本人。我想，在鼓励艾略特将注意力转向儿童诗歌，继而推动《老负鼠的猫经》一书的诞生这一点上，他大概有几分功劳；但除此之外，他做的书鲜有至今仍在出版并获利的。说到底，我祖父算不上一个出色的编辑。但他对自己所创立的公司的长盛不衰起到了更重要的作用：他是一位出色的伯乐。20世纪30年代，他充分挖掘了一批杰出人士——艾略特、德·拉·梅尔、斯图尔特、莫利、克劳利和肯纳利，然后在战后与杜·索托伊和蒙蒂思合作；这才是让公司长盛不衰的真正动力。1961年杰弗里去世后，这家出版社还能继续平稳地经营下去，就是因为这从来不是一场个人秀。

20年后，公司差一点陷入迷失方向的危险，却又一次靠成功的招募力挽狂澜——杰出的新成员罗伯特·麦克拉姆让费伯出版社的编辑团队重新绽放了光彩。当然，我也很高兴得知，我母亲佩妮在招募他的过程中起到了（微小却十分关键的）作用。虽然她还没等到罗伯特在社里大展拳脚就去世了，但我记得她对米兰·昆德拉和马里奥·瓦尔加斯·略萨的作品尤其有兴趣。也许，写作此书让我认识到了最重要的一点：像费伯出版社这样的公司永远不能只躺在功劳簿上，还必须在致力于服务作者之余对编辑力量进行定期更新。

然而，如果费伯出版社当初继续与平装书出版商分享优秀图书的收入，那么即便好书源源不断也是不够的。为此，我由衷佩服公司经营者的先见之明——先是在 20 世纪 50 年代，后来是在 20 世纪 80 年代。正是他们预见到，费伯出版社必须同时出版精装、平装两类图书。这一商业决策至关重要，不但让费伯出版社真正从竞争对手中脱颖而出，也使其在对手逐个倒下之际仍能顽强生存下来。

能生存下来是一回事，抵制住出售的诱惑则是另一回事。让我们最后再把目光转回费伯家族及其作为公司所有者的角色——与格怀尔一家打交道的惨痛经历给杰弗里·费伯留下了一道抹不去的伤痕。他发誓永远不把控制权交给外人，并把这种决心传给了自己的子女（特别是我父亲）；最终使得家族决定，不接受 1990 年唾手可得的数百万美元，转而创建了一种股权结构，实质上放弃了出售公司的可能性。

员工持股是控股公司放弃控制权的最初原因，但得在几年后才能实现。如今，控股公司（现已改名为“杰弗里·费伯控股公司”，仍由费伯家族掌控）拥有费伯出版社 50% 的股份；而另一半股权则由瓦莱丽·艾略特设立的信托基金持有。两方股东都希望公司保持独立，也能在必要时共同承担额外投资。根据 1990 年开始实施的安排，除非出现灭顶之灾或出版行业发生根本性的变化，否则很难想象费伯出版社会在任何情况下被出售。

创建一种保护费伯出版社且使其免于被出售的股权结构，这一决定或许是源于一时冲动，但也有理性的内在逻辑。诚然，由于规模相对较小，比起更大的竞争对手，费伯出版社在财务状况上要面临更多的变数；但作为一家私人企业，股东又极富同理心，费伯出版社似乎不需要过于担心这一点。关键在于，费伯出版社的独立性对其出版方式产生了根本性的影响——社里依然积极专注于推出卓越的文学作品；而如果它只是一家大公司的下属部门，则绝不可能做到这一点。也正因为如此，费伯出版社才能吸引出版界最优秀的人才前来工作。即将迎来 90 岁生日之际，这家出版社机敏如初、敢闯敢干，丝毫不受岁月沧桑的影响。读者也意识到，费伯出版社这一品牌背后有着更深的含义。重中之重是，费伯出版社的独立使其成为世上一些最伟大作家的天然港湾。比起一个大企业的分支，如今的费伯出版社对于我们这些私营所有者而言，更是无价之宝。

如果我错了呢？也许这世上某个角落会有这么一位买家愿意支付一笔违背经济规律的巨款。不过，我认为我父亲是对的——多赚那一点点钱估计不会让他的后代高兴多久。换句话说，如今我们每天都能见证费伯出版社作为英国文学生活核心并乐在其中。毕竟，能以自己的姓氏为荣，是一件很了不起的事。

附录：

费伯-费伯出版社的销售与盈利史

1929—1990

以下表格中的内容大多已足够清晰明了。我在后面加了“总股息”一栏，用最简洁的方式体现公司当时的繁荣程度以及对股东的回报状况。弗兰克·莫利 1931 年有一个“小发明”——《莫利博士的抛物线预测或未来性揭秘》，最后一栏便是据此预测的销售额。从下表中我们可以看到，1926—1931 年的销售额是如何遵循曲线 $y=2x^2+t$ 的轨迹（x 是自 1926 年以来的年数，t 是 1926 年的实际销售额）发展的。

年份	实际销售额（千英镑）	税前利润/（亏损）（千英镑）	总股息（千英镑）	莫利博士预测销售额（千英镑）
1926	16			16
1927	18			18
1928	24			24
1929（全年）	34			34
1929（4月—12月）	25.4	(2.6)	0	

（续表）

年份	实际销售额（千英镑）	税前利润/（亏损）（千英镑）	总股息（千英镑）	莫利博士预测销售额（千英镑）
1930	50.9	2.4	0	48
1931	51.5	(2.2)	0	66
1932	56.6	0.0	0	88
1933	55.2	1.1	0	114
1934	61.8	(2.3)	0	144
1935	76.5	4.6	0	178
1936	94.9	3.5	0	216
1937	73.4	(2.0)	0	258
1938	76.9	(1.5)	0	304
1939	83.8	3.1	0.6	354
1940	82.8	3.7	1.2	408
1941	133.4	19.6	4.9	466
1942	224.6	52.6	3.7	528
1943	364.3	95.9	6.2	594
1944	316.5	83.4	6.2	664
1945	357.6	94.4	6.2	738
1946	406.8	78.3	8.2	816
1947	310.7	9.5	5.6	898
1948	308.3	10.3	5.6	984
1949	277.8	8.9	5.6	1 074
1950	297.5	7.5	5.6	1 168
1951	338.2	(6.5)	0	1 266
1952	362.2	11.1	6.2	1 368
1953	358.5	10.3	5.6	1 474
1954	380.3	13.3	5.6	1 584
1955	371.7	14.3	6.5	1 698
1956	395.1	7.6	5.0	1 816
1957	455.9	13.5	7.2	1 938
1958	510.7	21.3	8.7	2 064
1959	589.4	45.0	10.1	2 194

（续表）

年份	实际销售额（千英镑）	税前利润/（亏损）（千英镑）	总股息（千英镑）	莫利博士预测销售额（千英镑）
1960	667.8	36.9	9.6	2 328
1961	673.3	38.7	9.6	2 466
1962		38	12.3	2 608
1963		41	13.8	2 754
1964		57	16.1	2 904
1965		70	16.1	3 058
1966		88	18.5	3 216
1967	1 616	87	18.5	3 378
1968	1 707	56	18.5	3 544
1969	1 814	55	18.5	3 714
1970	1 851	4	0	3 888
1971	2 147	63	9	4 066
1972	1 948	171	12.9	4 248
1973	2 087	178	13.9	4 434
1974	2 283	138	9.4	4 624
1975	2 562	8	0	4 818
1976	2 769	177	9.5	5 016
1978（12月—3月）	3 911	394	19.4	5 424
1979	3 928	566	27.0	5 634
1980	4 010	166	29.4	5 848
1981	3 932	(61)	24.0	6 066
1982	4 797	234	24.0	6 288
1983	4 575	(110)	0	6 514
1984	4 421	(306)	0	6 744
1985	5 432	382	48.0	6 978
1986	5 971	296	60.0	7 216
1987	6 996	484	72.0	7 458
1988	6 876	388	72.0	7 704
1989	7 966	568	72.0	7 954
1990	8 808	491	78.0	8 208

1926—1929年　基于图书业务的实际销售数字；弗兰克·莫利亦根据这些数字做出“莫利博士的抛物线预测”。1929年的数据还包括费伯-格怀尔出版社3个月的销售额。这几年中无法将利润或股息单纯归功于图书业务。

1929—1952年　基于1953年为股权估值而编制的附表。

1953—1961年　基于费伯-费伯有限责任公司经审核的账目，包括一份显示销售额的交易账目。

1962—1966年　基于费伯-费伯有限责任公司经审核的账目，但没有销售额信息。

1967—1990年　1968年重组后，费伯出版社更名为费伯-费伯出版有限责任公司，变成了一家控股公司，同时拥有两大子公司：费伯音乐有限责任公司和一家接管图书出版业务的新公司——费伯-费伯有限责任公司。这些年的数据则是根据费伯-费伯出版有限责任公司的综合账目计算的，由此包含了音乐和图书出版两个领域的结果。

1976年以前，出版社的财年都截止到12月；随后便改为3月。这样一来，1977年的数据就缺失了，转而以截至1978年3月的这15个月作为一个阶段来呈现。

致谢

没有费伯出版社的档案馆，就不可能有这样一本书。因此我首先要感谢该馆档案保管员罗伯特·布朗；无论是在答复我的请求还是为我提供新的资料线索方面，他都给予了可靠的帮助。T. S. 艾略特档案馆的南希·富尔福德也是一样。这两个档案馆都是私人经营，一般不对外开放。我的兄弟马修在家族通信中偶然发现了宝贵之处也会提醒我注意。同样还要感谢费伯出版社的档案馆的编目员简·柯比，以及罗伯特过去的同事——已故的约翰·博德利、科林·彭曼（我想借此机会向他道歉，因为我是个如此糟糕的管理者）。最后还要衷心感谢已故的康斯坦斯·克鲁克香克（原姓“谢尔顿”）；正是在她的精心管理之下，费伯出版社的档案馆才有今天的健康运行。

是我妻子阿曼达（Amanda）最初敦促我写这本书的；在与玛丽·坎纳姆的一次谈话中，这一念头得以强化。随后，米兹·安吉尔在斯蒂芬·佩奇的支持下委托我写作此书。很遗憾，米兹现已离开费伯出版社，进入了企业出版的“黑暗世界”；但我很幸运，编辑这本书的任务被劳拉·哈桑承担下来，并由艾拉·格里菲思提供大力协助。劳拉提的许多意见让此书增色不少。还要感谢支持我的第一批关键读者，包括阿曼达（再次感谢）、我继母利斯贝特·范·霍茨、我的姐妹波莉和亨丽埃塔、亚历克斯·鲍勒、罗伯特·麦克拉姆、彼得·斯特劳斯、贾尔斯·德·拉·梅尔和苏·史密森（原姓“莫利”）。每一位都很热心，特别是约翰·哈芬登数次把我从错误中拯救出来，并将自己知道的关于T.S.艾略特及其作品的丰富知识慷慨相授。凯特·沃德设计了精美的内文，此外还要监督印前工作——简·罗伯逊负责精装版，彼得·麦卡迪进行校对，索引内容则由萨拉·埃雷拉处理。佩德罗·纳尔逊管理制作，埃莉诺·克罗委托艾略特·埃兰公司（Elliot Elam）制作了可爱的封面插图，并设计了封底。卡特里娜·斯托雷丝为我拍摄了作者照片。汉娜·斯泰尔斯一直在协助我获取各类许可；我也期待与雷切尔·亚历山大和乔希·史密斯在宣传方面合作，并与约翰·格林罗德、戴夫·伍德豪斯、迈尔斯·波因顿以及费伯出版社的其他销售和营销团队合作。

就在关于此书的研究进行到大约6个月的时候，我的笔记本电脑被盗。刚遭受这一记晴天霹雳，我又发现自己的在线备份服务大约一年前就已停止。是艾略特遗产委员会当时的打字员黛比·惠特菲尔德救了我，几周内就帮我恢复了所有丢失的工作成果。遗产受托人克莱尔·赖希尔和朱迪思·胡珀后续还多次鼎力支持。

我参考的资料来源中还包括几本未出版的回忆录，以及后期的信件和电子邮件，只是并未像同时期文献那样予以明确引用。但细心的读者会发现我还从诸多前人身上获益匪浅——伊妮德·费伯（顺便说一句，她也是一位了不起的祖母）、杰弗里·费伯、查尔斯·斯图尔特、弗兰克·莫利、莫利·肯纳利、安德鲁·富兰克林、汉弗莱·贝克特（从他那里我知道了更多关于我姨婆格威内思的事）、彼得·杜·索托伊、贾尔斯·德·拉·梅尔（再次感谢）、彼得·克劳利、萨拉·戈德（是她告诉了我托姆·冈恩在服装方面的品位）、汤姆·费伯和罗伯特·麦克拉姆（再次感谢）。我使用过的唯一未在文本中强调的已出版参考资料则是约瑟夫·康诺利那本精美的《八十年图书封面设计》（费伯出版社，2009）。

最后，我要向所有作家及其遗产委员会致以诚挚的谢意，是他们充满善意地允许我在本书中引用其话语和作品。为此我按照首次引用的顺序将他们依次列出，并提供了相关的版权信息。但请注意，所有首次在此发表的作品版权有效期通常为出版后70年，或作者去世后70年，以较晚者为准。此外，所有受劳务合同约束的费伯出版社的员工或理事在受雇期间写下的全部作品，其版权归公司所有。

鸣谢：贝克夫人（由费伯家族成员撰写的材料），艾略特遗产委员会（© SET版权有限责任公司），弗雷德·戴维松（查尔斯·惠布利的遗产委员会），文斯·弗里德曼（巴尼特·弗里德曼的遗产委员会），爱德华·门德尔松（© W. H. 奥登的遗产委员会），“作家协会”作为“艾莉森·厄特利文学财产信托”（Alison Uttley Literary Property Trust）的文学代表，威廉·普赖尔（格温·雷夫拉特的遗产委员会），柯蒂斯·布朗公司的乔纳森·劳埃德（斯宾塞·柯蒂斯·布朗的遗嘱执行人），伦敦的柯蒂斯·布朗有限责任公司（Curtis Brown Group Ltd）代表C. P. 斯诺（© C. P. 斯诺，1939、1947、1949）、杰拉尔德·达雷尔（© 杰拉尔德·达雷尔，1952、1953）和劳伦斯·达雷尔（© 劳伦斯·达雷尔，1956）的遗产受益人，“作家协会”作为菲利普·拉金遗产委员会的文学代表，奥卢因卡·图图奥拉（阿莫斯·图图奥拉的遗产委员会），斯蒂芬·蒙蒂思与约翰·蒙蒂思（查尔斯·蒙蒂思的遗嘱执行人），万灵学院院长及全体研究员（约翰·斯帕罗的遗产委员会），朱迪·卡弗和戈尔丁家族（© 威廉·戈尔丁有限责任公司版权所有），简·莫里斯、爱德华·贝克特（塞缪尔·贝克特的遗产委员会），克莱夫·威尔默与奥古斯特·克莱因扎勒（托姆·冈恩的遗产委员会），卡罗尔·休斯（特德·休斯的遗产委员会），弗里达·休斯（西尔维娅·普拉斯的遗产委员会），格林和希顿公司的卡罗尔·希顿（伊莱恩·格林），克莱尔·弗卢克与简·麦克劳德（P. D. 詹姆斯的遗产委员会），玛德琳·麦加恩（约翰·麦加恩的遗产委员会），汤姆·斯托帕德，科林·马修斯（© 布里滕–皮尔斯基金会），希尼家族（谢默斯·希尼的遗产委员会），道格拉斯·邓恩，约翰·凯里，柯瑞联合公司（Currey & Co），约翰·西摩，保罗·马尔登，彼得·凯里，石黑一雄，迈克尔·伯克利（德博拉·罗杰斯），米兰·昆德拉，约翰·劳埃德，玛姬·吉，温迪·科普，维克拉姆·塞斯，保罗·奥斯特，汉尼夫·库雷什，安东尼·哈伍德。弗吉尼亚·伍尔夫的那封信摘自《月亮的镰刀面：弗吉尼亚·伍尔夫的信（第五卷，1932—1935）》，作者弗吉尼亚·伍尔夫，由查托–温达斯出版社出版，经兰登书屋集团有限责任公司许可转载。鲍勃·吉鲁写给 T. S. 艾略特的未发表信件节选，法勒–斯特劳斯–吉鲁出版社版权所有 © 2019；经法勒–斯特劳斯–吉鲁出版社许可印刷。萨斯基娅·汉密尔顿编辑的《罗伯特·洛威尔书信集》（*The Letters of Robert Lowell*）中第 135 封“致 T. S. 艾略特”感恩节（1948 年 11 月 25 日）的信件节选，哈里特·洛厄尔与谢里登·洛厄尔版权所有，经法勒–斯特劳斯–吉鲁出版社许可再版。罗伯特·洛威尔 1965 年 2 月 26 日写给查尔斯·蒙蒂思的未发表信件节选，哈里特·洛厄尔与谢里登·洛厄尔版权所有 © 2019，经法勒–斯特劳斯–吉鲁出版社许可并代表罗伯特·洛威尔遗产委员会印刷。

我们已尽一切努力与书中其他被引用者的遗产委员会联系；出版商也将很高兴收到他们的消息，以便在再版中表示应有的感谢。